Fantasy Manga

by

Liliyth

FANTASY
Manga zeichnen

Über die Autorin

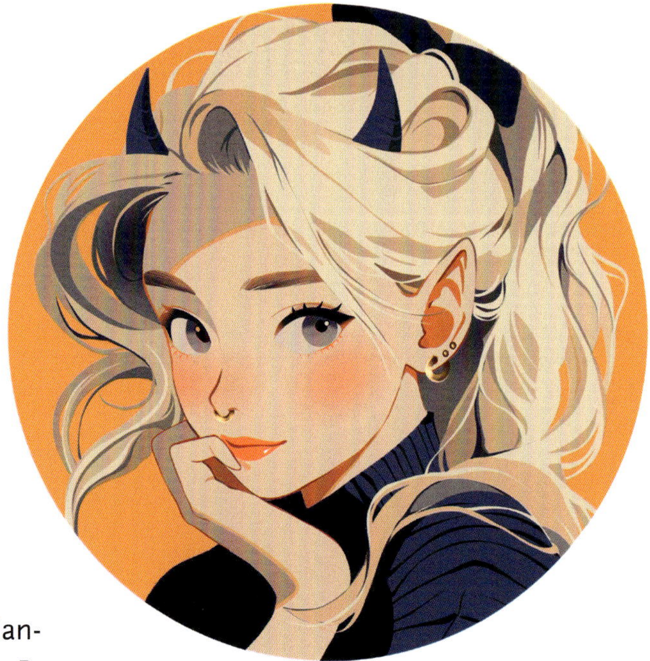

Hey, ich bin Lilly ♥, die kreative Seele hinter diesem Buch.

Seit 2003 begleitet mich die Leidenschaft des Zeichnens. Angefangen habe ich traditionell mit Papier, Bleistift und Buntstiften. Bereits während meiner Schulzeit habe ich kleine Dojinshis (selbst veröffentlichte Mangas) für die Schülerzeitung erstellt. Der wahre Wendepunkt kam, als ich meinen ersten Computer mit Photoshop und mein erstes Grafiktablet, das Wacom Bamboo, in den Händen hielt. In dieser Welt der unendlichen Möglichkeiten entdeckte ich eine völlig neue Dimension meiner künstlerischen Ausdrucksweise.

Meine Zeichnungen teile ich seit jeher auf Plattformen wie Animexx und DeviantArt – in den letzten Jahren jedoch eher auf Instagram. Ursprünglich habe ich im Bereich Informatik studiert, entschied ich mich letztendlich für einen Weg im kreativen Bereich. Während meines neuen Studiums wagte ich den Schritt in die Selbstständigkeit und nahm Auftragsarbeiten sowie Designprojekte an.

Meine Liebe für Fantasy spiegelt sich nicht nur in meinen Zeichnungen wider, sondern durchzieht auch meine Freizeitaktivitäten. Lesen und Zocken, vor allem im Fantasy-Genre, sind meine liebsten Entspannungsmethoden. Durch meine vielseitige Erfahrung und meine Leidenschaft für das Zeichnen möchte ich mit diesem Buch meine Kenntnisse teilen und dich in die faszinierende Welt des Manga-Fantasy-Zeichnens entführen. Ich hoffe, dass dieses Buch dich inspiriert und deine eigenen kreativen Reisen bereichern wird.

Inhaltsverzeichnis

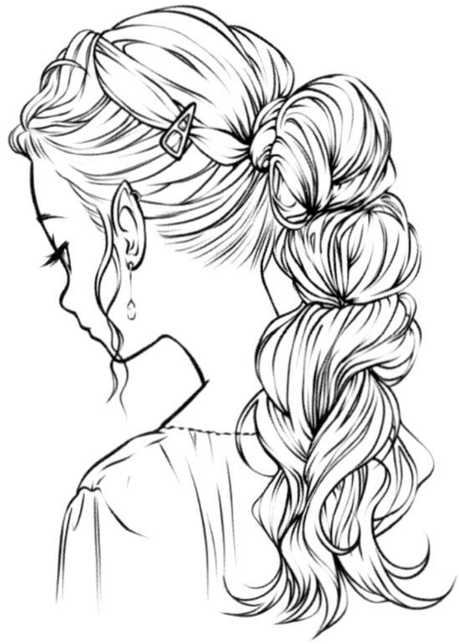

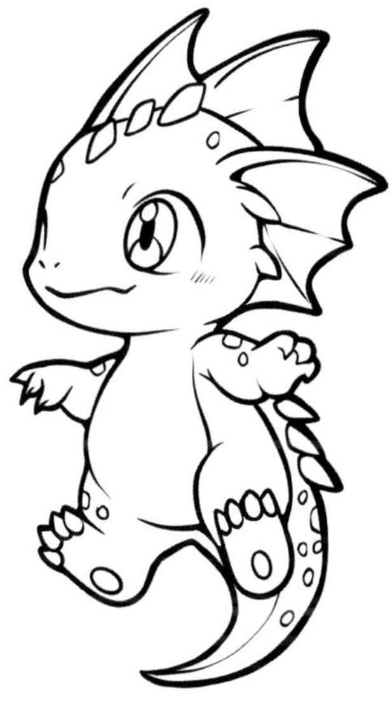

Über das Genre

WAS IST FANTASY?

Fantasy als Genre bietet dir die Möglichkeit, dem Alltag zu entfliehen und in faszinierende Welten einzutauchen, die von der Kraft der Vorstellung geformt werden. Es ist ein Ort, an dem Drachen am Himmel kreisen, Elfen durch verzauberte Wälder wandeln und Magie in der Luft liegt. Durch Fantasy werden nicht nur Geschichten erzählt, sondern ganze Universen geschaffen, in denen die Regeln der Logik und Physik außer Kraft gesetzt werden.
In dieser einzigartigen Welt kannst du deine Kreativität entfesseln, neue Realitäten erschaffen und den Betrachter deiner Kunstwerke auf eine Reise mitnehmen, die jenseits unserer Vorstellungskraft liegt. Die Vielfalt des Fantasy-Genres erstreckt sich von epischen High-Fantasy-Welten bis hin zu urbanen Fantasy-Szenarien, die in unserer eigenen Welt verankert sind, jedoch von übernatürlichen Elementen durchzogen werden.

Besonders in der Literatur gibt viele verschiedene Fantasy-Subgenres:

High Fantasy Diese Art von Fantasy spielt oft in einer vollständig erfundenen Welt mit eigenen Gesetzen. Epische Abenteuer, mächtige Magie und heroische Quests stehen im Mittelpunkt.
Beispiele: „Der Herr der Ringe" von J.R.R. Tolkien und „Elfenkrone“-Trilogie von Holly Black.

Urban Fantasy Hier treffen fantastische Elemente auf moderne städtische Umgebungen. Magie existiert im Verborgenen neben dem alltäglichen Stadtleben.
Beispiel: „Die Chroniken der Unterwelt" von Cassandra Clare.

Low Fantasy Im Gegensatz zu High Fantasy spielt Low Fantasy oft in einer überwiegend real anmutenden Welt, die jedoch von magischen oder fantastischen Elementen durchzogen ist.
Beispiele: „Game of Thrones” von George R.R. Martin und die „The Witcher”-Buchreihe von Andrzej Sapkowski.

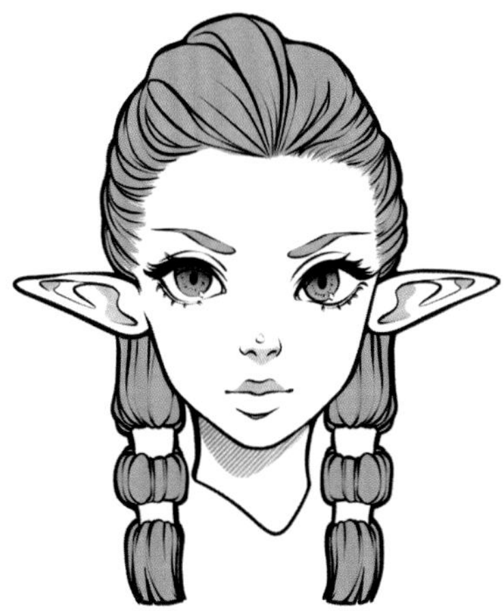

Science Fantasy Diese Untergattung verbindet Fantasy-Elemente mit wissenschaftlicher Fiktion. Technologie und Magie koexistieren in einer einzigen Welt.
Beispiele: „Star Wars" und „Die Dune-Saga" von Frank Herbert.

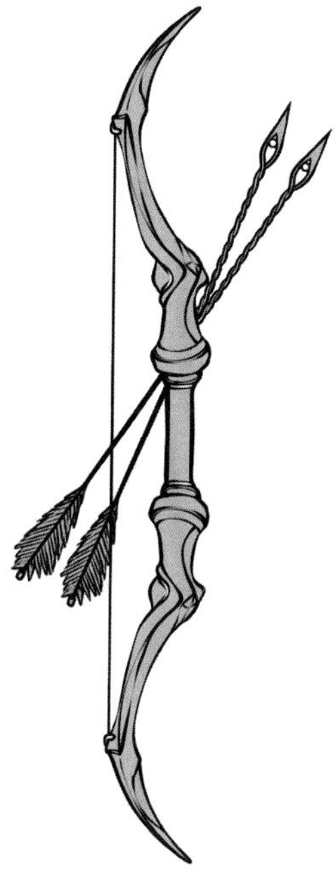

Historical Fantasy Hier wird Fantasy in historischen Settings integriert. Geschichtliche Ereignisse werden mit magischen Elementen verknüpft.
Beispiele: „Jonathan Strange & Mr Norrell“ von Susanna Clarke und die „Outlander”-Reihe von Diana Gabaldon.

Steampunk Diese Untergattung kombiniert fantastische Elemente mit Dampfmaschinen-Technologie, oft in viktorianischen oder edwardianischen Ären.
Beispiele: „Die Stadt der besonderen Kinder" von Ransom Riggs und „Clockwork Angel“ von Cassandra Clare.

Dark Fantasy Charakterisiert durch düstere, grimmige Atmosphäre und moralische Ambiguität. Das Subgenre erkundet oft tiefere, psychologische Aspekte des Menschseins.
Beispiel: Die „Nevernight“-Reihe von Jay Kristoff

Romantasy ist eine Kombination aus Romance (Liebe) und Fantasy. Der Begriff bezieht sich auf Bücher, Kunstwerke, Filme und Serien, die Elemente der Fantasy in eine romantische Handlung integrieren und sind daher nicht direkt ein Subgenre, aber dennoch sehr beliebt im Bereich Fantasy.
Beispiele: Die „Das Reich der sieben Höfe“-Reihe von Sarah J. Maas und die „Biss zum Morgengrauen“-Reihe von Stephenie Meyer.

In all diesen Subgenres wird es dir ermöglicht, dich mit grundlegenden menschlichen Themen auf magische Weise auseinanderzusetzen, sei es Liebe, Freundschaft, Macht oder der Kampf gegen das Böse.

FANTASY IM MANGA

In Mangas funktioniert das Genre Fantasy ganz ähnlich wie in der Literatur, auch hier gibt es die oben aufgezählte Subgenres. Es finden sich jedoch ebenfalls ein paar Manga-spezifische Besonderheiten wie zum Beispiel das Subgenre Isekai, das zahlreiche Mangas und Animes umfasst. Das japanische Wort Isekai bedeutet so viel wie „andere Welt“ und beschreibt ein Setting, bei dem sich Protagonisten aus der normalen Alltagswelt in einer Fantasy-Welt wiederfinden. Oft ähneln diese anderen Welten einem Computerspiel oder einem Roman und die Protagonisten können ihr Wissen darüber einsetzen, um in der neuen Umgebung zu überleben.
Beispiele: „No Game No Life“ und „Rising of the Shield Hero“

Material

DIGITAL ODER ANALOG?

Lass uns über Materialien sprechen – die Werkzeuge, die unsere kreativen Gedanken auf das Papier bringen. Vielleicht fragst du dich, ob es einen Unterschied macht, ob du mit traditionellen Stiften auf Papier arbeitest oder digital über ein Grafiktablet zeichnest. Die Wahrheit ist, beide Arten zu zeichnen haben ihren eigenen Zauber. Als ich meine künstlerische Reise begann, war die digitale Kunst für mich noch in weiter Ferne. Also begann ich mit dem guten alten Bleistift und Radiergummi auf Papier.
Mit der Zeit entdeckte ich jedoch die grenzenlose Freiheit des digitalen Zeichnens, was mich zu meinem ersten Wacom Bamboo führte. Trotzdem habe ich nie den Charme eines Bleistifts auf Papier vergessen. Heute zeichne ich auch noch traditionell, aber eher selten und wenn, dann eher mit Polychromos oder Bleistift.

Es gibt kein "richtiges" Material – der kreative Funke zündet genauso gut auf einem einfachen Blatt Papier mit einem Bleistift. Große Künstler begannen oft mit genau diesen grundlegenden Werkzeugen, und viele von ihnen schwören auch heute noch darauf. Deine Reise ist einzigartig und du solltest dich von deiner Kreativität leiten lassen, nicht von deiner Ausrüstung. Also, sei unbeschwert, experimentiere und finde heraus, womit du dich am wohlsten fühlst. In der Welt der Kunst gibt es keine festen Regeln, nur endlose Möglichkeiten.

MEINE ZEICHENMATERIALIEN

Im Folgenden zeige ich dir mein persönliches Setup auf, vielleicht kannst du dich davon inspirieren lassen.

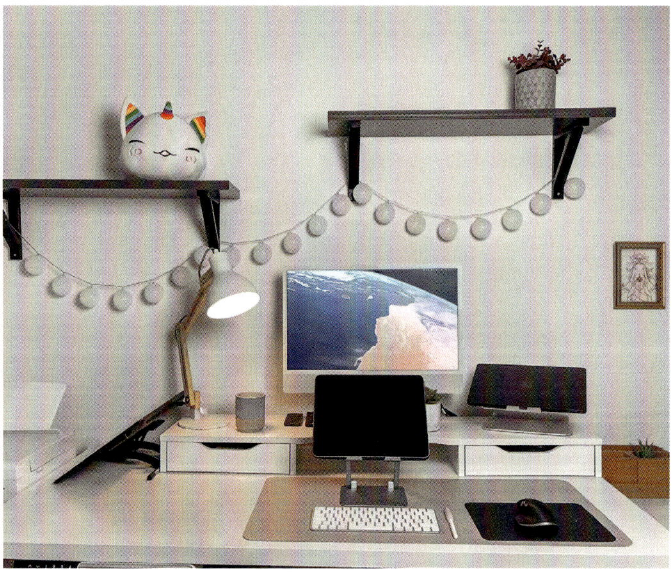

iPad und Apple Pencil
Mein iPad und der Apple Pencil sind seit vielen Jahren meine treusten Begleiter. Mit ihnen entstehen 90% meiner Zeichnungen.

iPad Ständer
Mit der Zeit habe ich erkannt, wie entscheidend es ist, das iPad in einem verstellbaren Winkel und auf der richtigen Höhe zu positionieren, um Rücken und Handgelenk zu schonen. Hierbei greife ich auf eine spezielle Halterung für das iPad zurück, die mir genau diese Flexibilität bietet. So kann ich stundenlang zeichnen, ohne körperliche Beschwerden zu haben.

Zeichenhandschuh
Der Einsatz eines Zeichenhandschuhs, auch als Glove bekannt, verbessert die Zeichenpräzision, da er ein sanftes Gleiten über die Oberfläche ermöglicht. Das macht das Zeichnen auf dem iPad angenehmer.

Wacom Tablet
Für den Fall, dass ich doch einmal einen größeren Bildschirm benötige, greife ich auf mein Wacom Tablet zurück. Dieses kann ganz einfach mit meinem Stand-PC verbunden werden. Auch für das Wacom Tablet habe ich einen speziellen Ständer, der es mir ermöglicht, den Bildschirm in eine ergonomischer Position zu bringen.

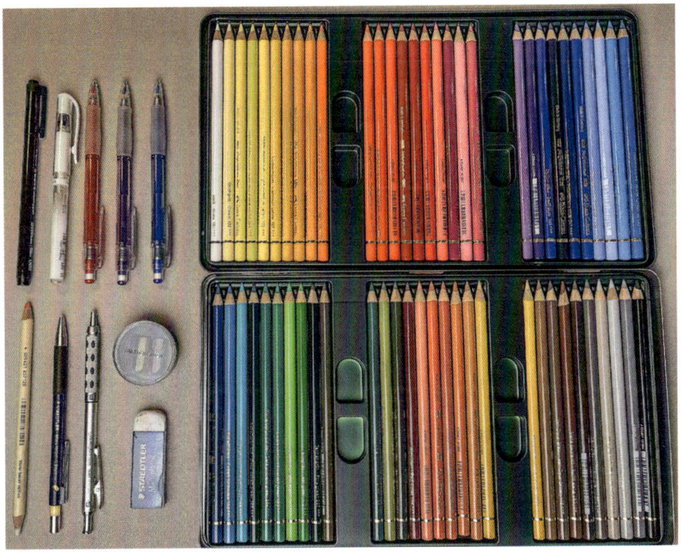

TRADITIONELLES ZEICHNEN

In meiner traditionellen Arbeit greife ich gerne auf bewährte Utensilien zurück, wie die Pilot Color Eno Pens, Faber Castell Polychromos Buntstifte, Druckbleistifte und Radiergummis. Zusätzlich finde ich Fineliner in verschiedenen Farben besonders nützlich, um später die Outlines herauszuarbeiten. Ein weiteres nützliches Werkzeug in meiner Sammlung ist ein weißer Gelroller. Dieser hilft mir dabei, Highlights hervorzuheben.

DIGITALES ZEICHNEN

Mein bevorzugtes Zeichenprogramm ist Procreate. Es ist benutzerfreundlich und bietet dennoch eine Fülle an leistungsstarken und hilfreichen Funktionen beim Zeichnen. Wenn ich mein Wacom Tablet verwende, greife ich meistens auf Adobe Photoshop oder Clip Studio Paint zurück. Falls du nach kostenlosen Alternativen suchst, kann ich dir Programme wie MediBang Paint Pro oder Krita empfehlen.

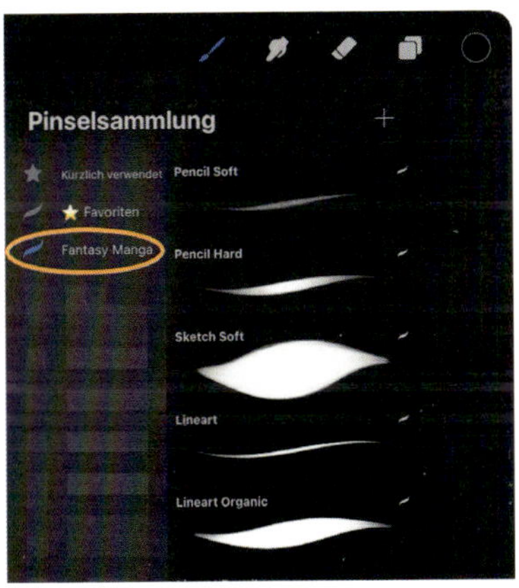

Die Zeichnungen in diesem Buch sind ausschließlich mithilfe von Procreate entstanden. Ich habe speziell für dieses Buch ein Brush-Pack erstellt, das verschiedene Pinsel enthält. Du kannst es kostenlos über den QR-Code oder unter https://liliyth.gumroad.com/l/mangazeichnen herunterladen. Außerdem werde ich stets den verwendeten Pinsel für jede Seite angeben, damit du meinen Schritten leicht folgen kannst. Falls du mit einer anderen Software arbeitest oder dich für traditionelle Medien entscheidest, ist das überhaupt kein Problem. Viele Programme bieten ähnliche Pinsel und letztendlich können alle Techniken auch traditionell umgesetzt werden!

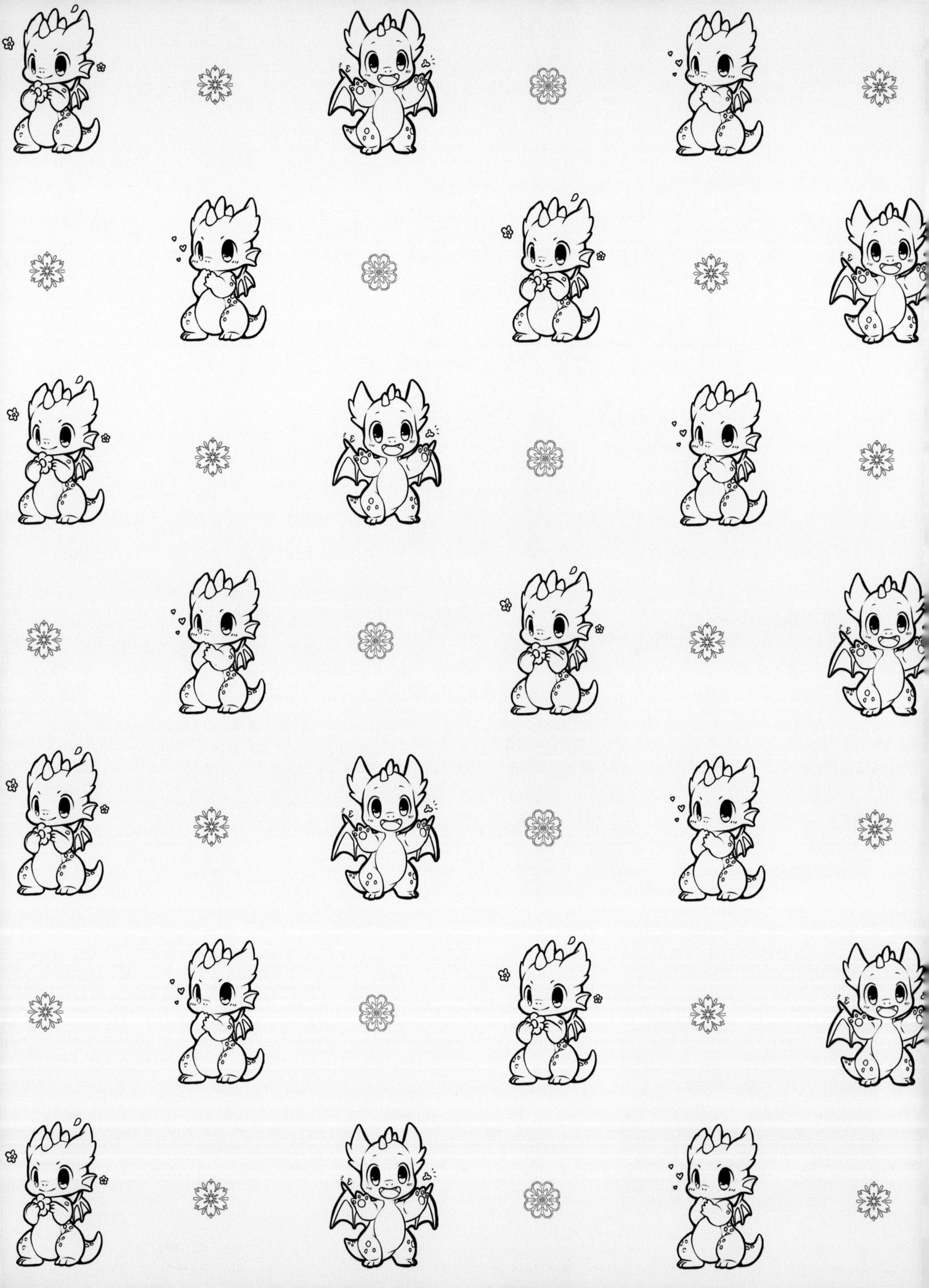

1. Figuren zeichnen

In diesem Kapitel werden wir gemeinsam von Grund auf lernen, wie man faszinierende Manga-Figuren, die in fantastischen Welten leben, von Kopf bis Fuß erschafft. Dazu werden wir uns in die Welt der Anatomie und dynamischen Posen vertiefen. Diese Grundlagen bilden das Fundament für all deine zukünftigen Zeichnungen und alle weiteren Kapitel.

Grundform des Kopfes

Los geht's in die faszinierende Welt des Manga-Zeichnens – beginnend mit einem Kapitel, das den Grundstein für deine Charaktere legt. Lass uns gemeinsam den Stift schwingen und Schritt für Schritt den Weg von einer leeren Leinwand zu einem lebendigen Manga-Kopf erkunden. Für diese Zwecke greife ich oft auf die bewährte und weitbekannte Loomis-Methode zurück.

In diesem Tutorial nutze ich folgenden Brush im Zeichenprogramm Procreate:

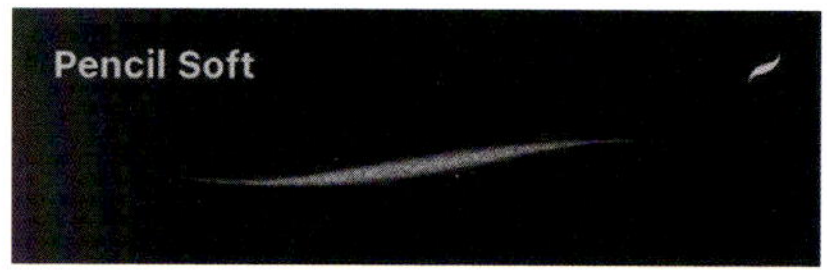

GRUNDFORM DES KOPFES – VORDER-ANSICHT

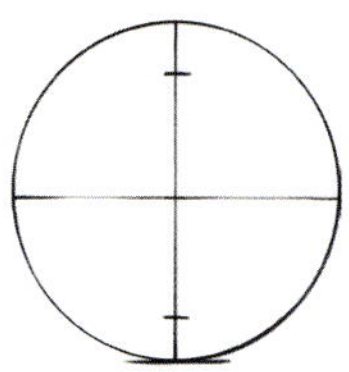

1 Zeichne einen Kreis, der vertikal und horizontal geteilt wird. Füge oben die Haarlinie und unten im gleichen Abstand die Nasenlinie hinzu. Direkt unterhalb des Kreises zeichnest du eine Linie für den Mund.

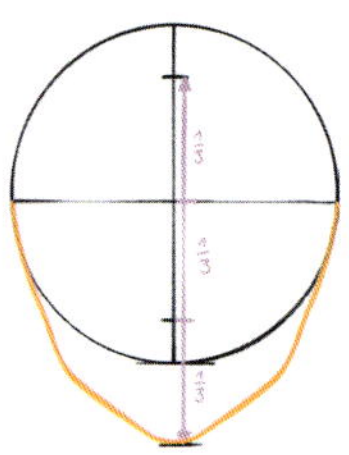

2 Die Haarlinie sollte denselben Abstand zur Kreismitte haben wie von dort zur Nasenlinie und weiter von der Nasenlinie zum Kinn. Zeichne die Form von Kiefer und Kinn.

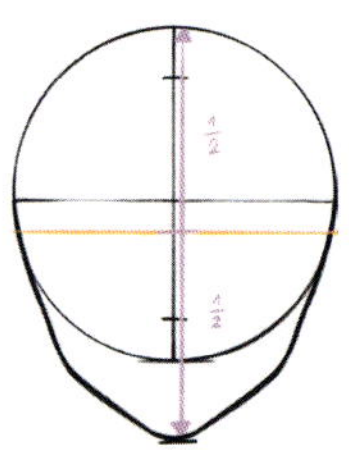

3 Teile den Kopf in der Mitte vom oberen Rand des Kreises bis zum Kinn. Das ergibt die Hilfslinie für die Augen.

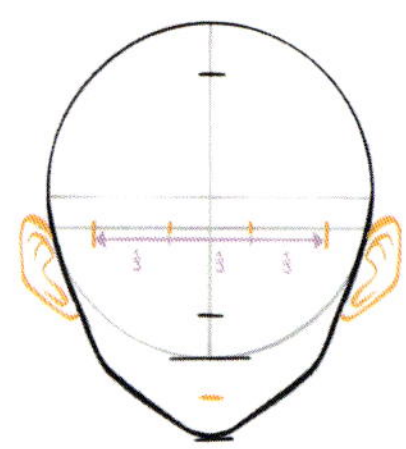

4 Die Breite der Augen entspricht etwa dem Abstand zwischen ihnen. Zeichne die Ohren, die etwa auf Augenhöhe beginnen und bis zur Nasenspitze reichen.

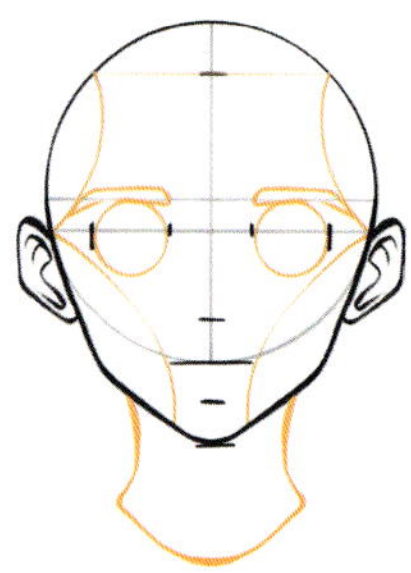

5 Zeichne die Augenbrauen entlang der Linie, die den Kreis genau in der Hälfte trennt, darunter zwei Kreise für die Augen. Zeichne Schläfen und Wangenknochen für spätere Schattierungen. Diese verlaufen von der Haarlinie, vorbei an den Augenbrauen, bis hin zu den Augen, von dort vorbei an den Mundwinkeln bis zum Kinn.

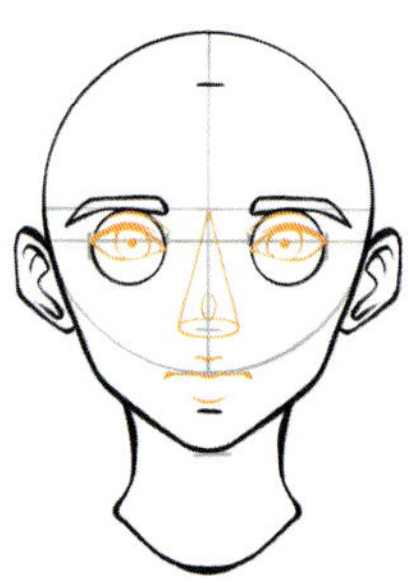

6 Skizziere einen Zylinder für die Nase, wobei die Ellipse den unteren Nasenbereich darstellt. Die Mundöffnung befindet sich am unteren Rand des großen Kreises. Die Augen liegen auf der Mitte der Hilfslinie für die Augen.

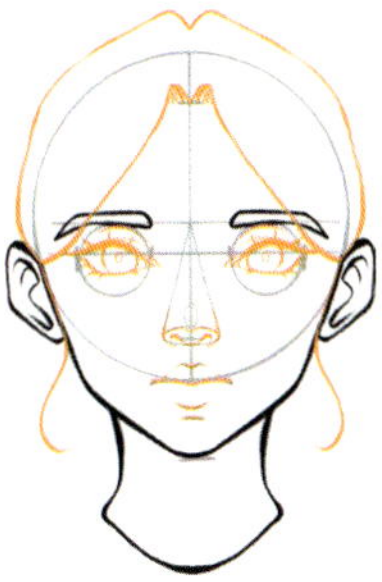

7 An der Haarlinie können nun Haare gezeichnet werden. Denke dran, dass Haare nicht direkt auf dem Kopf aufliegen, daher zeichne die Haare oberhalb des Kreises. Füge Wimpern und Nasenlöcher hinzu.

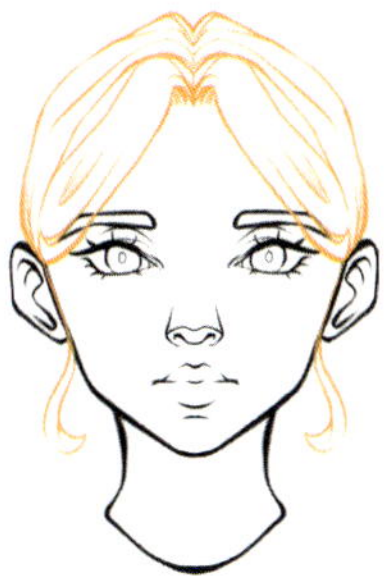

8 Füge Haarsträhnen hinzu und entferne die Hilfslinien.

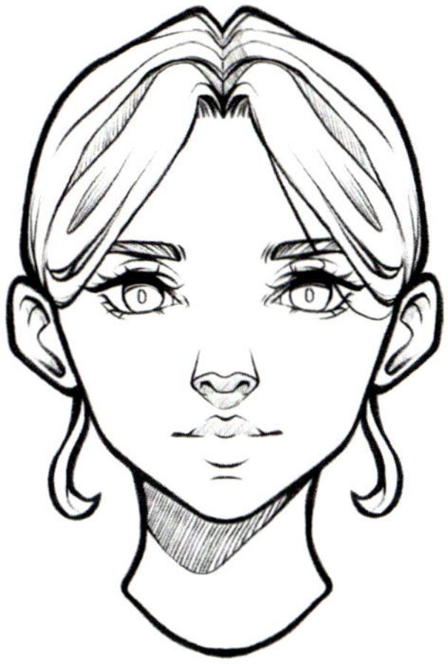

9 Verwende Schraffur, um Tiefe und Schatten zu erzeugen. Tipp: Zeichne die Kopfsilhouette mit einem dicken Brush nach, um die Person hervorzuheben und einen schönen Effekt zu erzielen.

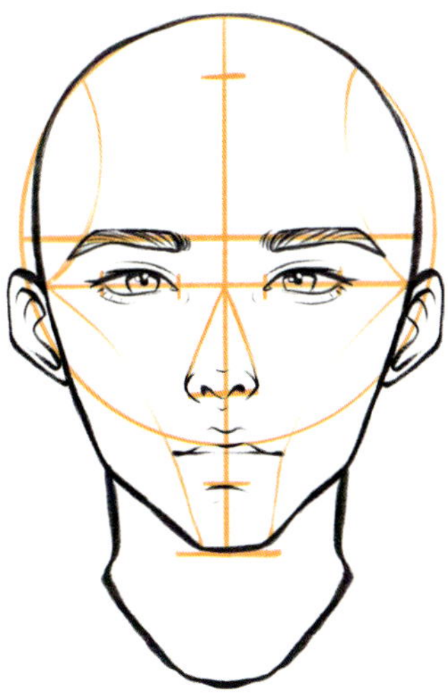

TIPPS FÜR MASKULINE KOPFFORMEN

Maskuline Kopfformen haben eine stärkere und markantere Kieferlinie und generell weniger abgerundete Konturen. Die Augenbrauen sind oft kräftiger und geradliniger. Die Augen tendieren dazu, schmaler zu sein, mit weniger Wimpern, die Nase dagegen kann etwas größer und prominenter sein. Der Mund neigt zu schmaleren Lippen.

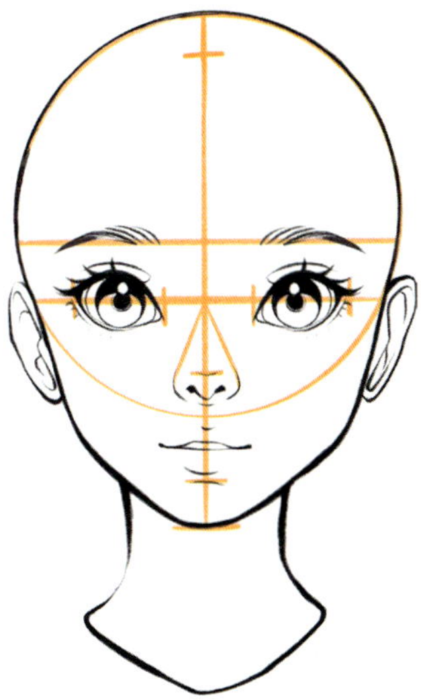

TIPPS FÜR KINDLICHE KOPFFORMEN

Kinder besitzen große und runde Augen, die oft tiefer im Gesicht liegen. Die Augenbrauen sind zarter und weniger markant. Die kurze, kleine Nase besitzt eine niedrigere Platzierung auf dem Gesicht. Der Mund kann kleiner sein, mit runderen und weniger definierten Lippen. Besonders bei sehr kleinen Kindern können weiche, runde Wangen gezeichnet werden.

Der Kopf in der Dreiviertel-Ansicht

Diesmal wagen wir uns mutig an die Darstellung des menschlichen Kopfes in der Dreiviertel-Ansicht sowie der seitlichen Ansicht. Die Grundsätze, die wir zuvor gelernt haben, werden uns dabei begleiten.

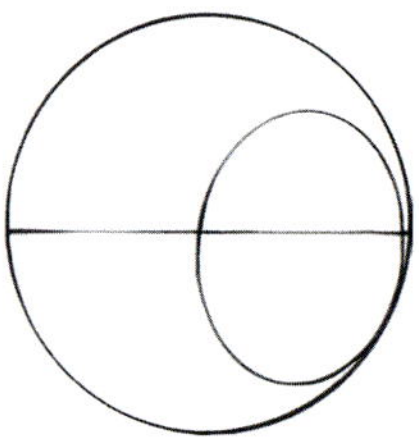

1 Beginnen wir erneut mit einem Kreis als Grundlage für den Kopf. Diesmal fügen wir nur eine horizontale Linie ein. Zeichne parallel dazu einen leicht ellipsenförmigen Kreis, der die seitliche Ansicht des Kopfes widerspiegelt. Denke daran, dass Köpfe seitlich betrachtet flacher sind.

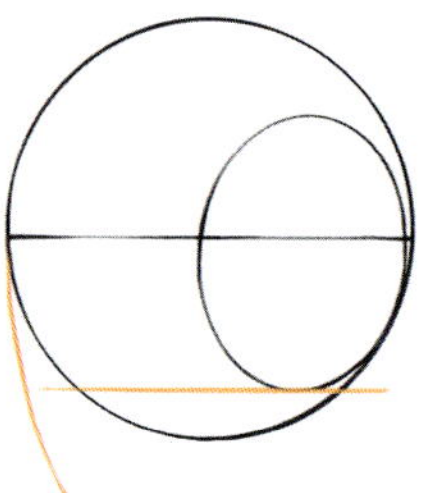

2 Zeichne eine weitere horizontale Linie unterhalb der Ellipse und darunter eine Linie für das Kinn. Verbinde die Mittelpunkte des Kreises und der Kinnlinie, um die Kontur der Wange zu gestalten.

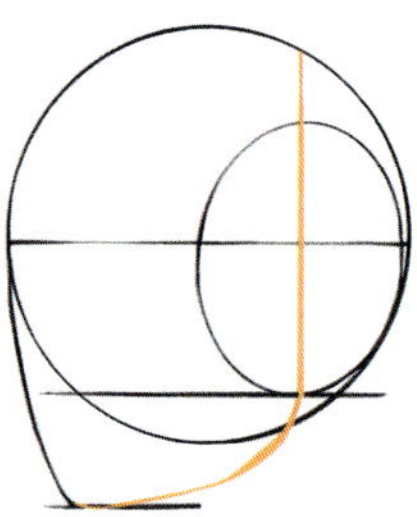

3 Teile die ellipsenförmige Kopfseite vertikal in der Mitte und setze diese Linie in leichter Biegung bis zum Kinn fort. Dies formt die Kieferpartie.

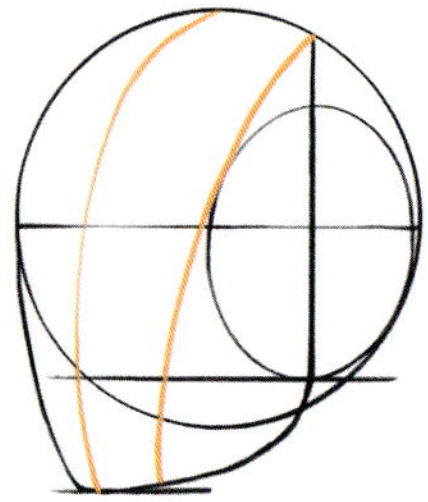

4 Zeichne zwei Linien, um das Gesicht einzuzeichnen – eine umschließt es, während die andere genau die Mitte markiert.

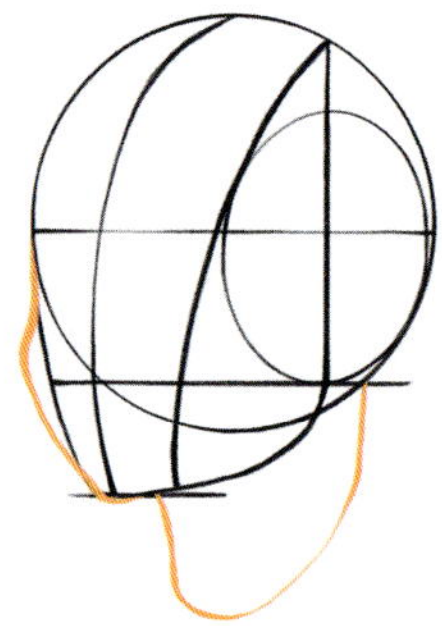

5 Zeichne den Hals unter dem Kiefer beginnend. Auf der anderen Seite endet er am Hinterkopf.

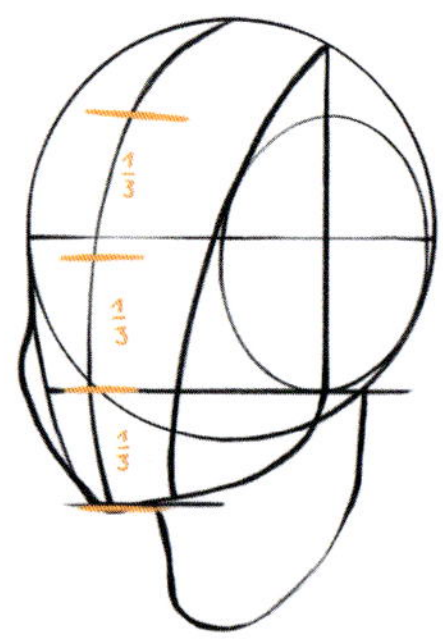

6 Erinnere dich an das bewährte Prinzip: Die Haarlinie hat denselben Abstand zu den Augen wie die Augen zur Nasenspitze und die Nasenspitze zum Kinn. So formen wir eine ausgewogene Gesichtsstruktur.

Der Kopf in der seitlichen Ansicht

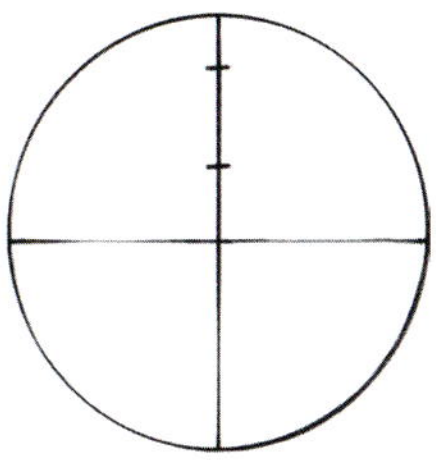

1 Fangen wir wieder mit einem Kreis an. Unterteile ihn sowohl horizontal als auch vertikal in der Mitte. Teile dann den oberen Teil der vertikalen Mitte in drei gleich große Abschnitte. Die obere Linie wird unser Haaransatz sein.

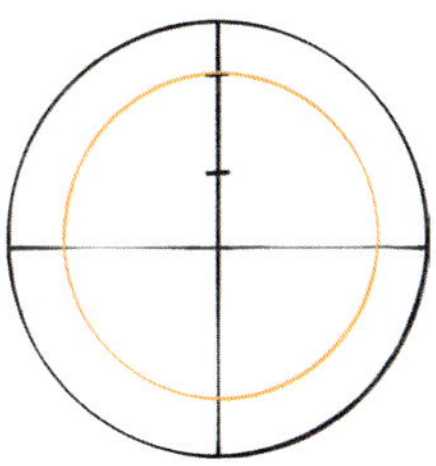

2 Zeichne einen kleineren Kreis innerhalb des großen Kreises. Das hilft dir, die Konturen des Kopfes zu definieren.

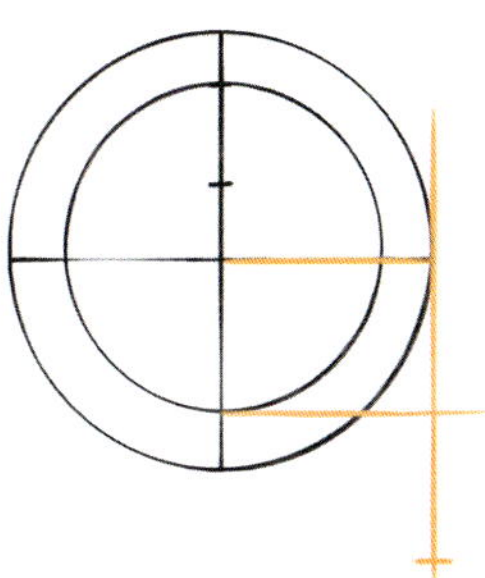

3 Gehen wir zur seitlichen Ansicht über: Zeichne einen geraden Strich entlang des äußeren Randes des großen Kreises nach unten. Verwende den inneren unteren Kreis, um die Nasenlinie zu definieren. Dies formt die Kieferpartie.

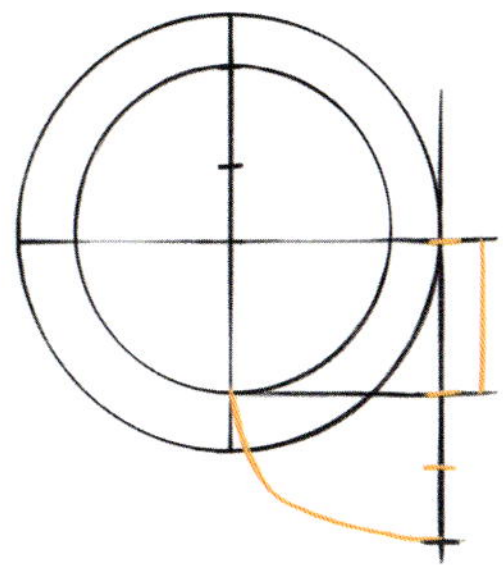

4 Zeichne eine Linie vom inneren Kreis bis zur unteren Grenze unseres vorherigen Striches. Dadurch gestalten wir den Kiefer.

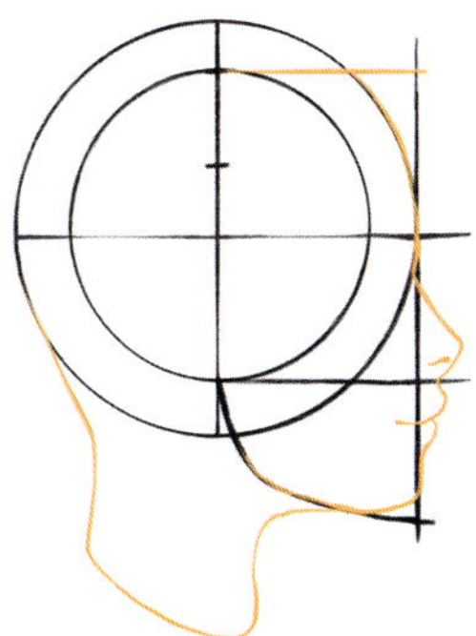

5 Zeichne den Hals ein. Denk daran, dass der Abstand vom Haaransatz zur Nasenlinie gleich dem Abstand von der Nase zum Kinn ist.

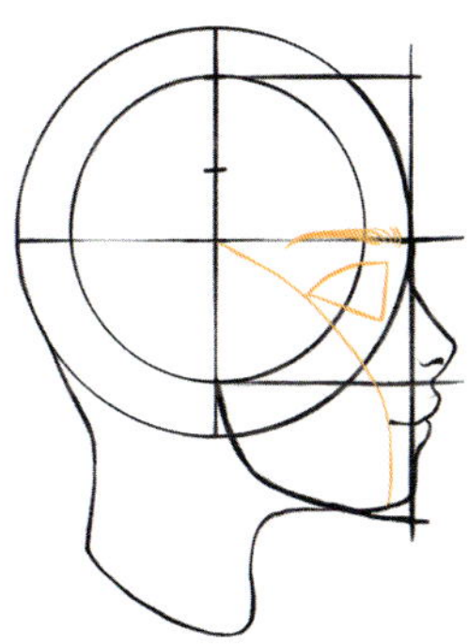

6 Füge Wangenknochen, Augenbrauen und Augen hinzu. Die Augen sitzen innerhalb der hier angedeuteten Augenhöhlen.

Die Augen

In diesem Abschnitt werde ich dir zeigen, wie du die Grundlagen der Augenstruktur verstehen und sie in deinem eigenen Stil zeichnen kannst. Wir werden gemeinsam die Bausteine erkunden, die deinen Charakteren Seele verleihen. Das Wichtigste dabei ist jedoch, die grundsätzliche Anatomie des Auges zu verstehen.

DIE ANATOMIE DES AUGES

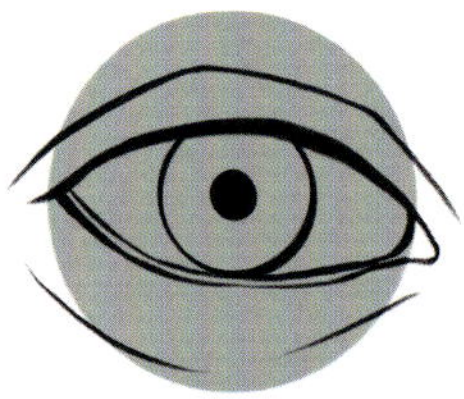

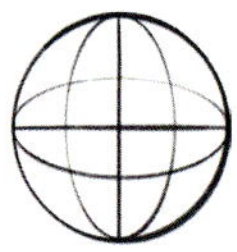

Der Augapfel ist eine Kugel und wird durch das Oberlid und das Unterlid eingerahmt, wodurch lediglich ein Teil des Augapfels zu sehen ist.

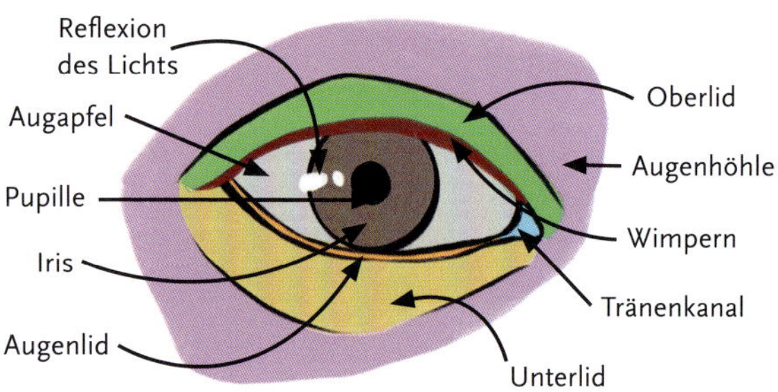

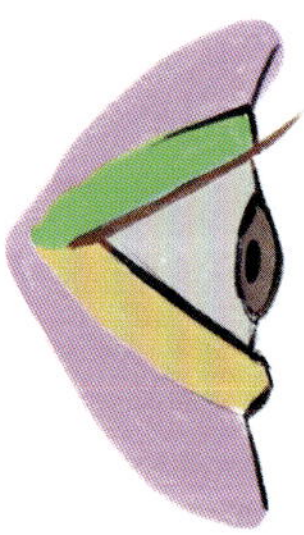

Seitliche Ansicht eines Auges. Die Iris liegt mit ihrer Hornhaut auf dem Augapfel auf.

AUGEN ZEICHNEN

Die Form der Augen kann vielfältig gestaltet werden. Ich bevorzuge eine semi-realistische Herangehensweise, indem ich die Grundform der Augen realitätsnah zeichne und dann subtile Manga-Elemente einfließen lasse.

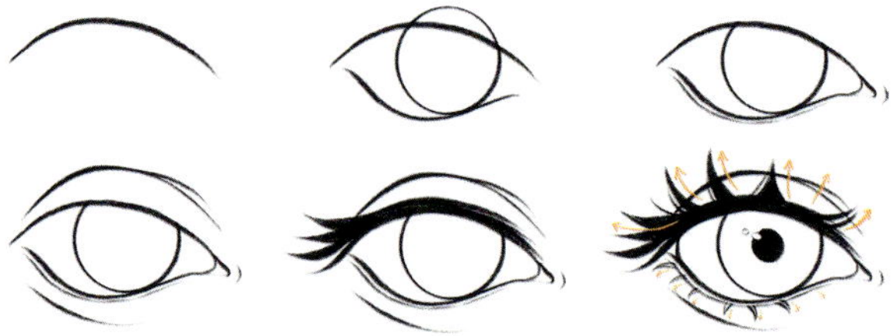

Beginnend mit dem oberen Lid setze ich den ersten Strich. Der nächste Schritt widmet sich dem unteren Lid. Auf diesem ruht die kreisförmige Pupille. Diese gestalte ich oft größer, als sie in der Realität ist. Anschließend wird die Linie für das Augenlid gezogen und der Teil der Iris, der vom Oberlid verdeckt wird, entfernt. Feine Linien werden hinzugefügt, um die Falten des Ober- und Unterlids zu definieren. Danach folgen die Wimpern, die das obere Lid kranzförmig umrahmen. Unten sind die Wimpern zarter. Die Pupille findet je nach Blickrichtung ihren Platz in der Iris. Durch Reflexionen wird schließlich Leben in das Auge gebracht.

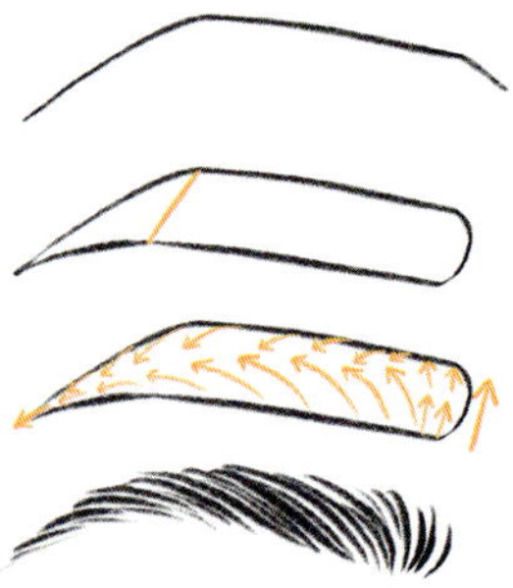

Die Gestaltung der Augenbrauen liegt ganz in deiner Hand – sei es die Form oder Fülle. Als Orientierungshilfe habe ich hier eine grundlegende Richtlinie skizziert, um den Verlauf der Augenbrauen-Haare zu verdeutlichen. Du hast die Freiheit, die Haare einzeln, in Büscheln oder als vereinfachten Strich zu zeichnen.

PERSPEKTIVE

Beachte bei der 3/4-Ansicht, dass das abgewandte Auge kleiner wirkt und eine eher ellipsenförmige, gebogene Kontur aufweist. Die Augenbraue wird ebenfalls leicht verkürzt.

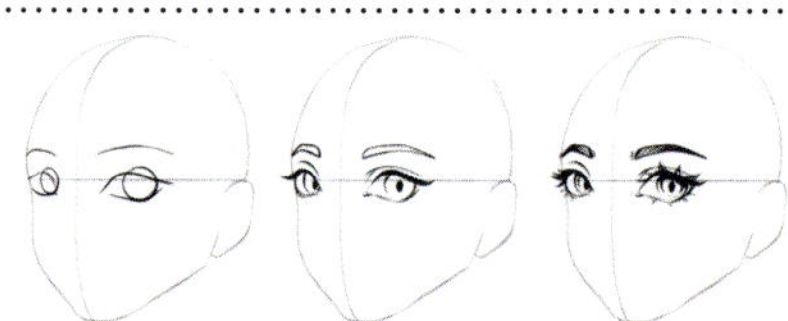

Verschiedene Augenformen

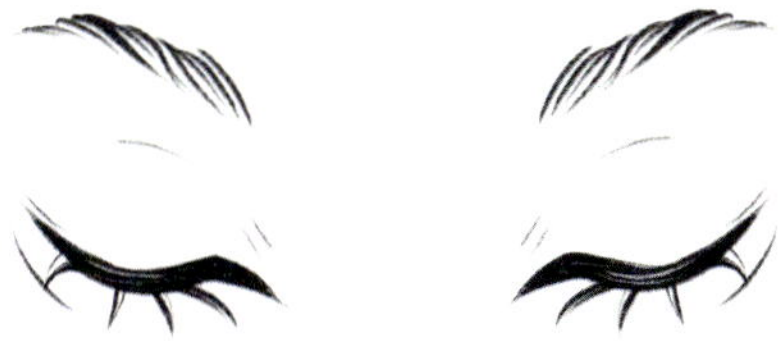

In dieser Darstellung sind diverse Augen- und Augenbrauenformen festgehalten, die ich skizziert habe.

GRUNDLEGENDE FORMEN

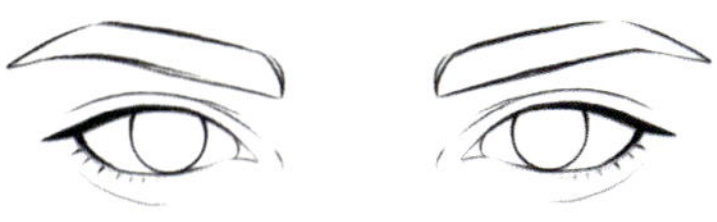

Maskulin

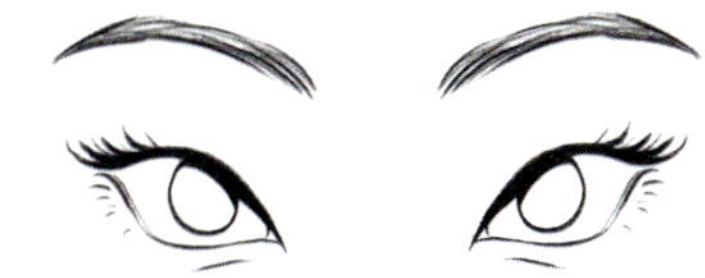

Monolid

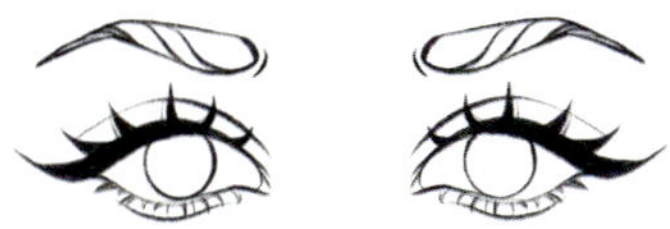

Mandelförmig

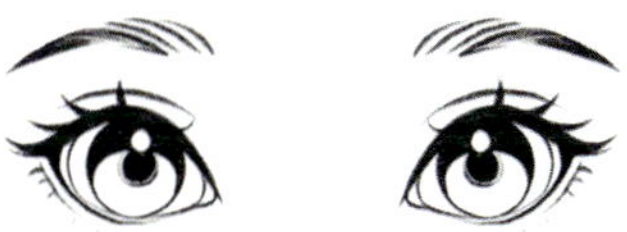

Rund und kindlich

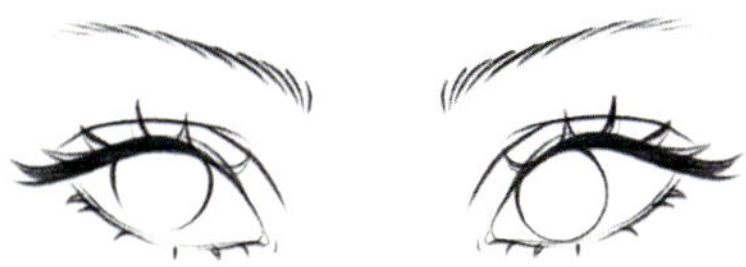

hohe Augenwinkel

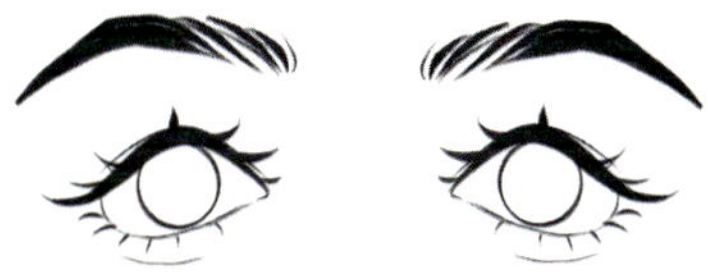

niedrige Augenwinkel

FANTASY VARIATIONEN

Hier findest du eine Sammlung von fantasievollen Beispielen und kreativen Variationen.

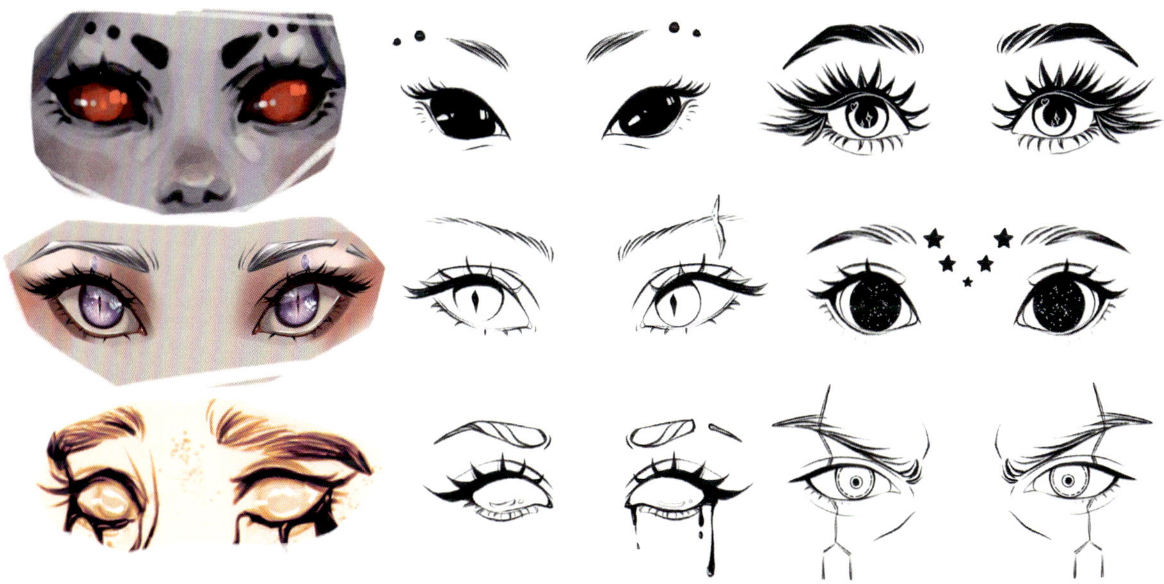

Ohren, Nase, Mund (Grundlagen)

In diesem Abschnitt stelle ich dir die grundlegenden Techniken zur Darstellung von Mund, Nase und Ohren vor. Auf der folgenden Seite zeige ich dir dann, wie man sie zu Fantasy-Elementen abwandelt.

MUND

Im Manga-Stil wird der Mund oft stark vereinfacht. Ich arbeite aber gerne mit weichen und geschwungenen Konturen. In der hier gezeigten Abbildung habe ich die Schattenbereiche in lila markiert und die Lichtbereiche gelb.

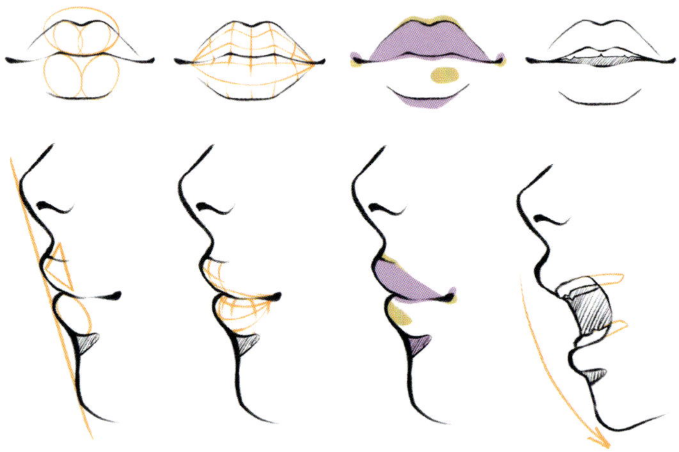

NASE

Die Form der Nase ähnelt der eines Kegels und kann durch die Verwendung von Ellipsen und Dreiecken aufgebaut werden. Nasen können breit, schmal, groß, klein, mit einer Stupsnase oder einer Höckernase gestaltet sein.

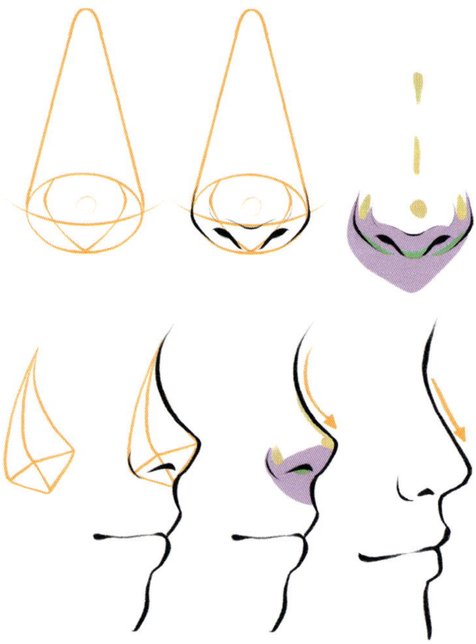

OHREN

Bei seitlicher Betrachtung sind Ohren in ihrer vollen Größe zu erkennen, während sie von vorne lediglich flach und angedeutet erscheinen.

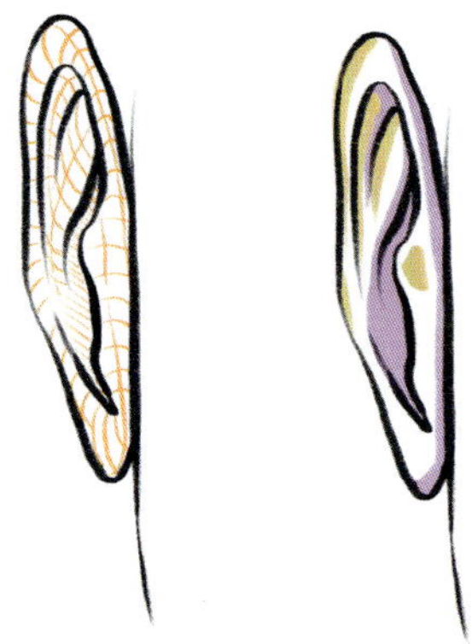

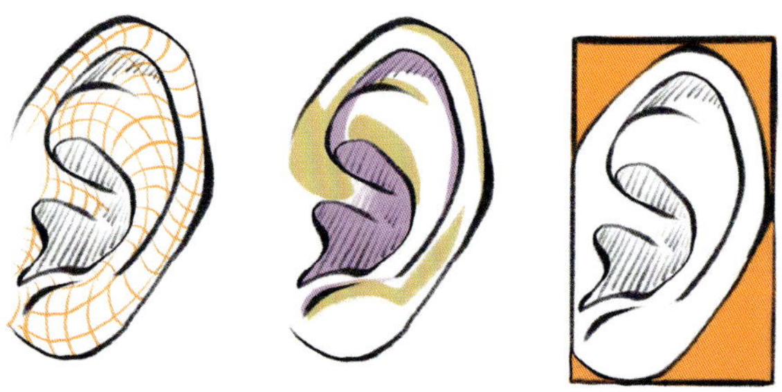

Ohren, Nase, Mund (Fantasy)

OHREN

Im Kontext von Fantasiewesen denke ich oft an Elfenohren. Allein bei dieser Kategorie gibt es eine schier endlose Vielfalt an Formen. Elfenohren lassen sich als lange Dreiecke beschreiben.

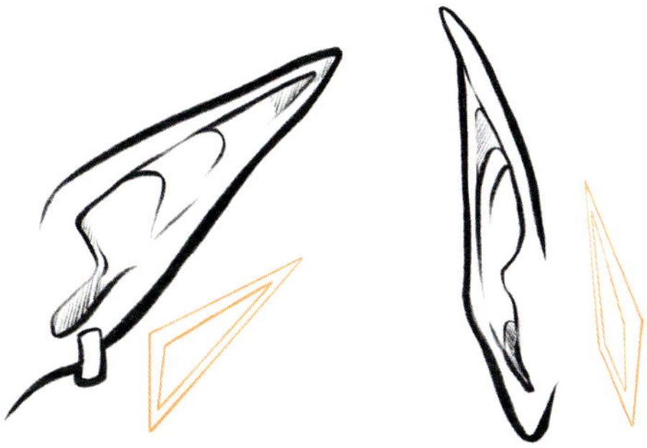

Zusätzlich gibt es zahlreiche weitere Möglichkeiten wie flossenartige Ohren oder Tierohren.

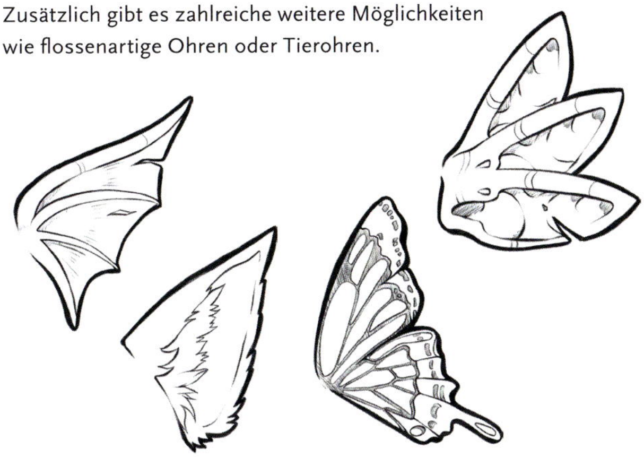

MÜNDER

Bei der Gestaltung von Mündern eröffnet sich ein breites Spektrum für Variationen, seien es Orks mit Hauern, Vampire mit Reißzähnen oder monströser Kreaturen mit langen, gespaltenen Zungen.

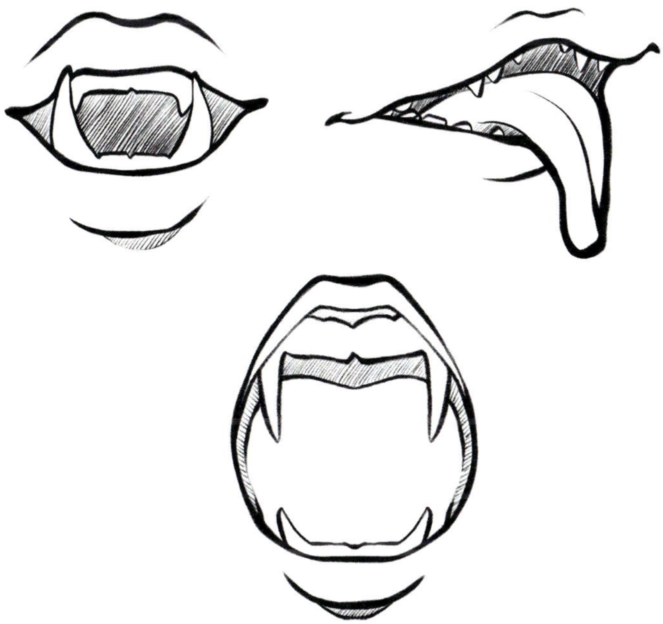

NASEN

Gleiches gilt auch für Nasen, etwa Tiernasen oder ungewöhnlich flache Nasen.

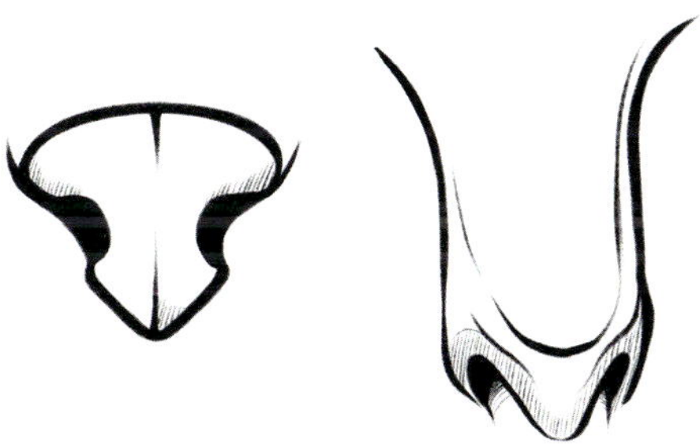

Fantasy-Elemente (Kopf & Gesicht)

Im Folgenden findest du eine Reihe von Ideen, wie du den Köpfen deiner Charaktere fantastische Elemente hinzufügen kannst. Kombiniere die Elemente miteinander, um eine spannende Figur zu erschaffen.

Auf den nächsten Seiten werde ich folgende Lineart-Pinsel verwenden:

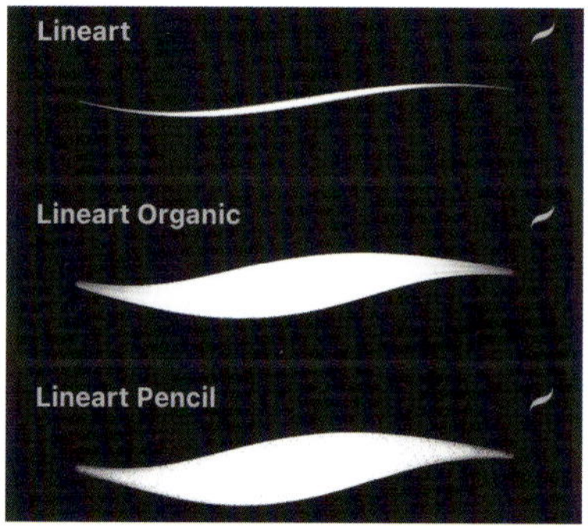

HÖRNER

Hörner verleihen Charakteren eine unverwechselbare Erscheinung und vermitteln visuell ihre übernatürlichen oder magischen Fähigkeiten. Es gibt eine Vielfalt an Längen, Formen und Materialien, außerdem können sie an unterschiedlichen Stellen des Kopfes sitzen.

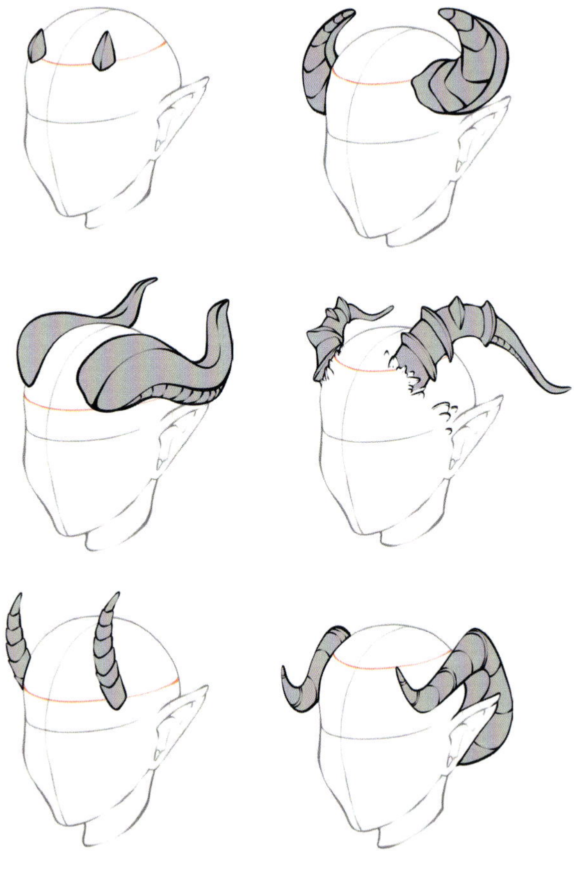

SCHUPPEN UND KIEMEN

Schuppen und Kiemen verleihen den Charakteren eine einzigartige Verbindung zu Wasserwelten. Diese Merkmale symbolisieren eine Verwandtschaft mit mystischen Kreaturen wie Drachen, Meerjungfrauen oder Wassergeistern.

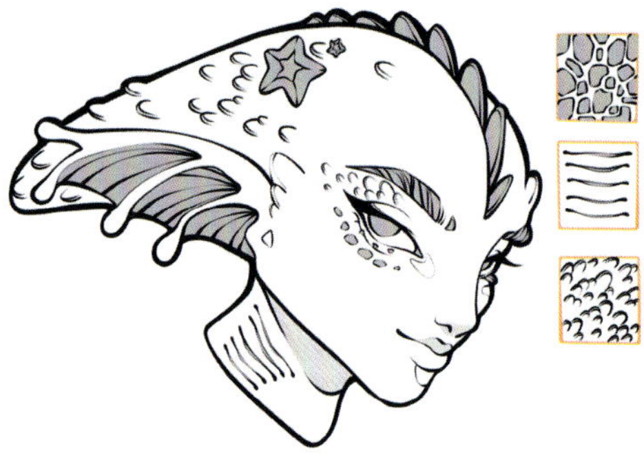

Fleckenmuster lassen sich durch das Zeichnen unterschiedlicher Formen, meistens Rechtecke mit abgerundeten Ecken, erstellen. Diese werden nebeneinander und in zufälliger Anordnung platziert.

Kiemen werden durch kleine, geschwungene Linien gezeichnet, die oft in Gruppen angeordnet sind.

Schuppen werden in unregelmäßigen Abständen und Größen gezeichnet. Du kannst sie als kleine umgedrehte "u's" darstellen.

HAUT, NARBEN UND TATTOOS

Die Haut vermittelt tiefergehende Geschichten über die Charaktere und ihre Hintergründe. Narben können vergangene Kämpfe sichtbar machen, Tattoos symbolische Bedeutungen tragen und einen Einblick in die Kultur der Fantasiewelt bieten.

Für die Lineart und Kolorierung, habe ich den **„Pencil Soft-Pinsel“** und den **„Soft“-Pinsel** verwendet.

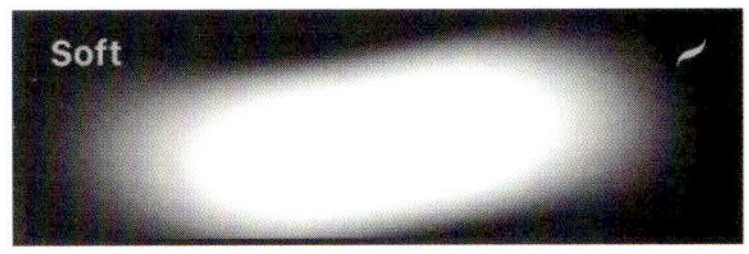

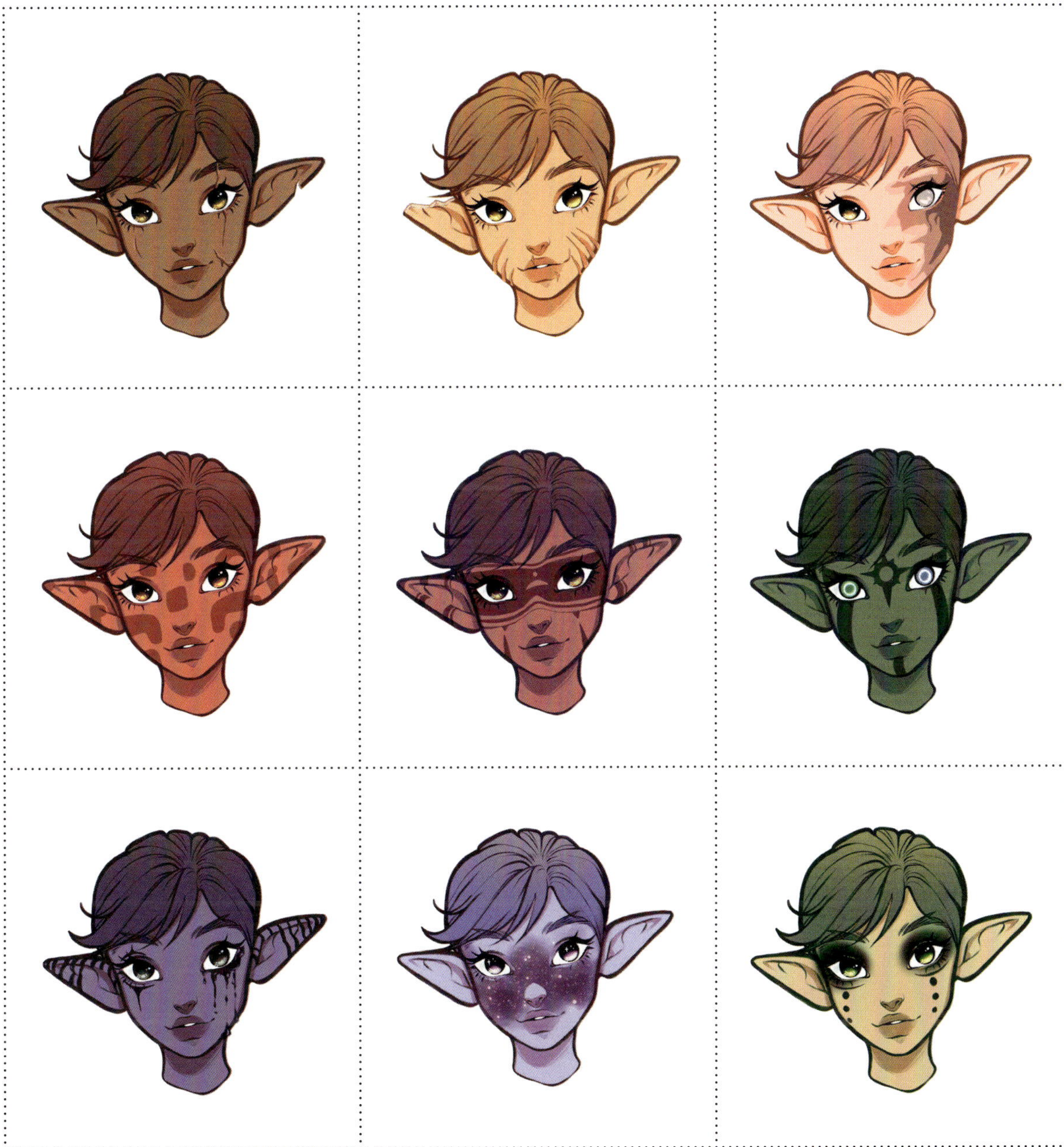

BÄRTE / GESICHTSBEHAARUNG

Bärte vermitteln eine Aura von Weisheit, Stärke und Charakter. Sie können als Anzeichen für Alter oder als Zeichen für eine spezifische Herkunft oder Kultur dienen.

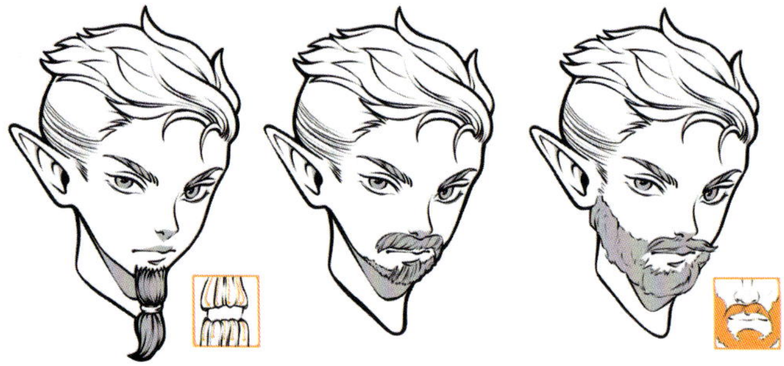

NATUR

Die Verwendung von Blumen oder Pilze an menschlichen Köpfen verleiht den Charakteren eine ätherische Verbindung zur Natur und zur spirituellen Welt. Blumen symbolisieren oft Anmut, Wachstum und die Verbindung zur Erde. Das Darstellen von Knochen oder Schädeln von Tieren erzeugt eine kraftvolle Symbolik der Verbundenheit zwischen Menschen und Tierreich.

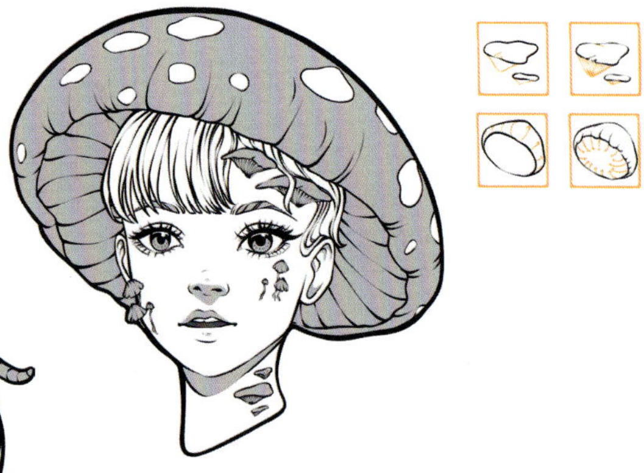

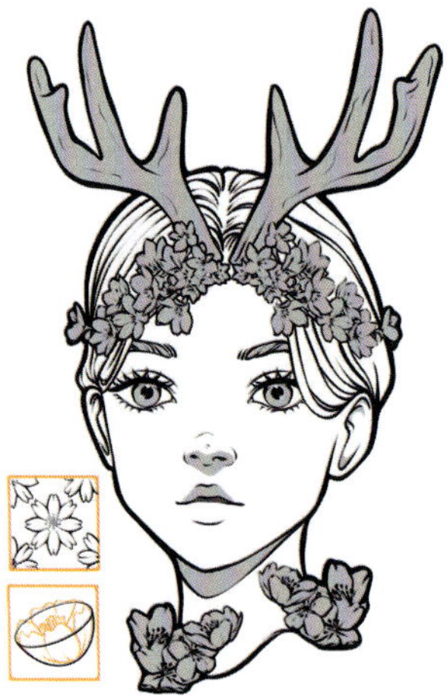

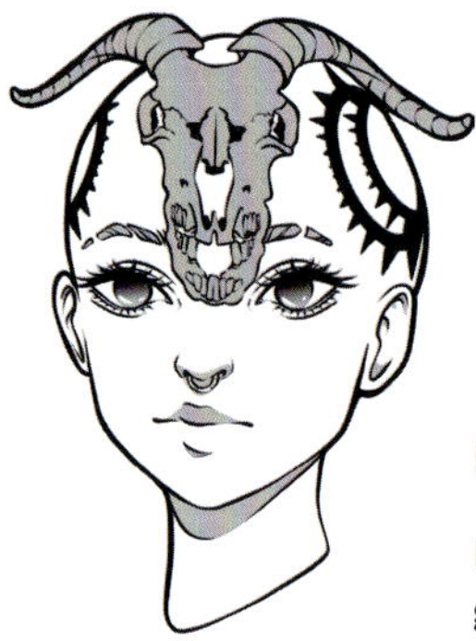

DARK FANTASY

Im Bereich Dark Fantasy offenbaren sich die Schatten und Abgründe der Fantasie, in denen das Übernatürliche auf das Unheimliche trifft. Dark Fantasy erweckt Alpträume zum Leben und entfesselt die dunklen Seiten der menschlichen Vorstellungskraft.

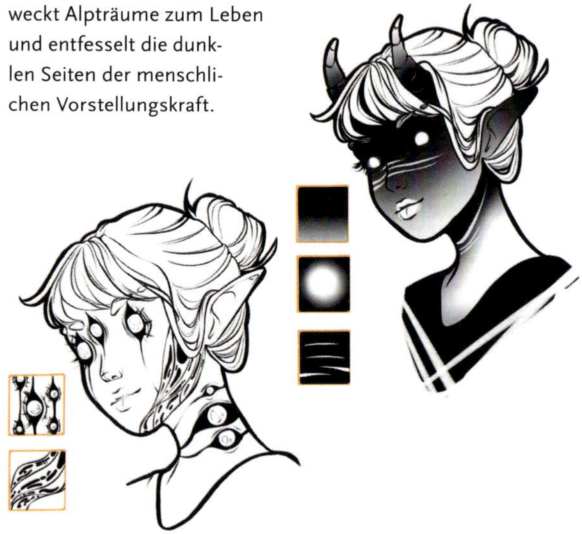

FUTURE FANTASY

Ein Universum, in dem die Grenzen zwischen Technologie und Magie verschwimmen. Besonders gut eignen sich futuristische Muster, kabelartige Elemente, Schnittstellen, Steckverbindungen oder scharfe Kanten, um futuristische Merkmale zu betonen.

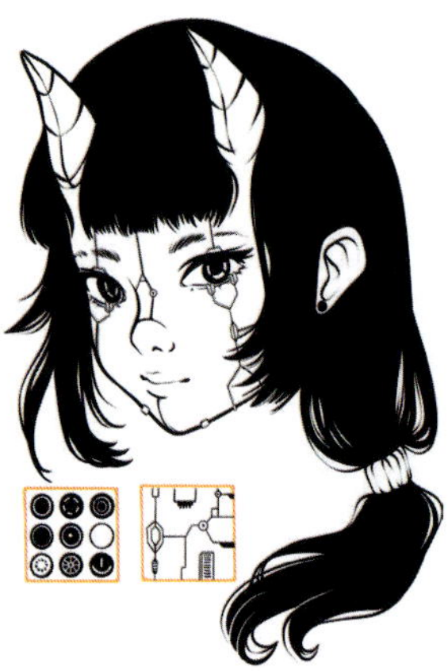

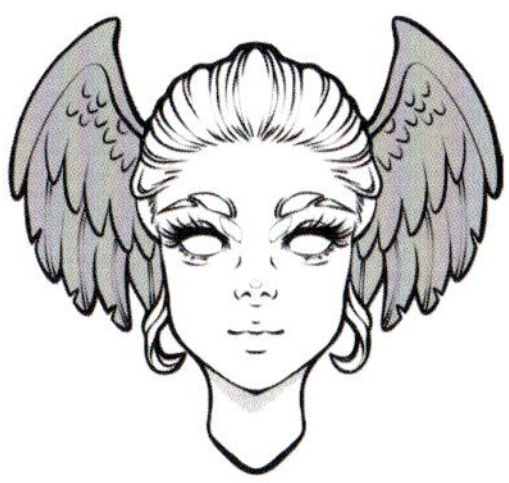

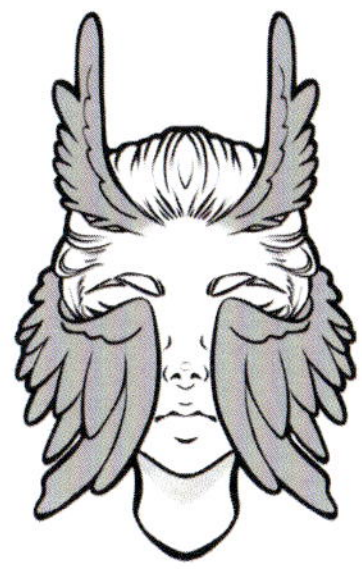

FLÜGEL

Flügel repräsentieren oft Freiheit, spirituelle Entwicklung und das Streben nach Höherem. Sie können nicht nur am Rücken, sondern auch am Kopf angebracht werden.

HALO

Heiligenscheine verleiht eine Aura von Göttlichkeit, Heiligkeit oder besonderer spiritueller Bedeutung. Halos symbolisieren oft eine übernatürliche Verbindung zu höheren Mächten oder eine besondere Aufgabe im Universum.

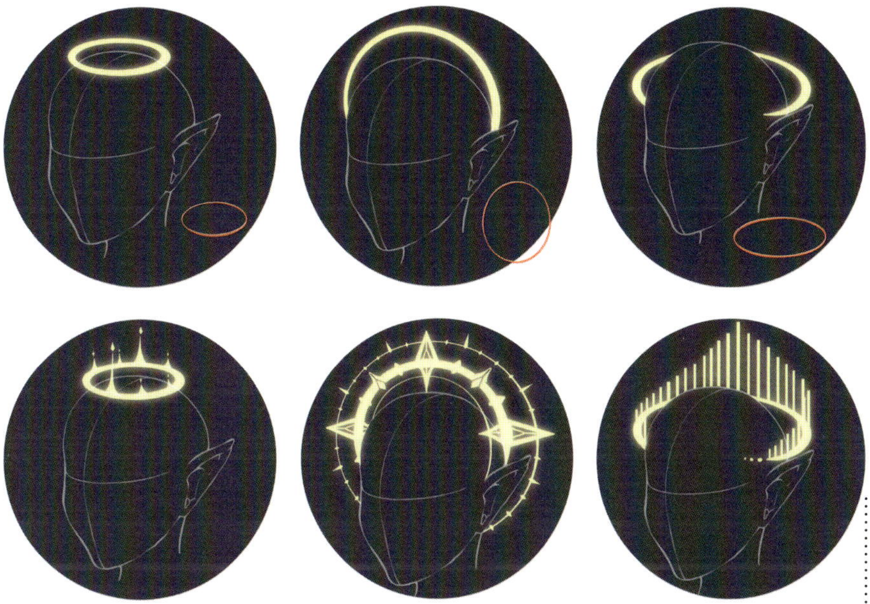

Tipp: Durch die Verwendung eines dunklen Hintergrunds kann der Heiligenschein eine leuchtende Wirkung erzielen. Das folgende Tutorial habe ich mithilfe von Procreate erstellt, jedoch ist es genauso gut in anderen digitalen Programmen umsetzbar:

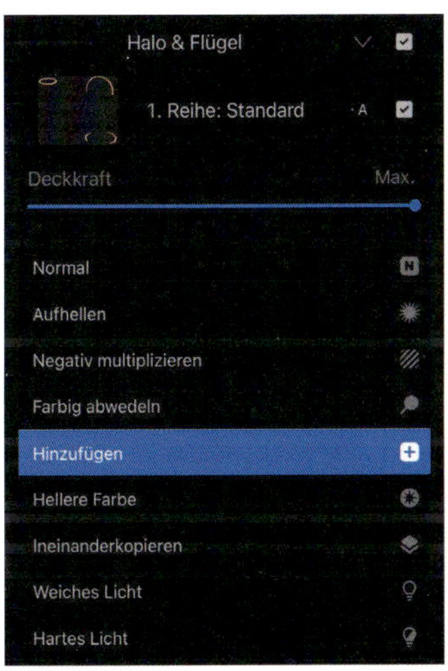

Nachdem du die Halos mit einer Farbe deiner Wahl gezeichnet hast, ändere die Ebeneneinstellung auf „Hinzufügen“ (vergiss nicht, auf der untersten Ebene eine dunkle Hintergrundfarbe zu verwenden).

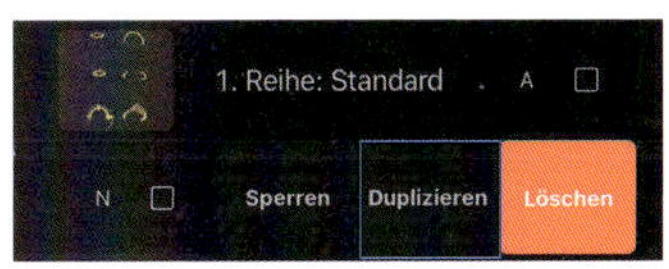

Danach duplizierst du diese Ebene einfach mit einer Wischbewegung nach links und einem Klick auf „Duplizieren“.

Die untere, duplizierte Ebene kann nun mithilfe eines Gauß'schen Weichzeichners im Menüpunkt „Gauß'sche Unschärfe“ weichgezeichnet werden, um einen Leuchteffekt zu erzeugen.

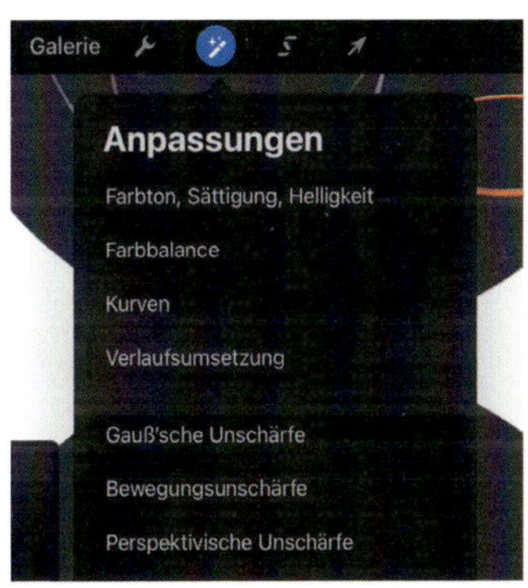

Emotionen

Ein Gesichtsausdruck ist der einfachste Weg, um zu erkennen, wie sich eine Figur fühlt. Emotionen sind der Schlüssel, um Charaktere lebendig zu machen und eine Möglichkeit zu bieten, sich in ihre Welt hineinzuversetzen. Hier sind einige Beispiele:

Freude: Ein Lächeln, strahlende Augen, hochgezogene Mundwinkel, aufgehellte Gesichtszüge, vor Freude geschlossene Augen, hochgezogene Augenbrauen

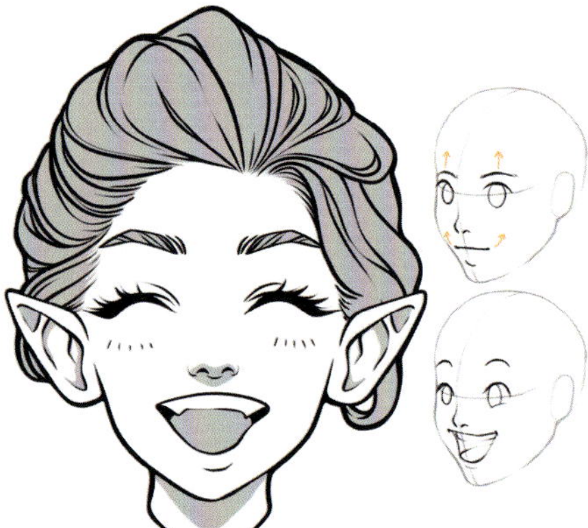

Erstaunen: Weit aufgerissene Augen, geöffneter Mund, hochgezogene Augenbrauen.

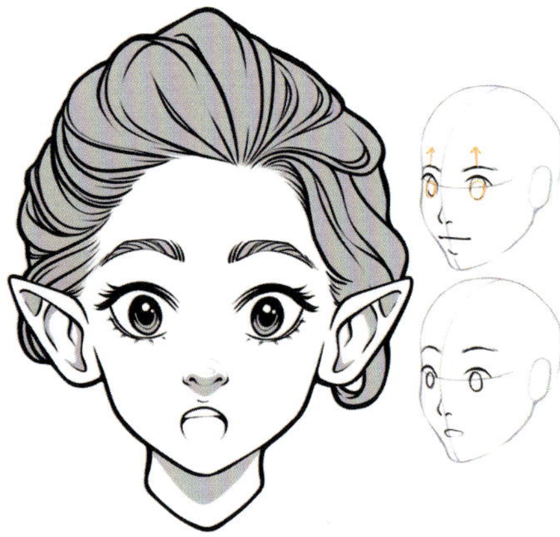

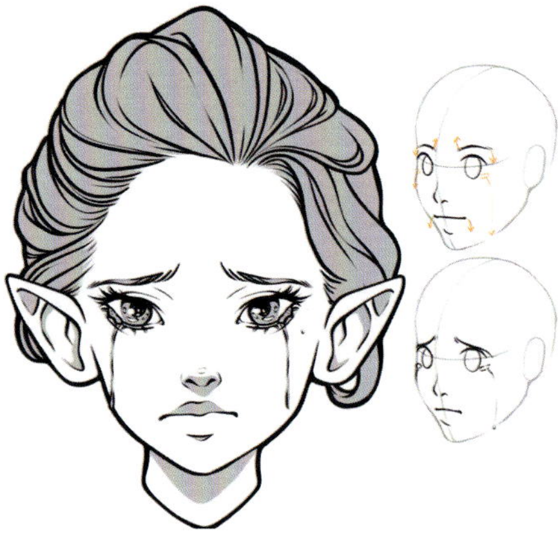

Traurigkeit: Hängende Mundwinkel, zusammengezogene Augenbrauen, trauriger Blick, Tränen in den Augen

Wut: Verkniffene Augen, angespannte Mundpartie, gerunzelte Stirn, aufgerissener Mund

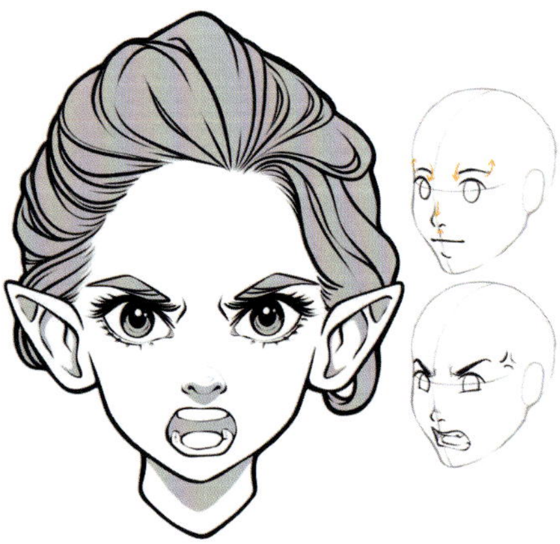

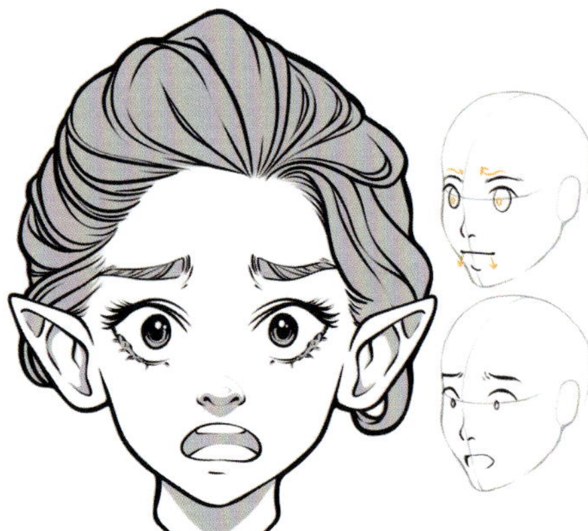

Angst: Weit aufgerissene Augen, zusammengezogene Stirn und Augenbrauen, geöffneter Mund

Verlegenheit: Rote Wangen, gesenkte Augen, leicht abgewandter Blick, gesenkte Schultern. Hier verwende ich den Brush „Fine Dots“ für die Röte auf Ihren Wangen:

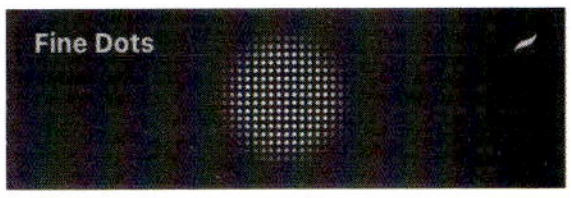

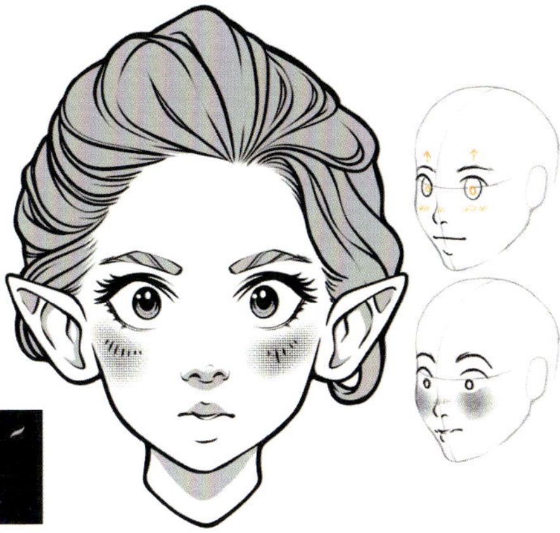

Enttäuschung: Hängende Mundwinkel, gesenkte Augen, resignierender Blick

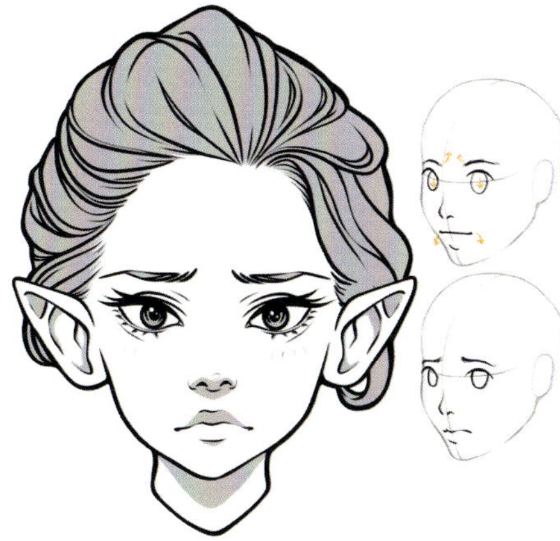

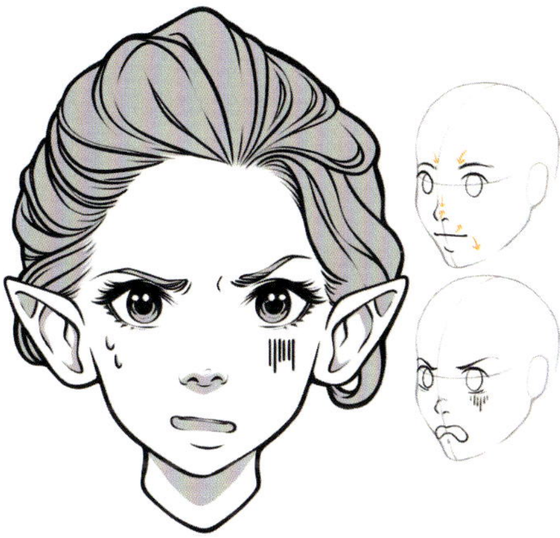

Ekel: Zusammengezogene Nase, Falten um die Nase, hochgezogene Oberlippe, angewiderte Gesichtszüge

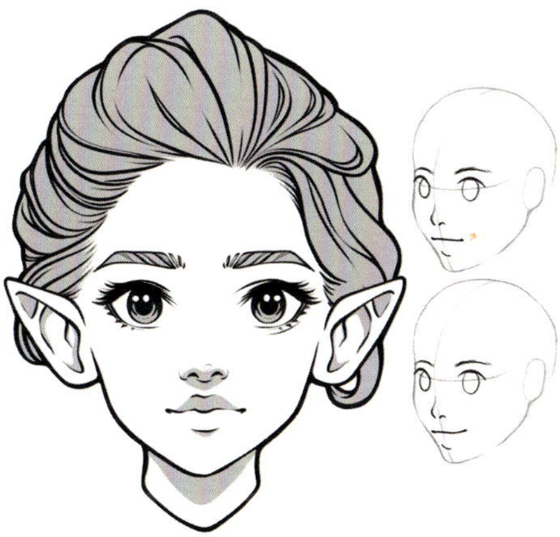

Gelassenheit: Entspannte Gesichtszüge, weicher Blick, ruhiger Mund

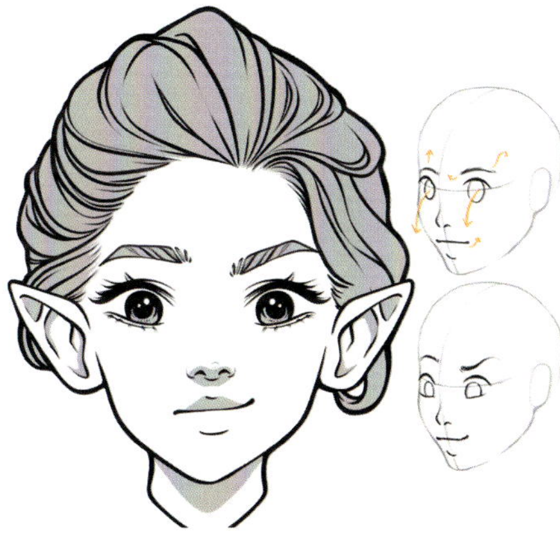

Überheblichkeit: Hochgezogene Augenbrauen, leicht arrogant wirkender Mund, Augen von oben herabschauend

Tipp: Die Art und Weise, wie diese Emotionen gezeichnet werden, ist abhängig von der Persönlichkeit des Charakters, der Stimmung der Szene und dem künstlerischen Stil. Probiere doch einmal, dich selbst im Spiegel zu betrachten, während du verschiedene Emotionen darstellst. Achte genau darauf, wie sich dein Mund, deine Nase, deine Wangen, deine Augen und Augenbrauen sowie deine Stirn verändern.

Haare (Grundlagen)

In diesem Abschnitt werden wir uns mit verschiedenen Techniken befassen, um realistische und stilisierte Haare zu gestalten. Egal ob lockig oder glatt, lang oder kurz, die Darstellung von Haaren kann eine reiche Palette an Ausdrucksmöglichkeiten bieten.

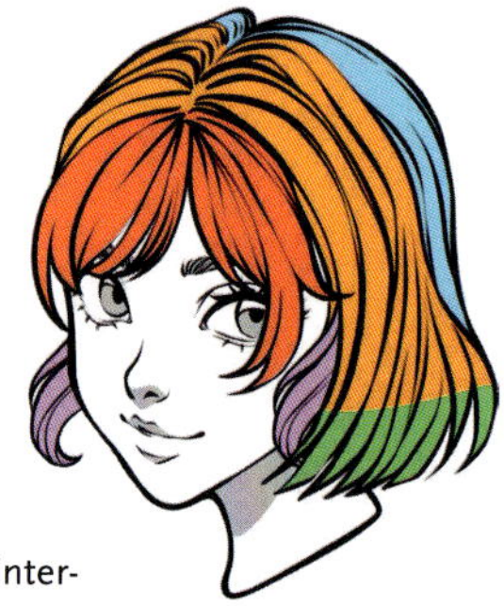

Haare lassen sich in fünf grundlegende Bereiche unterteilen: Der rote Bereich markiert den Ursprung des Ponys oder Haaransatzes, während die lila Zone die oft kürzeren Haare über den Ohren darstellt. Der orange Bereich symbolisiert das Haupt-Haar mit dem Scheitel, während der blaue Bereich die Haare im Hinterkopf repräsentiert. Es ist wichtig zu beachten, dass die Haare am unteren Ende oft dünner werden.

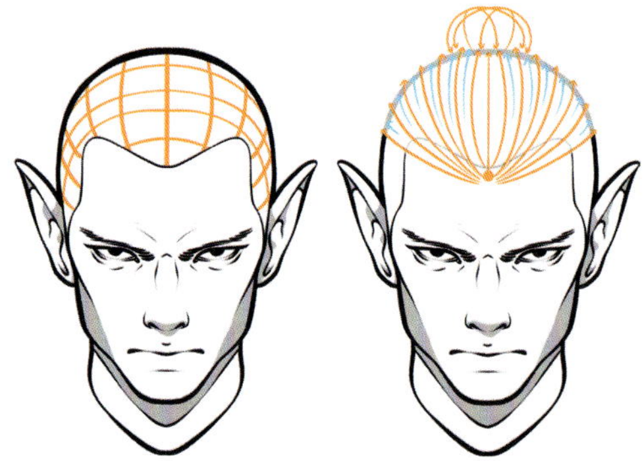

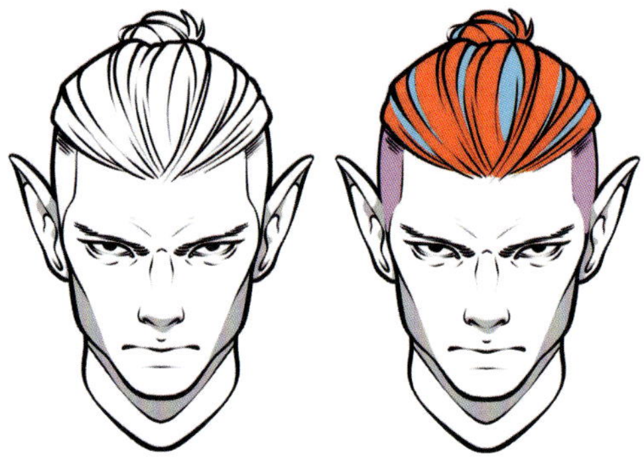

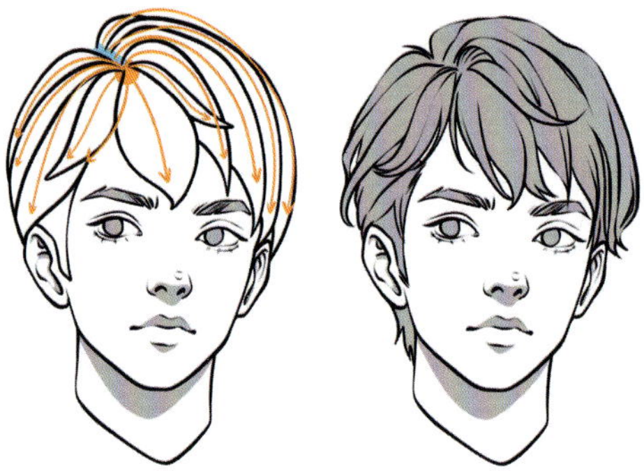

Locken sind bei kurzen Haaren oft kräftiger und kurze Haare stehen tendenziell mehr ab. Tipp: Betrachte die Haare als unterschiedlich große Bündel, anstatt jedes Haar einzeln zu zeichnen.

Um einen Dutt oder Zopf zu zeichnen, skizzierst du zunächst den Haaransatz als Orientierungspunkt. Die Haare folgen dann der Kopfform, bis sie an einem Punkt zusammengebunden werden. Innerhalb des Zopfes gibt es kleine und große Strähnen, die sich über und untereinander legen. Denke dabei an das Haarvolumen und zeichne die Haare auf dem Kopf aufliegen ein.

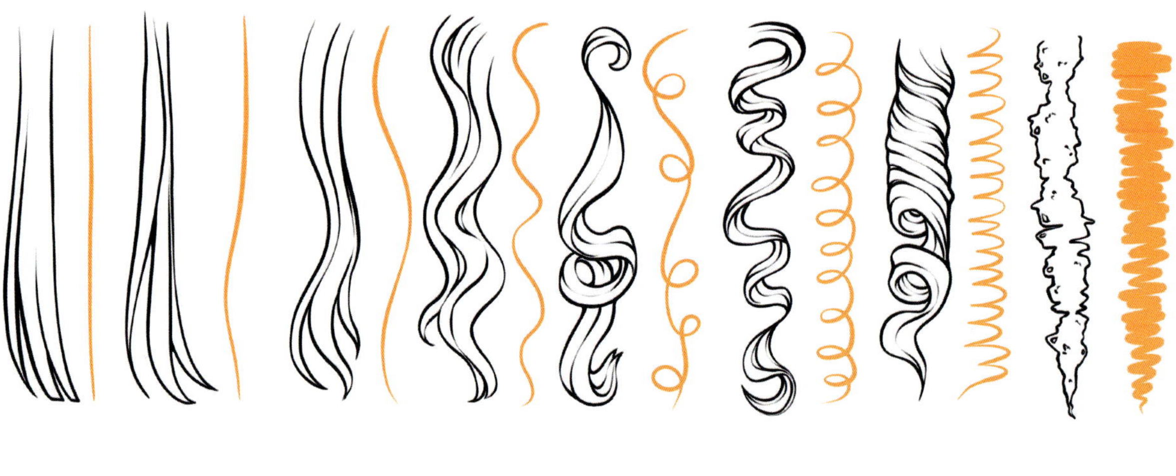

DUTT

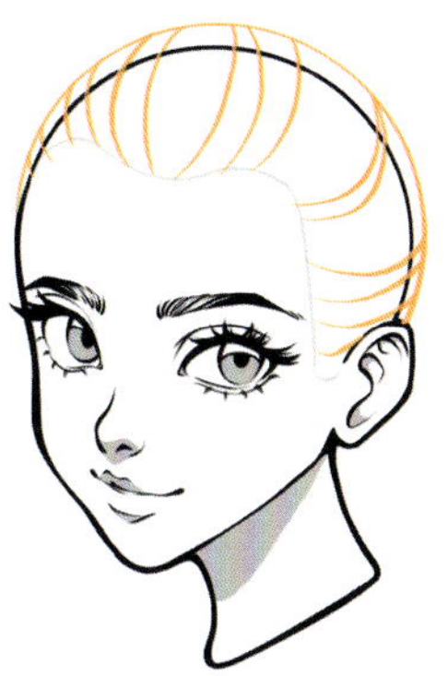

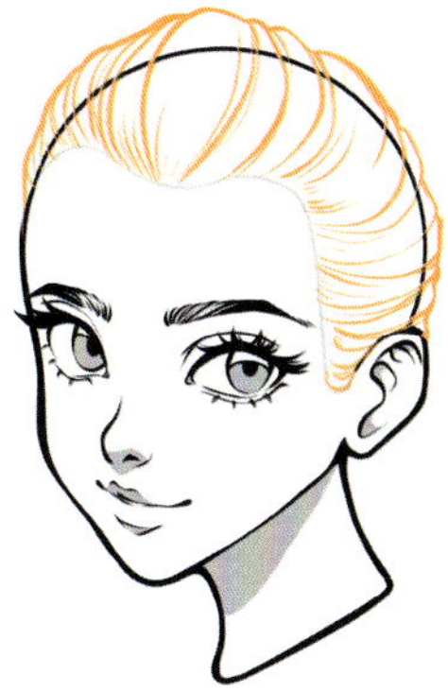

1 Im ersten Schritt skizziere ich die Figur mit einer leichten Linie, um die Kopfform besser zu erkennen. Danach markiere ich den Haaransatz und führe die Haare in unregelmäßigen, geschwungenen Linien nach hinten zusammen.

2 Ich zeichne die Haare so, dass sie sich unregelmäßig übereinander und untereinander legen, wobei ich mit der Dicke der Linien spiele, um verschiedene Strähnen zu betonen.

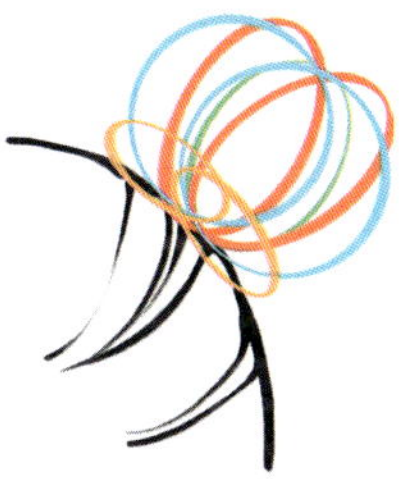

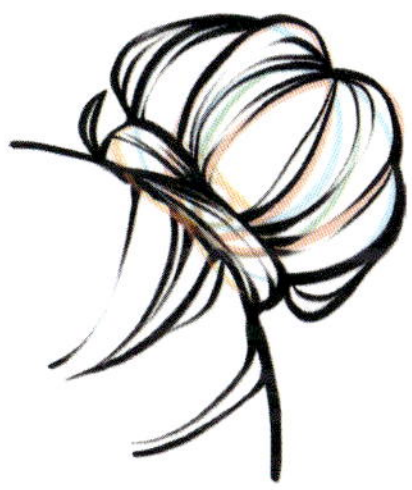

3 Als nächstes ist der Haarknoten selbst dran. Ich zeichne ihn aus Kreisen und Ellipsen.

4 Dann zeichne ich die Haare, die sich um den Dutt wickeln, als kurze, geschwungene Linien. Diese Linien folgen der Form der Ellipsen und erzeugen die Illusion von gewickelten Haaren.

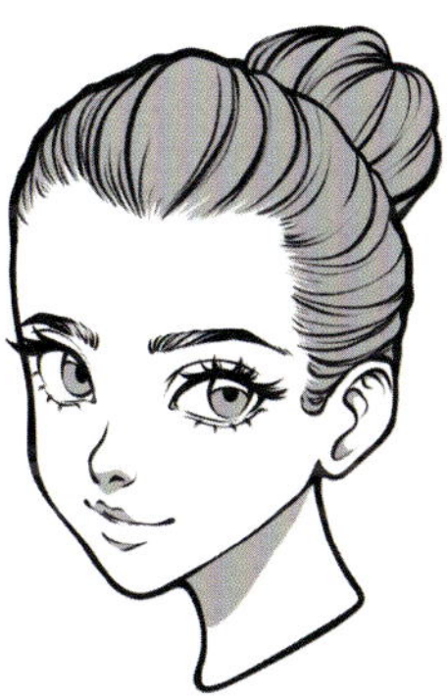

5 Zum Schluss entferne ich die Hilfslinien und gebe der Frisur den letzten Schliff.

PFERDESCHWANZ

Um einen Zopf realistisch zu zeichnen, beginne ich damit, den Haaransatz und die Linie des Zopfgummis zu skizzieren. Dann zeichne ich die Haare, die aus dem Zopfgummi herausragen, als einzelne Strähnen, die in unterschiedlichen Richtungen verlaufen, unterschiedliche Dicken haben und sich leicht kräuseln können, um einen natürlichen Effekt zu erzeugen.

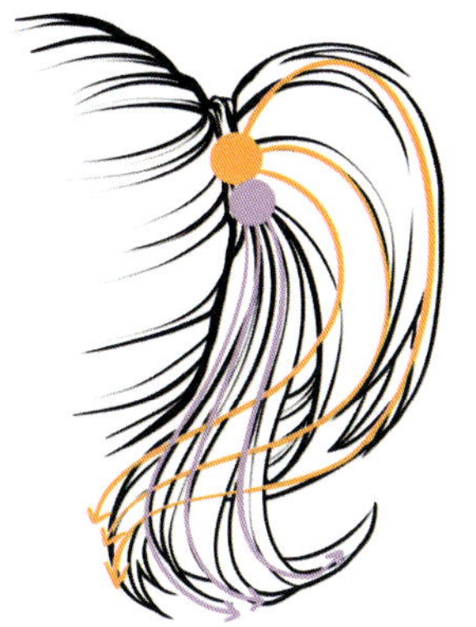

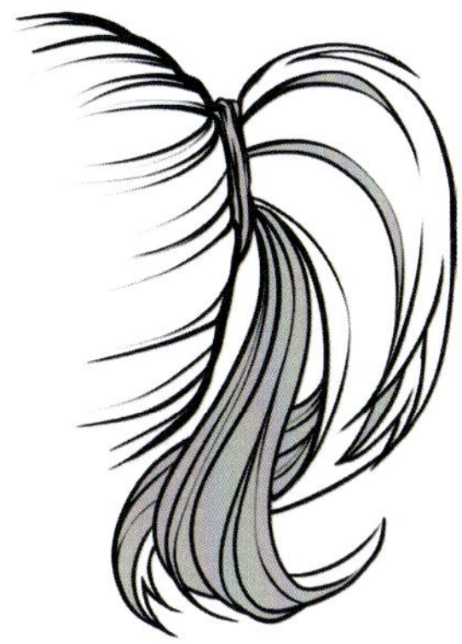

GEFLOCHTENE HAARE

Um einen geflochtenen Zopf zu zeichnen, stell dir vor, dass die Haare in einzelne Abschnitte unterteilt sind, die sich versetzt übereinanderlegen. Starte mit einer Zick-Zack-Linie und verbinde sie dann mit geschwungenen Linien, um den geflochtenen Effekt zu erzeugen.

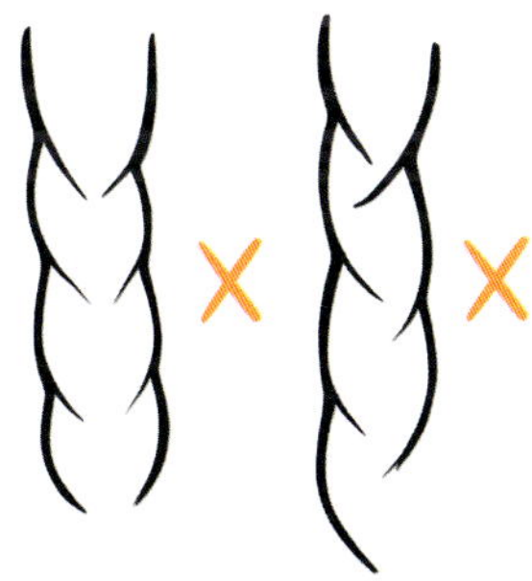

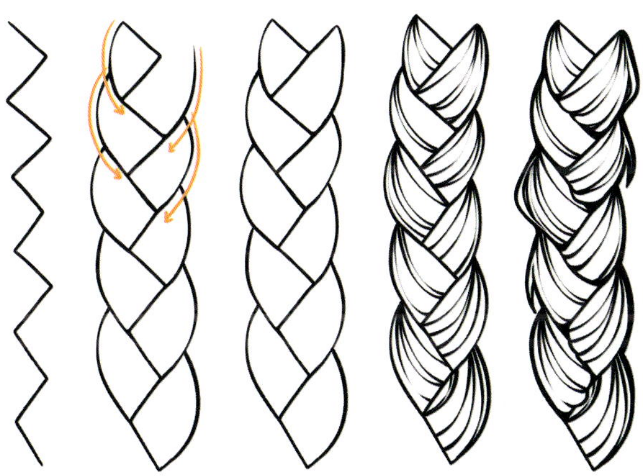

Fantasy-Frisuren

Fantasy-Frisuren sind nicht nur eine ästhetische Wahl, sondern auch ein Werkzeug, um die Persönlichkeit und den Charakter deiner Figuren zu betonen. Lange, fließende Locken können Eleganz und Anmut verleihen, während wilde, zerzauste Haare oft Abenteuerlust und Freiheit symbolisieren. Kreative Zöpfe und Flechtwerke zeigen oft eine enge Verbundenheit zur Natur oder eine gewisse Besonnenheit. Kurze, freche Frisuren könnten auf Selbstbewusstsein und Unabhängigkeit hinweisen, während kunstvolle Hochsteckfrisuren oft einen hohen gesellschaftlichen Status oder eine königliche Aura verkörpern.

MASKULINE FANTASY FRISUREN

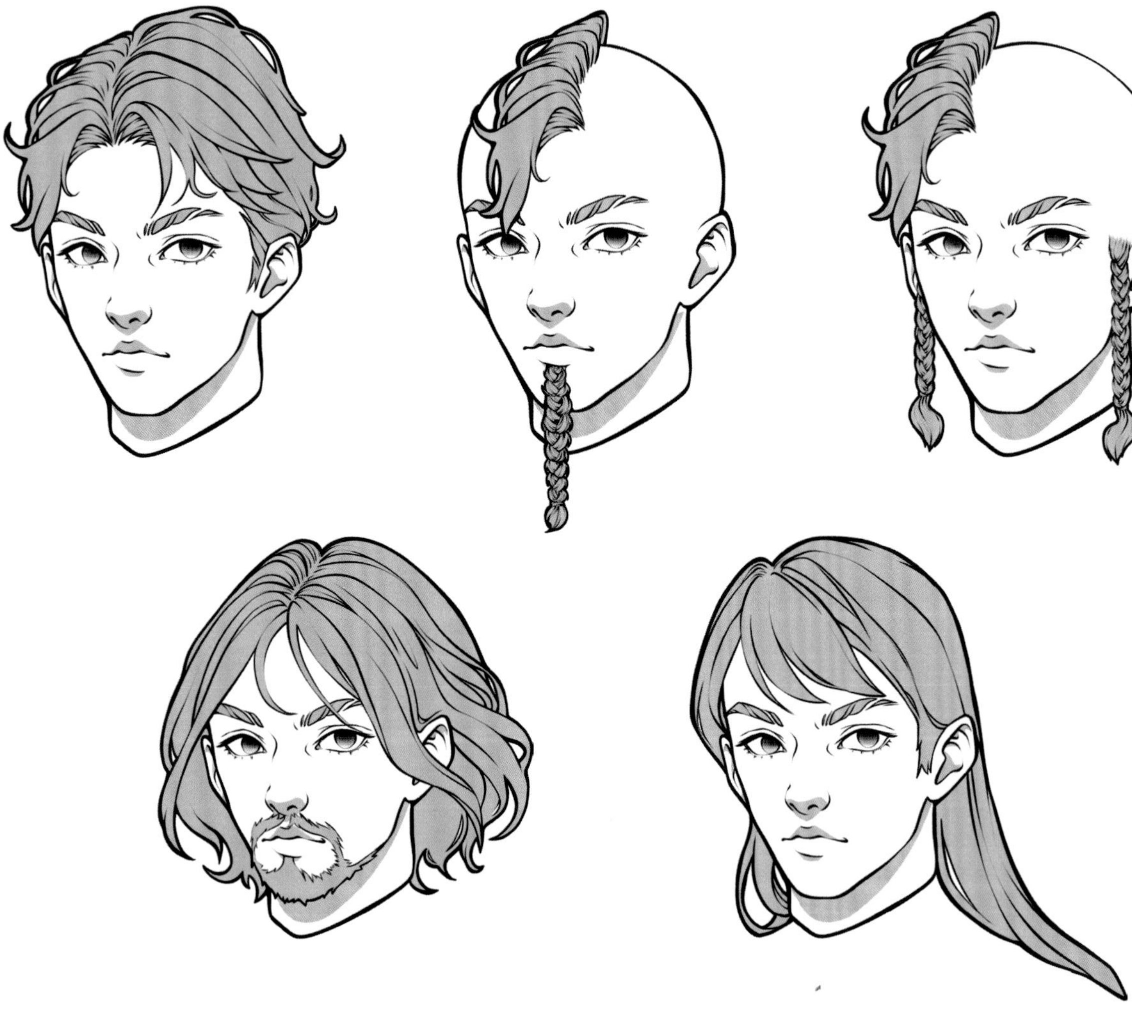

FEMININE FANTASY FRISUREN

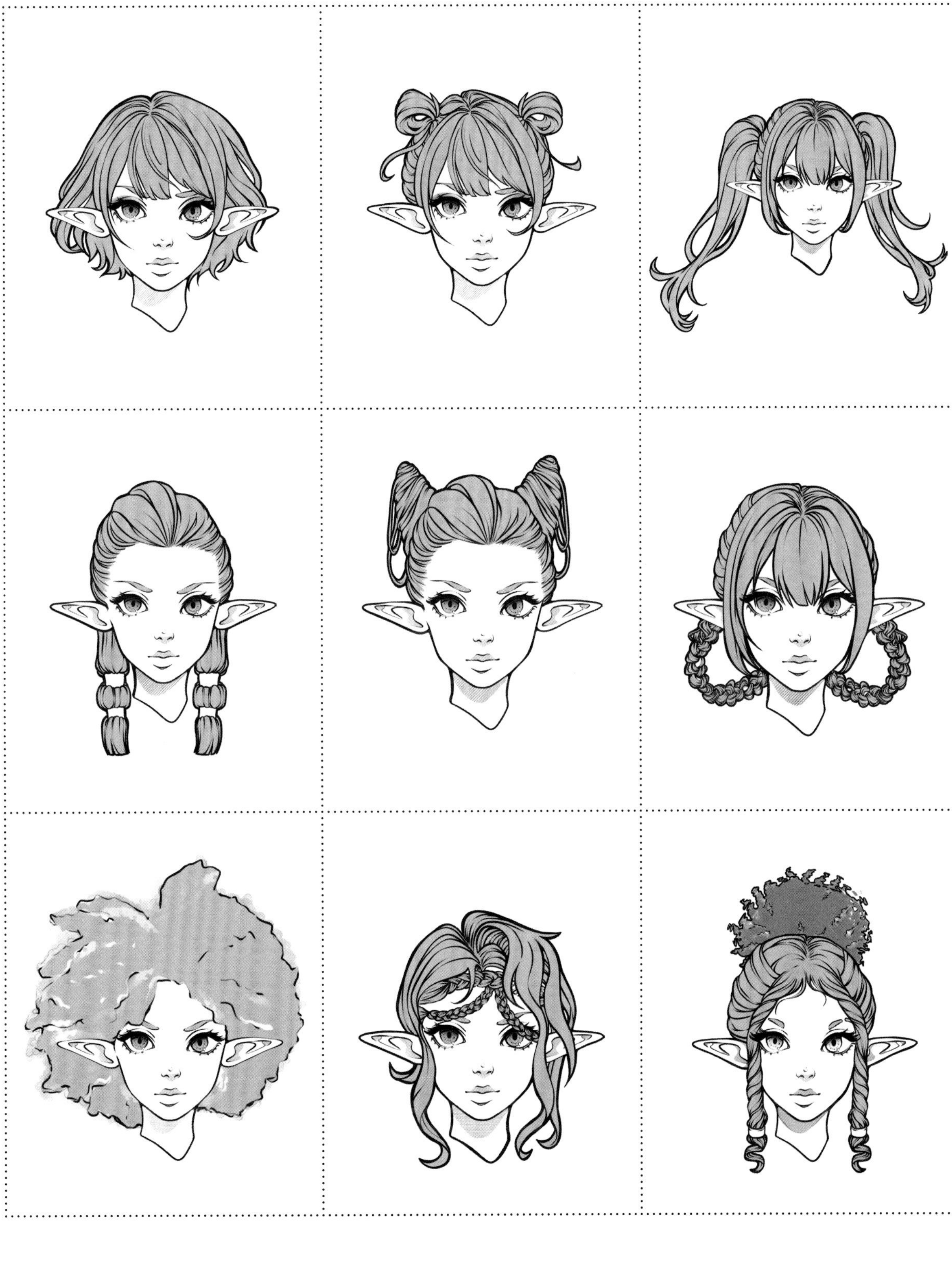

Körper zeichnen

Bei der Charakterentwicklung ist eine solide Grundlage in anatomischem Verständnis von großer Bedeutung. Im Manga-Stil ist es oft üblich, die Beine zu verlängern, den Kopf zu vergrößern und andere stilistische Veränderungen vorzunehmen. Das ermöglicht es uns, eine breite Palette von Charakteren mit unterschiedlichen Stilen und Proportionen zu erschaffen.

FEMININER KÖRPERBAU

Ein femininer Körper weist spezifische Proportionen auf. Im Allgemeinen sind Frauen oft etwas kleiner und zierlicher gebaut als Männer. Die Taille ist schmaler, die Hüften breiter und die Schultern sind eher rundlich und schmal. Außerdem besitzt ein femininer Körperbau sanfte Rundungen an den Hüften, die den Übergang zum unteren Körperbereich markieren. Die Brust ist ein markantes Merkmal. Sie sitzt über den Rippen und hat eine runde, leicht ovale Form.

Der menschliche Körper kann in acht gleiche Abschnitte unterteilt werden, wobei jeder Abschnitt in etwa so groß ist wie der Kopf. Diese Methode dient als Grundlage für die richtigen Proportionen beim Zeichnen des Körpers:

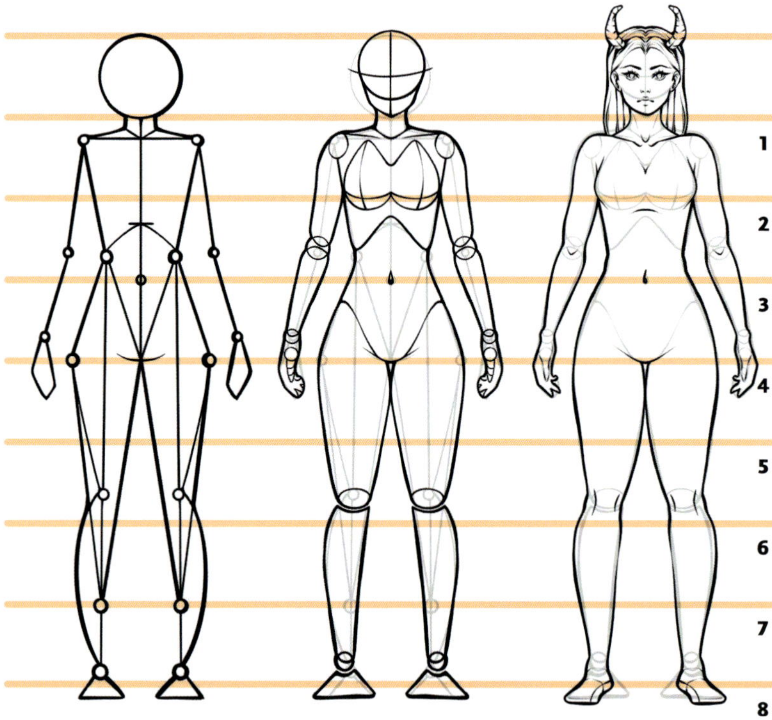

1 Der Kopf dient als Ausgangspunkt für die gesamten Körperproportionen.

2 Der zweite Abschnitt reicht vom unteren Rand des Kopfes bis zur Brustmitte.

3 Von der Brustmitte bis zur Taille markiert dieser Abschnitt die schmalste Stelle des Oberkörpers und betont die weibliche Figur. Auf gleicher Höhe wie die Taille befinden sich die Ellenbogen. Auf der Linie am Ende des 3. Abschnitts kann der Bauchnabel eingezeichnet werden.

4 Die Taille geht nahtlos in die Hüften über, wobei dieser Abschnitt breiter wird und die Hüftkurven betont. Etwa auf der Höhe der breitesten Stelle der Beine befinden sich die Hände.

5 Dieser Abschnitt erstreckt sich von den Hüften bis zur Mitte des Oberschenkels. Hier können die Kurven der Oberschenkel deutlich gemacht werden.

6 Von der Mitte des Oberschenkels bis kurz unter dem Knie betont dieser Abschnitt die Beinlänge und die Muskulatur.

7 Dieser Abschnitt erstreckt sich kurz unter dem Knie bis zur Mitte des Unterschenkels und betont die Unterschenkelmuskulatur mithilfe einer Kurve vom Knie ausgehend.

8 Der letzte Abschnitt reicht von der Mitte des Unterschenkels bis zum Fuß und schließt den menschlichen Körper ab.

Der menschliche Körper ist eine komplexe Struktur aus Muskeln und Knochen, die je nach Pose und Beleuchtung variieren. Es mag zwar anfangs herausfordernd erscheinen, sich alle Muskeln und Knochen zu merken, aber diese Kenntnisse sind von unschätzbarem Wert beim Zeichnen.

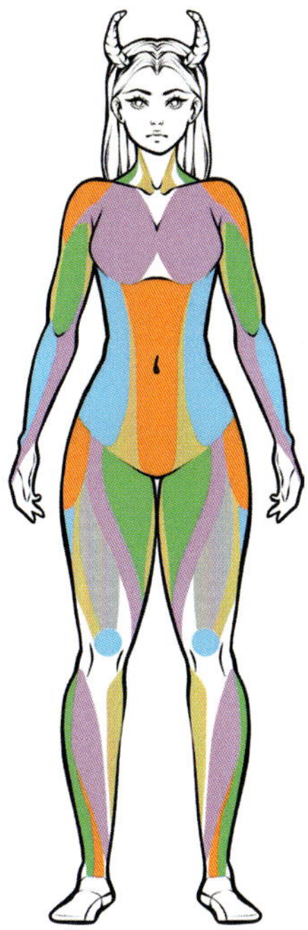

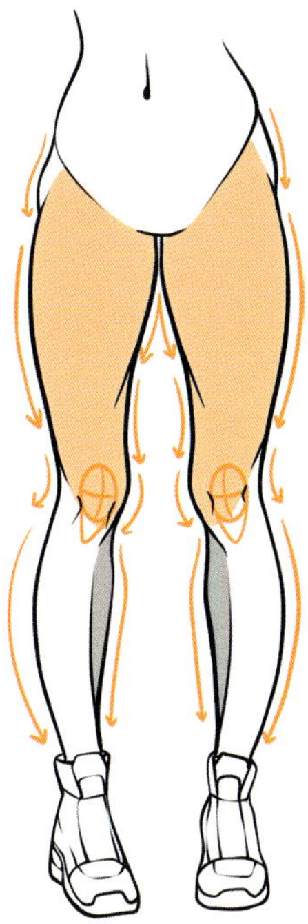

MASKULINER KÖRPERBAU

Maskuline Körper neigen dazu, breitere Schultern zu haben, was ihre obere Körperform kantiger erscheinen lässt. Die Taille ist oft schmaler, was zu einem V-förmigen Oberkörper führt. Männer neigen dazu, eine kräftigere Muskulatur zu haben, insbesondere in Brust und Armen. Die Muskeln sind oft ausgeprägter und definierter, dazu kommen größere Hände und Füße. Die Knochenstruktur ist bei Männern oft robuster und massiver, was zu einer insgesamt stärkeren Erscheinung führt.

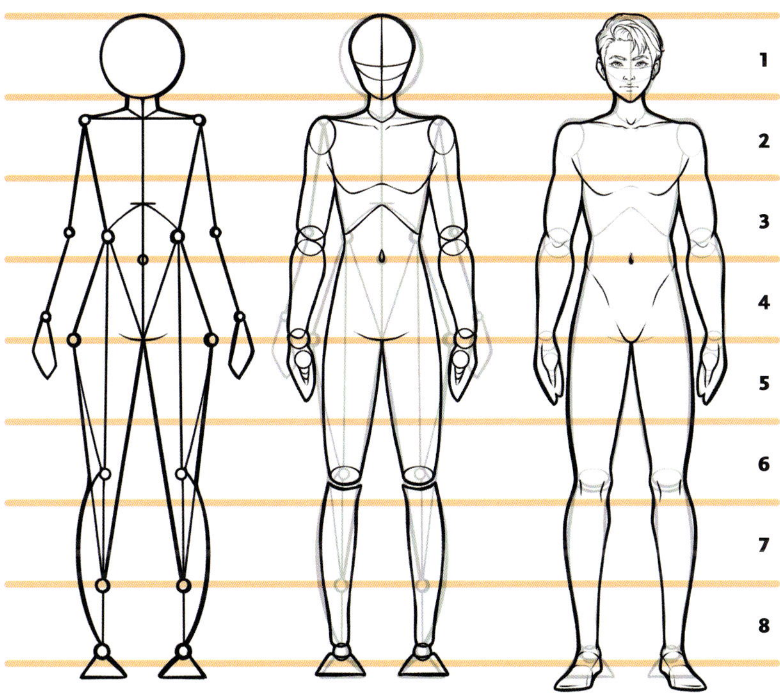

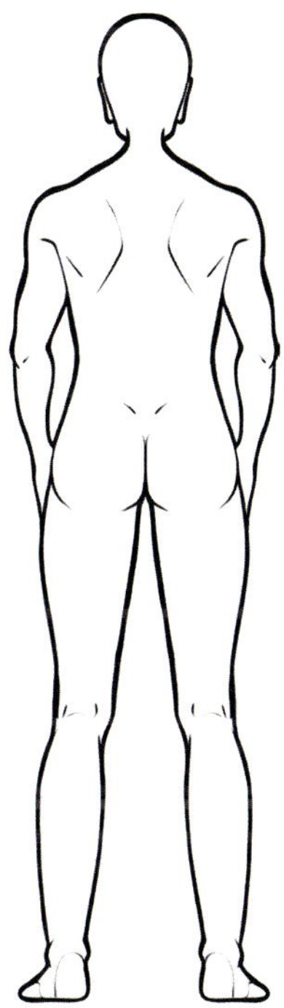

VERSCHIEDENE PROPORTIONEN

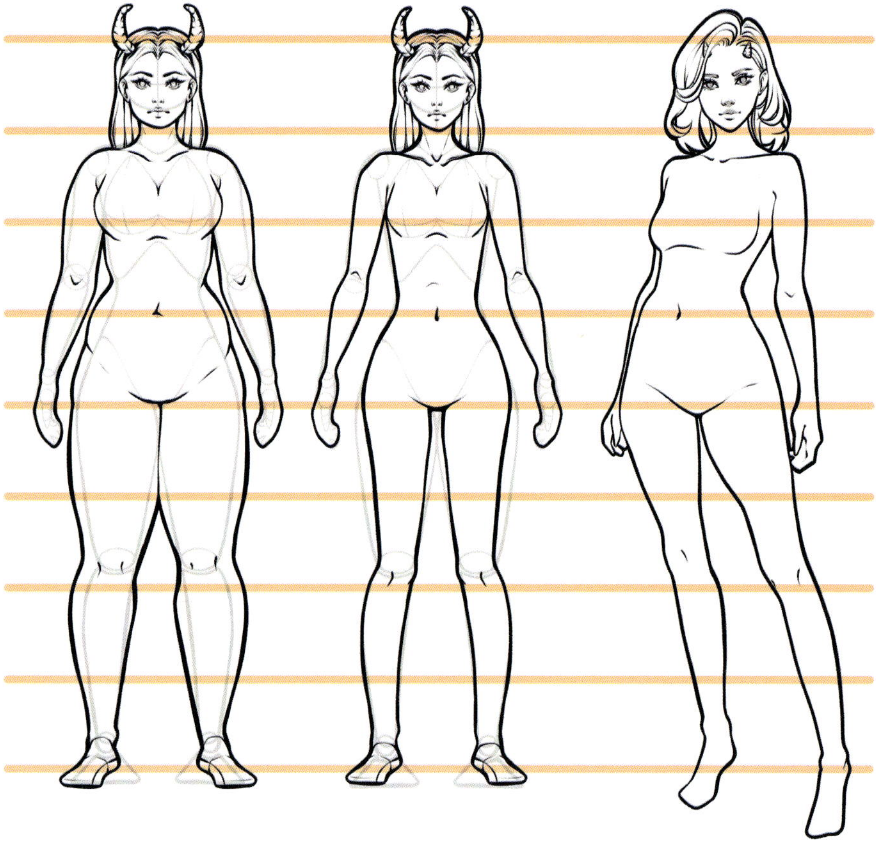

1 Schlankere Personen
Schlankere Personen könnten längere Proportionen haben. Ihre Arme und Beine könnten dünner sein. Betone am besten subtile Muskeln und Knochenstrukturen, wie die Konturen des Schlüsselbeins oder der Rippen.

2 Mehrgewichtige Personen
Mehrgewichtige Personen können in verschiedenen Bereichen ihres Körpers mehr Fülle haben, wie zum Beispiel Bauch, Hüften und Brust. Betone ihre Rundungen an den Beinen und den Armen.

Denke daran, dass es keine "normale" Körperform gibt und dass Schönheit in allen Formen und Größen existiert. Wenn du unsicher bist, schaue dir Referenzen an und achte darauf, realistische Proportionen und Vielfalt in deinen Zeichnungen zu integrieren.

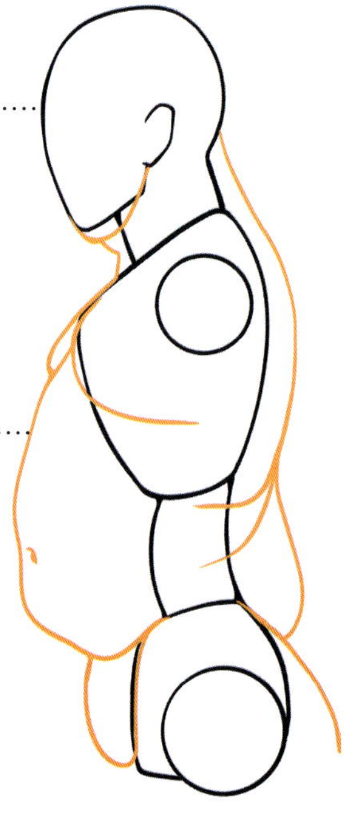

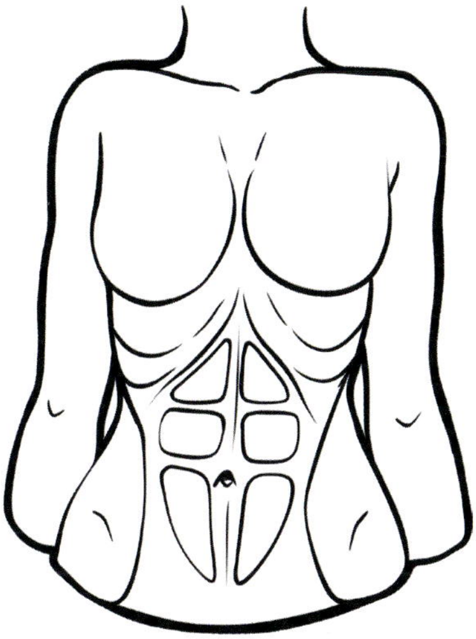

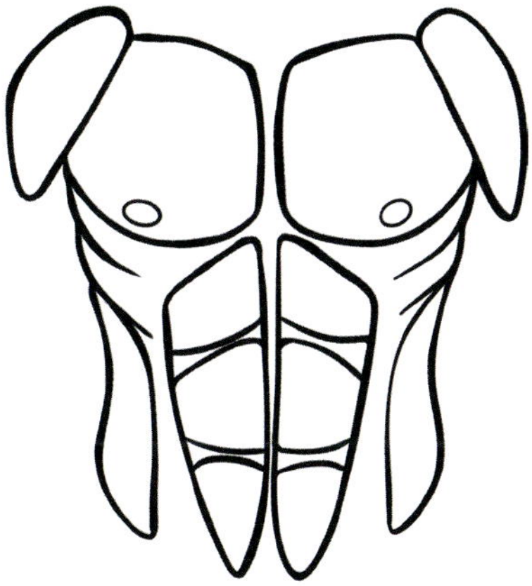

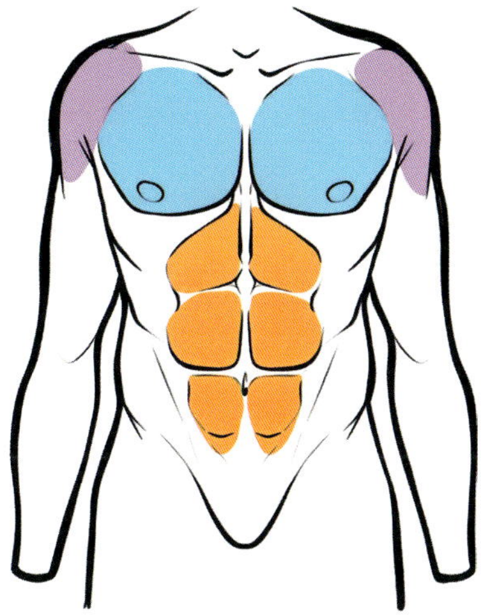

Muskulöse Charaktere haben oft gut definierte Muskeln und eine kräftige Körperstruktur und die Muskeln sind deutlicher sichtbar. Achte darauf, Schatten und Licht so zu setzen, dass die Muskeln betont werden. Figuren können etwa breitere Schultern, kräftigere Arme und definierte Bauchmuskeln haben. Ihre Beine können muskulös und kräftig sein. Achte darauf, dass die Proportionen realistisch bleiben und zum Gesamtbild der Figur passen.

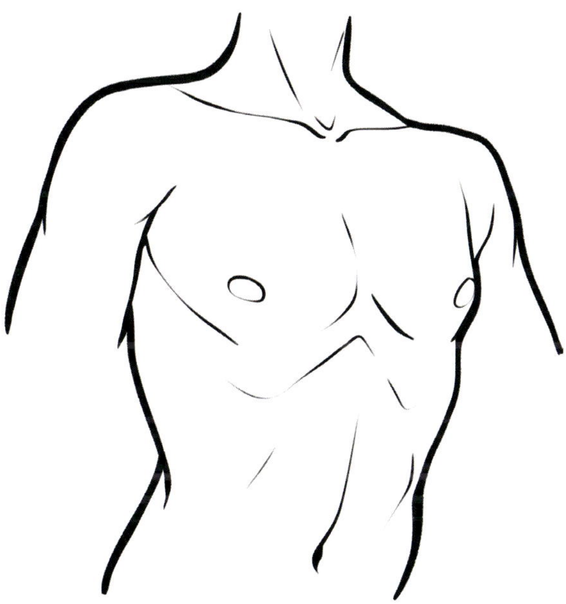

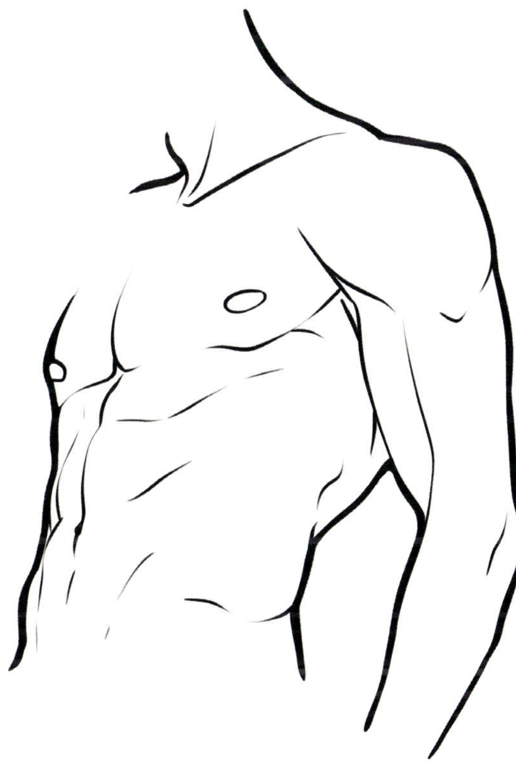

Hände und Füße

Hände und Füße sind unglaublich vielseitig, aber auch komplex in ihrer Struktur. Sie können Ausdruck von Emotionen, Bewegung und Persönlichkeit sein. Tipp: Fotografiere deine eigenen Hände und Füße und nutze die Bilder als Referenz.

HÄNDE ZEICHNEN

Hände kannst du dreidimensional und auf vereinfachte Weise darstellen, indem du Formen wie Ovale und Zylinder verwendest. Anschließend kannst du die einzelnen Finger durch die Haut miteinander verbinden, Fingernägel hinzufügen und Knochenstrukturen durch feine Linien andeuten. Auf diese Weise kannst du Hände in verschiedensten Posen darstellen. Unten siehst du ein paar für das Fantasy-Genre typische Posen:

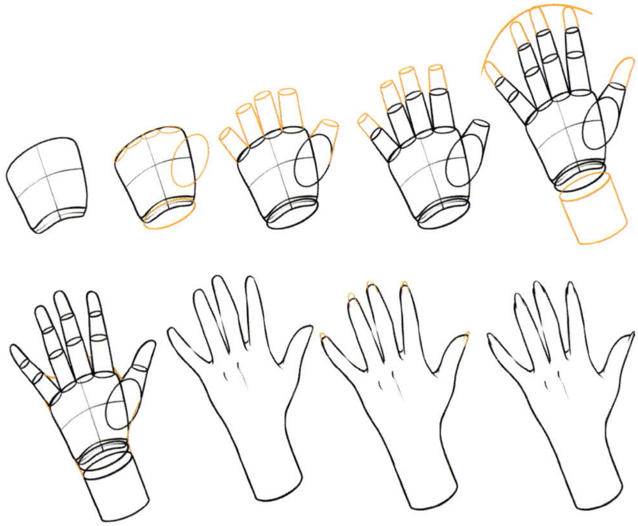

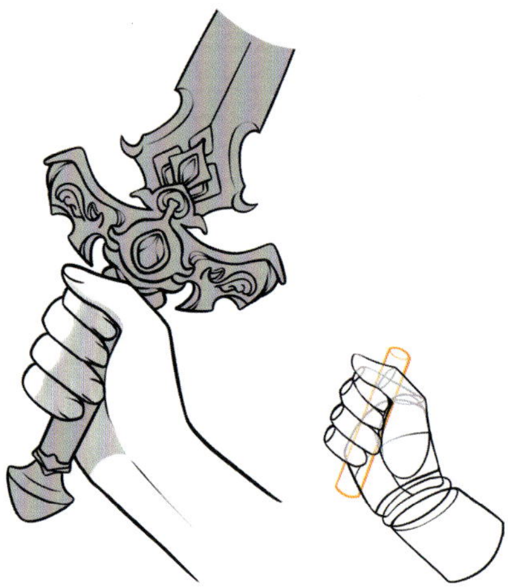

Schwertkampf

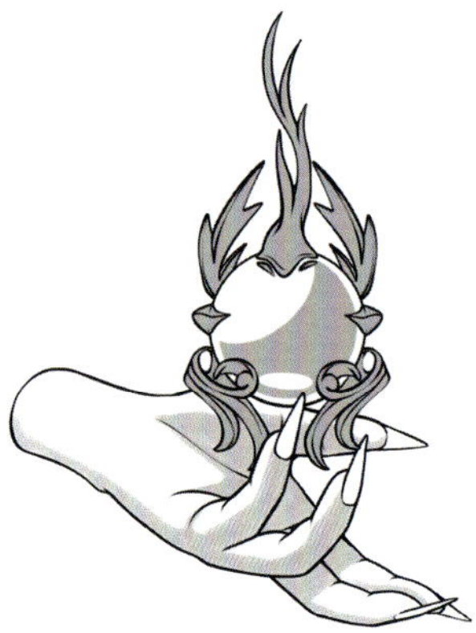

Magisches Artefakt

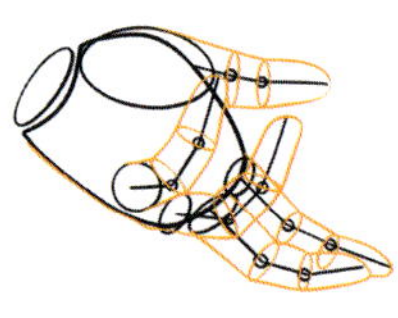

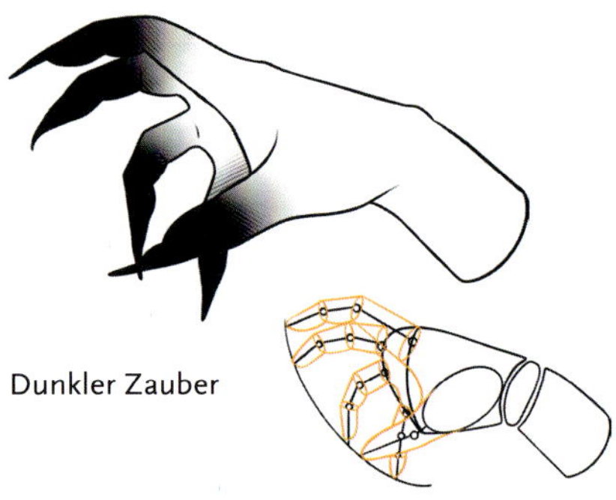

Dunkler Zauber

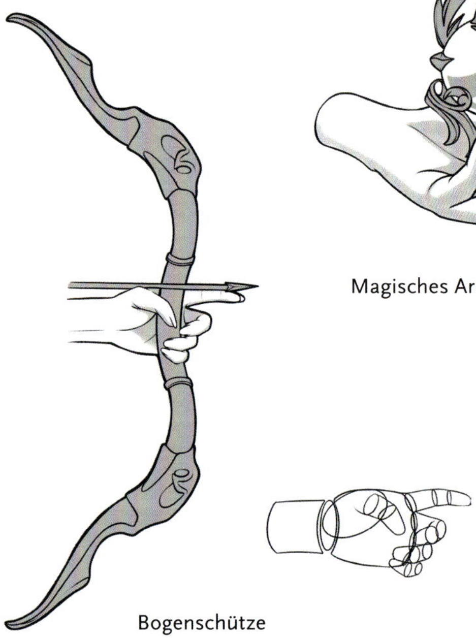

Bogenschütze

FÜSSE ZEICHNEN

Das Zeichnen von Füßen kann genauso anspruchsvoll wie das der Hände sein. Es ist wichtig, die Grundstruktur zu verstehen. Für realistischere Darstellungen kannst du dir Referenzbilder von verschiedenen Fußpositionen ansehen, um die Anatomie und Bewegung besser zu verstehen.

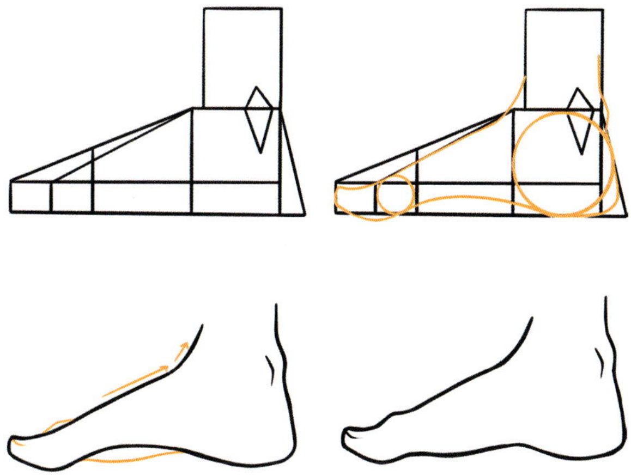

Genau wie bei den Händen kannst du auch bei den Füßen mit einfachen geometrischen Formen beginnen, um den Fuß vereinfacht darzustellen.
Beim Zeichnen der Zehen ist es hilfreich, sie als kleine, abgerundete Formen zu betrachten und sicherzustellen, dass sie in einer natürlichen Krümmung angeordnet sind. Denke auch an die Positionierung der Fußsohle und wie sie auf dem Boden aufliegt.

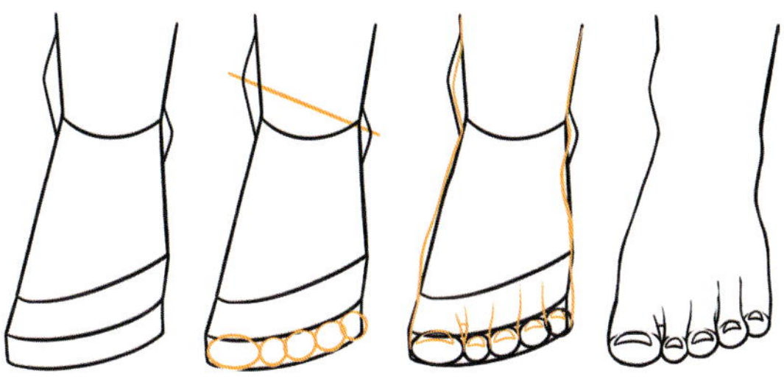

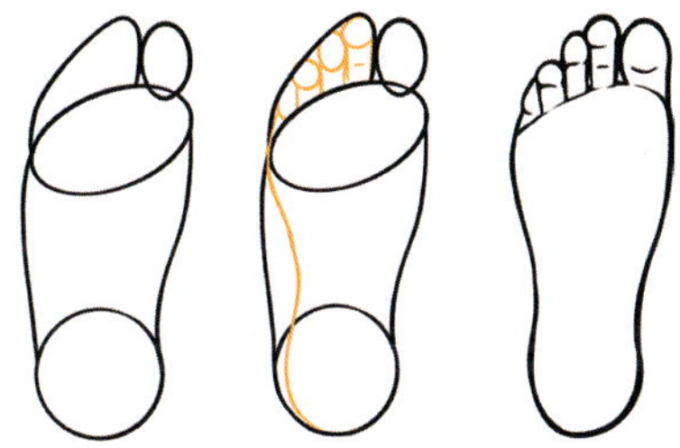

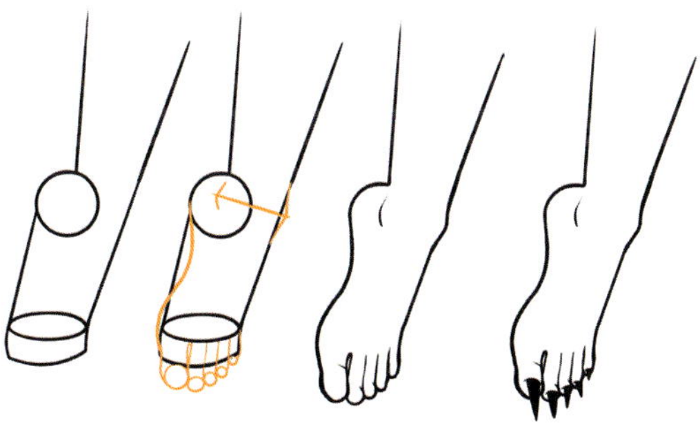

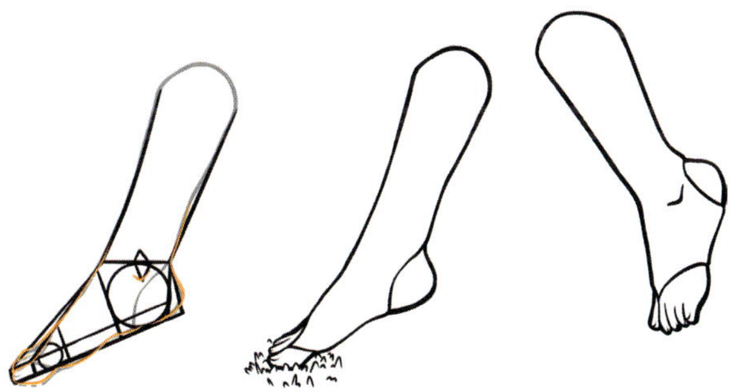

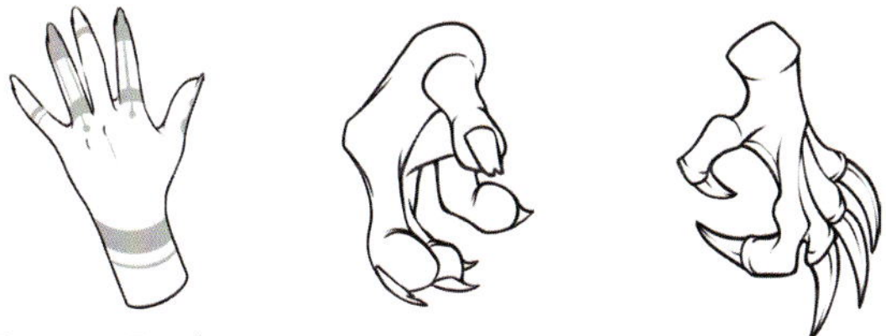

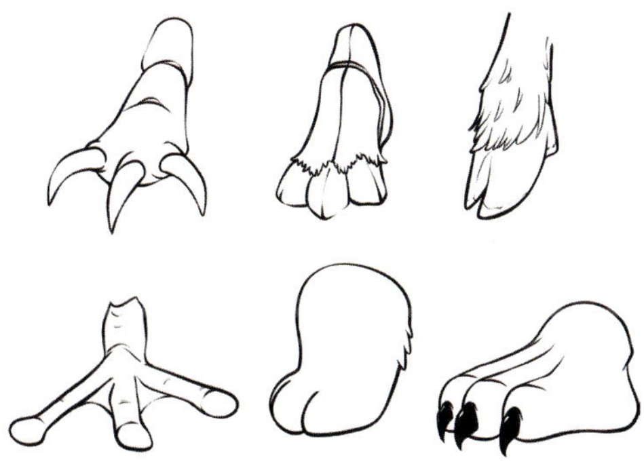

Fantasy-Designs

Bei Fantasy-Settings kannst du kreativ werden und verschiedenen Formen und Größen darstellen. Du könntest etwa Krallen oder Hufe zeichnen, je nachdem, welche Art von Fantasy-Wesen du erschaffst.

Halbmenschen & Fantasyvölker

Auf den nächsten Seiten tauchen wir ein in die Welt der Fantasie und erkunden die vielfältigen Wesen und Völker, die unsere Vorstellungskraft beflügeln. Unterteilt in die Elemente Wasser, Land, Luft und Dunkelheit, werde ich dir jeweils zwei Beispiele präsentieren – halb Mensch, halb Fantasiewesen. Es gibt eine unendliche Vielfalt an Völkern und Wesen, die in verschiedene Kategorien und Elemente unterteilt werden können. Die Figuren sind halb Mensch, halb Fantasiewesen und erzählen eine eigene Geschichte, eine Saga von Dualität und Übernatürlichem.

WASSER

Im Reich des Wassers tummeln sich majestätische Meeresbewohner wie Meerjungfrauen, Nixen, Sirenen, Naga, Gorgona, Hydras, Kraken, Wassergeister und viele mehr.

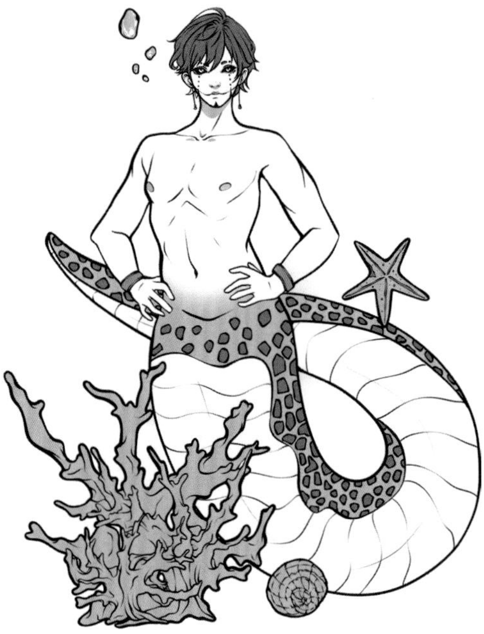

Meerjungfrauen sind faszinierende Wesen der Mythologie, die oft als halb Mensch, halb Fisch dargestellt werden. Mit ihrem fischartigen Unterkörper symbolisieren sie die Geheimnisse und Mysterien der Ozeane. In vielen Erzählungen werden Meerjungfrauen als verführerische Sirenen dargestellt, die mit ihrer betörenden Stimme und ihrem Aussehen Seefahrer in ihren Bann ziehen.

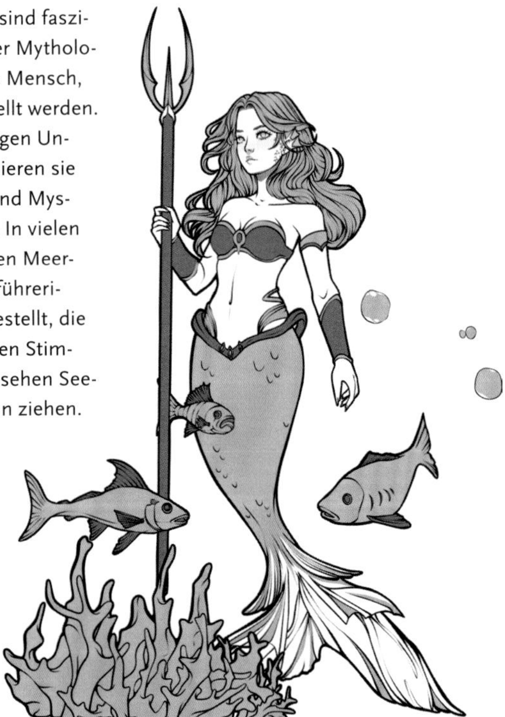

Nagas sind mythologische Kreaturen, die in verschiedenen Kulturen Asiens vorkommen. Diese faszinierenden Wesen sind halb Mensch, halb Schlange. In vielen Erzählungen werden Nagas als weise und mächtige Wesen dargestellt, die übernatürliche Kräfte und magische Fähigkeiten besitzen. Sie gelten als Beschützer von heiligen Orten und Schätzen und werden oft mit Wasserquellen und Flüssen in Verbindung gebracht. Sie können sowohl als freundliche Helfer als auch als gefährliche Gegner auftreten.

LAND

Auf dem festen Boden begegnen wir fantastischen Kreaturen wie Elfen, Zentauren, Dryaden, Trolle, Gorgonen, Faunen, Zwergen und vielen mehr.

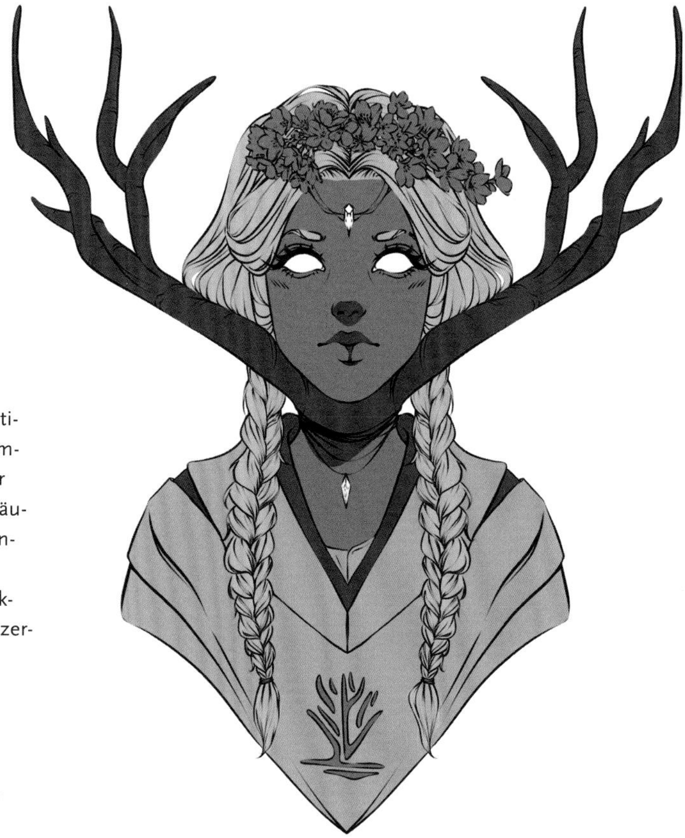

Dryaden kommen in vielen europäischen Folkloretraditionen vor. Sie werden oft als Baumgeister oder Baumnymphe beschrieben, die mit einem bestimmten Baum oder Waldgebiet verbunden sind. Dryaden werden meist als äußerst schöne junge Frauen dargestellt, sie sind schützende Geister der Natur und werden oft als freundlich und sanftmütig beschrieben, solange ihr Lebensraum respektiert wird. Wenn jedoch ein Baum gefällt oder der Wald zerstört wird, kann die Dryade sehr rachsüchtig werden.

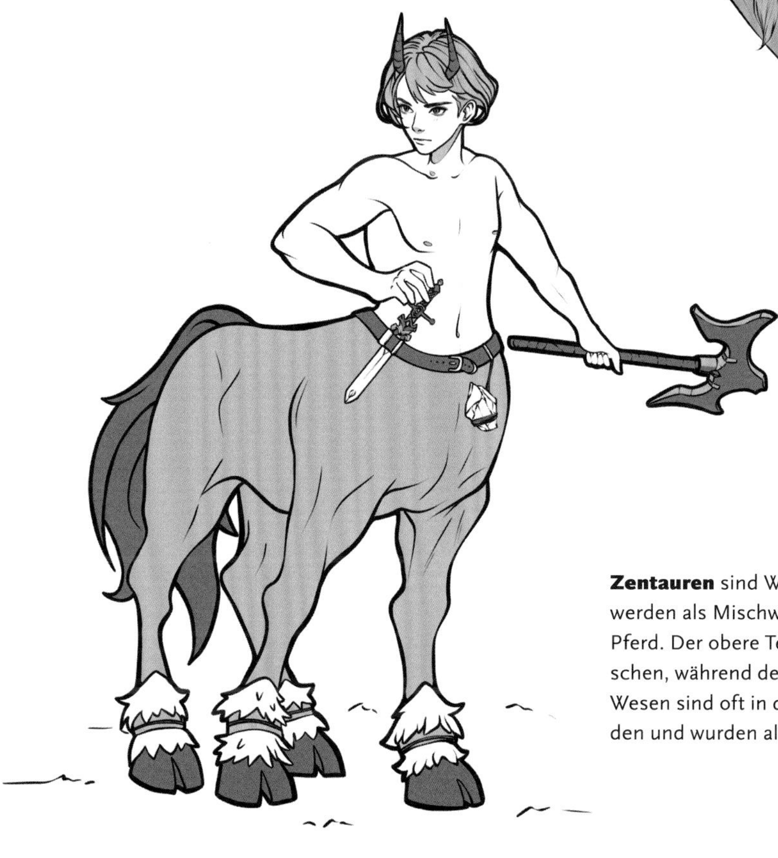

Zentauren sind Wesen aus der griechischen Mythologie. Sie werden als Mischwesen dargestellt, halb Mensch und halb Pferd. Der obere Teil des Körpers entspricht dem eines Menschen, während der untere Teil dem eines Pferdes gleicht. Diese Wesen sind oft in der griechischen Kunst und Literatur zu finden und wurden als weise und friedliche Kreaturen betrachtet.

LUFT

Die Lüfte werden von geflügelten Wesen wie Pixies, Walküren, Sylphen, geflügelten Elfen, Feen, Harpyien und vielem mehr bevölkert.

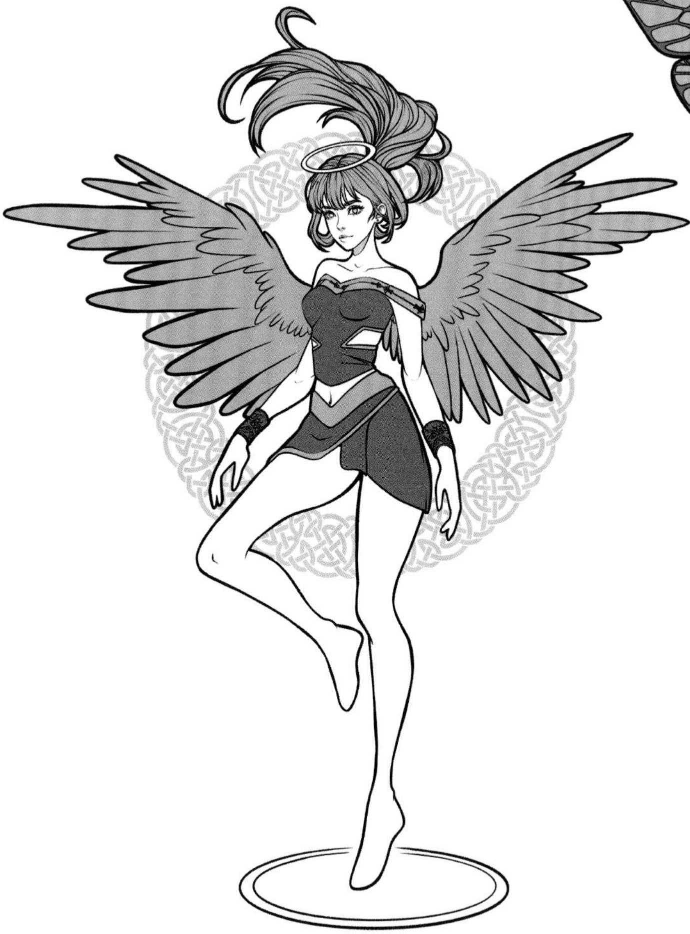

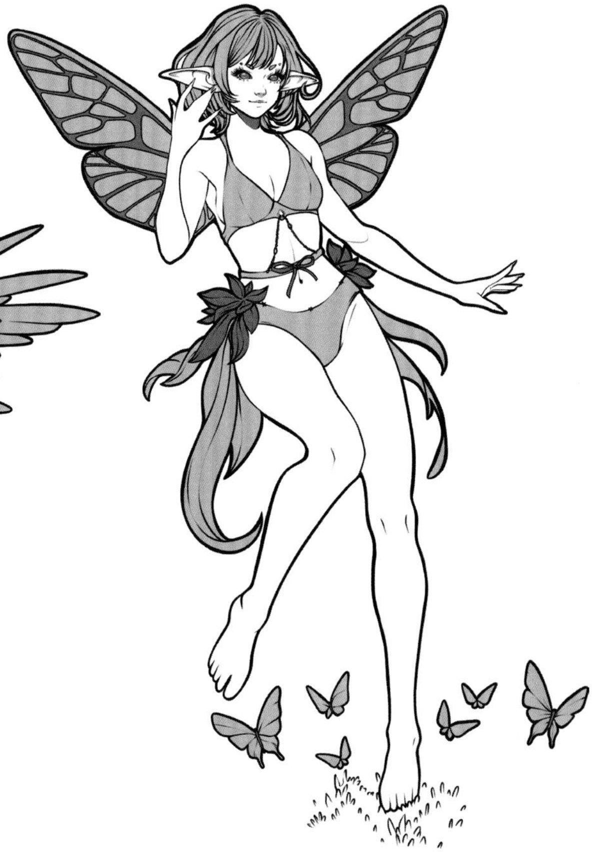

Engel sind himmlische Wesen, die in vielen Kulturen und Religionen als Boten Gottes oder Beschützer der Menschen betrachtet werden. Sie werden oft als wunderschöne, geflügelte Wesen dargestellt und symbolisieren Reinheit, Güte und göttliche Führung. Engel erscheinen häufig in mythologischen Erzählungen, Kunstwerken und Literatur und sind ein zentrales Element vieler spiritueller Überzeugungen. Ihre Flügel und strahlenden Erscheinungen verleihen ihnen eine Aura des Mystischen und Inspirierenden.

Feen sind zarte und zauberhafte Wesen, die in vielen Kulturen und Märchen auftreten. Sie sind oft mit magischen Kräften und der Natur verbunden und werden als kleine, elfenähnliche Wesen mit Flügeln dargestellt. Feen sind bekannt für ihre Fähigkeit, Wünsche zu erfüllen und Glück zu verbreiten, aber sie können auch launisch sein und Streiche spielen. Sie leben oft in versteckten Welten wie Feenreichen oder im Herzen unberührter Wälder.

DUNKELHEIT

Im Reich der Dunkelheit und des Bösen hausen dämonische Wesen, Vampire, Werwölfe, Teufel, Incubi, finstere Hexen und viele mehr.

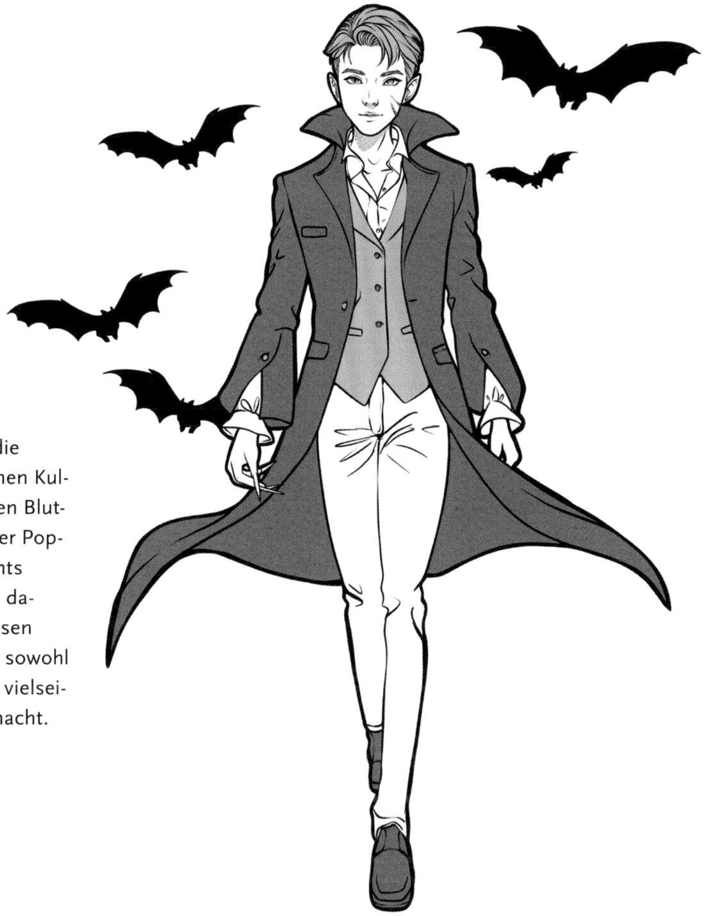

Vampire, legendären Wesen der Dunkelheit, haben die Menschheit seit Jahrhunderten fasziniert. In zahlreichen Kulturen und Geschichten sind sie präsent, von gruseligen Blutsaugern bis zu den eleganten, modernen Vampiren der Popkultur. Ein Vampir ist ein mythisches Wesen, das nachts aufersteht, um das Blut von Lebenden zu trinken und dabei seine Opfer in Artgenossen verwandelt. Diese Wesen sind stark, schnell und oft unsterblich. Ihr Biss bringt sowohl Angst als auch Verlangen hervor, was sie zu einer der vielseitigsten und ikonischsten Figuren des Horrorgenres macht.

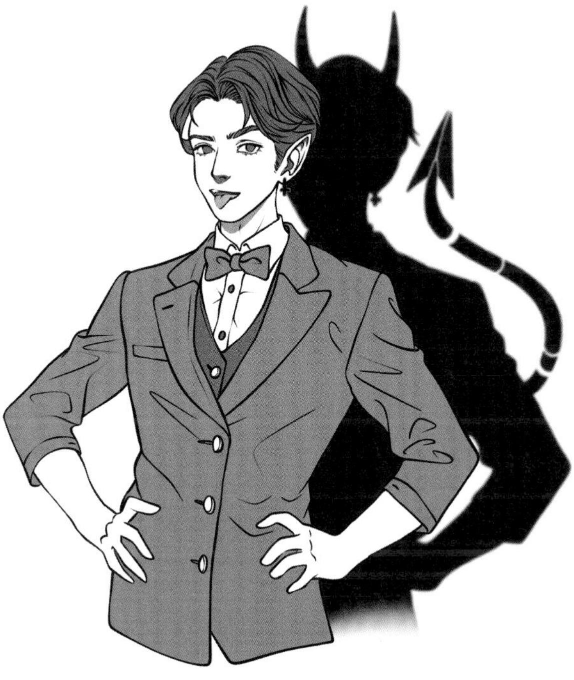

Incubi sind männlichen Dämonen aus verschiedenen Mythologien, besonders bekannt in der europäischen Folklore. In der Dunkelheit der Nacht erscheinen sie, um menschliche Frauen zu verführen. Trotz seiner düsteren Natur hat der Incubus oft eine anziehende Aura und verführt mit seinem charismatischen Auftreten. Die weiblichen Entsprechungen dieser Dämonen werden Sucubus genannt. Ihre Geschichten sind geprägt von Mysterium und Verlockung.

Posen

Beim Zeichnen spielen Posen eine entscheidende Rolle. Sie verleihen unseren Charakteren Leben, Ausdruck und Dynamik. Posen können die Stimmung eines Charakters komplett verändern. Ich werde dir zeigen, wie du Posen realistisch und überzeugend zeichnen kannst, damit deine Charaktere nicht nur statisch auf dem Papier stehen.

GRUNDLAGEN DER KÖRPERHALTUNG – WIRKUNG AUF DEN BETRACHTER

Auf den folgenden Seiten verwende ich den „Sketch Soft"-Brush zum Skizzieren der Posen.

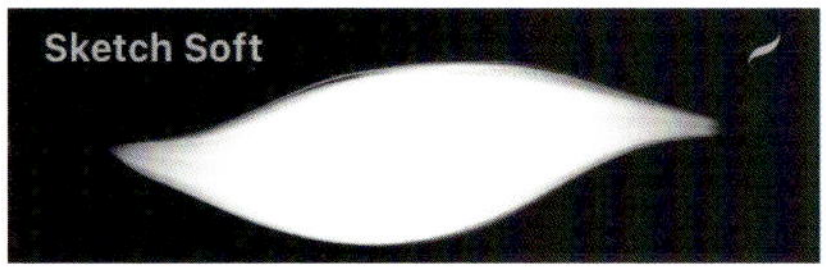

1. Selbstbewusst
Ein aufrechter Stand, erhobener Kopf, stolzer Blick und breite Schultern vermitteln Selbstvertrauen und Entschlossenheit. Durch die Betrachterposition von unten gewinnt ein Charakter an Drama und Intensität, während die Stärke und Größe betont wird.

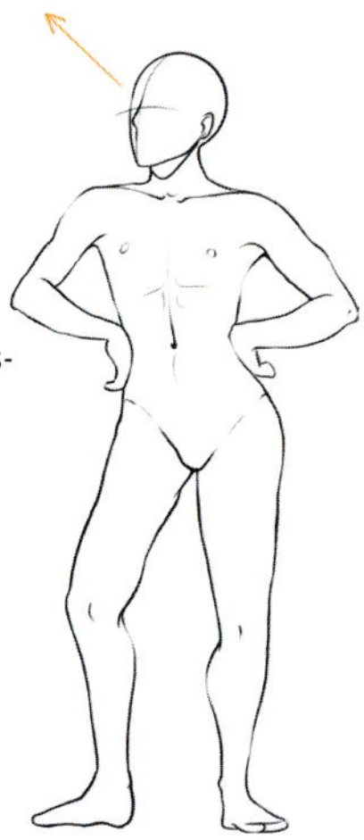

3. Freudig
Eine geöffnete Haltung und ausgebreitete Arme drücken Freude und Begeisterung aus.

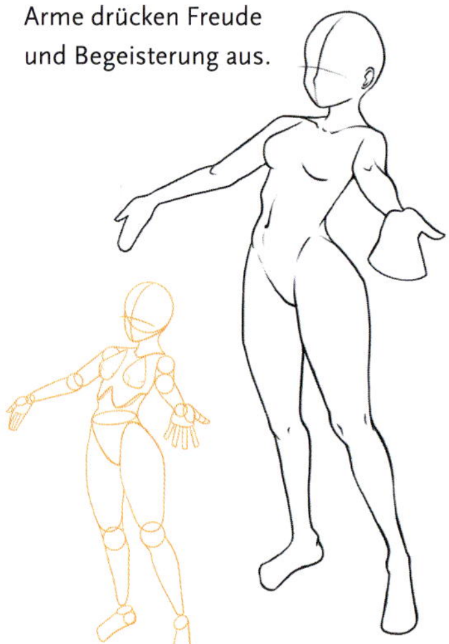

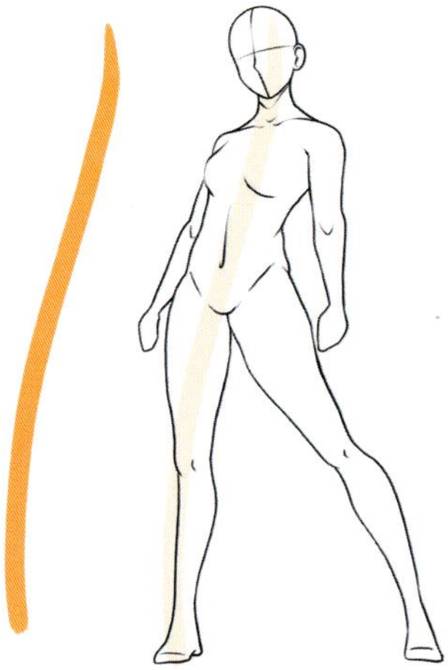

5. Entschlossene Pose
Eine geschlossene Faust, nach vorne gerichteter Blick, fester Stand und gestreckter Körper vermitteln Entschlossenheit und Entschiedenheit.

2. Verängstigt
Zusammengesunkene Schultern, gesenkte Augen, flehende Haltung und zitternde Hände vermitteln Angst und Unsicherheit. Eine Betrachterposition von oben wird die Schwäche der Charaktere betont und das Gefühl der Bedrohung und Überlegenheit gestärkt.

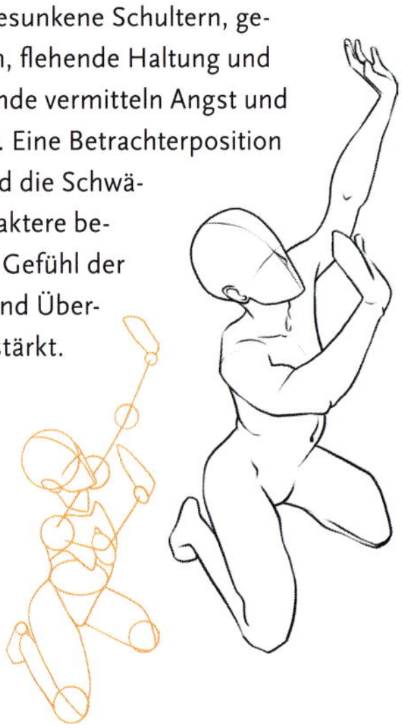

4. Traurige Pose
Gesenkte Schultern, hängender Kopf und zusammengekauerte Haltung zeigen Trauer und Enttäuschung.

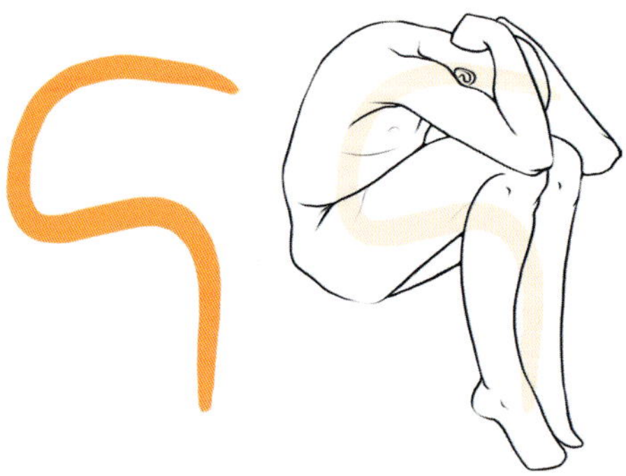

Tipp: Referenzen bieten eine wertvolle visuelle Anleitung, die es dir ermöglicht, die menschliche Form in verschiedenen Posen realistisch und genau zu erfassen. Lass dich zum Beispiel von Bildern anderer Künstler:innen aus Internet, Büchern, Fotografien oder Bildern in Galerien inspirieren.

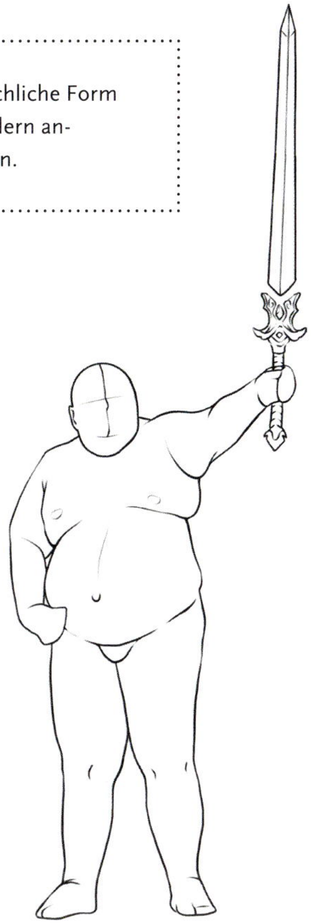

DYNAMISCHE KAMPF-POSEN

In solchen Posen sind die Muskeln angespannt, die Körperhaltung ist schräg oder gebeugt, und die Linienführung folgt einer gekrümmten oder gewellten Struktur. Auch die Positionierung der Gliedmaßen ist entscheidend, um die Dynamik und den Schwung der Bewegung darzustellen.

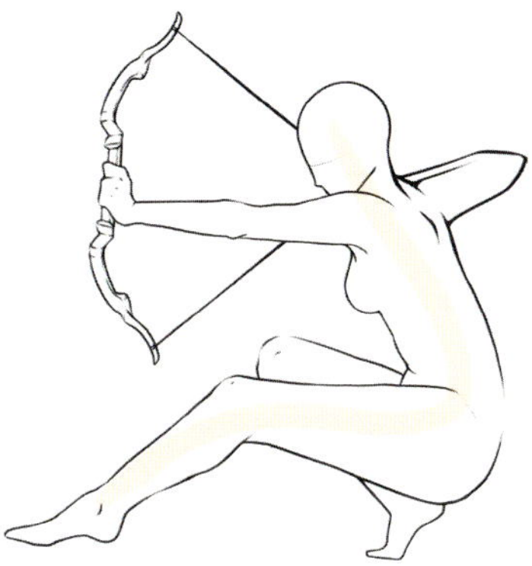

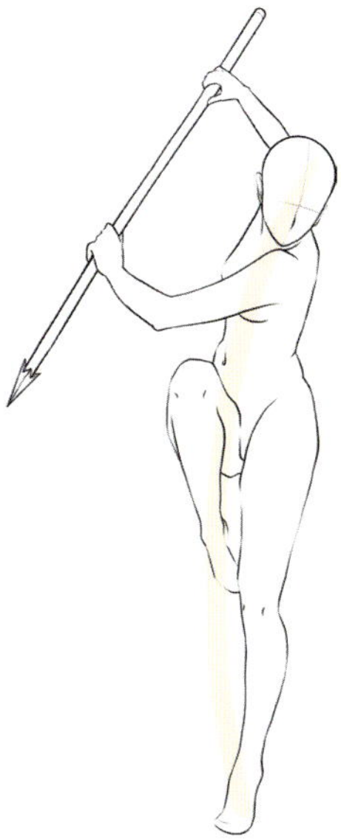

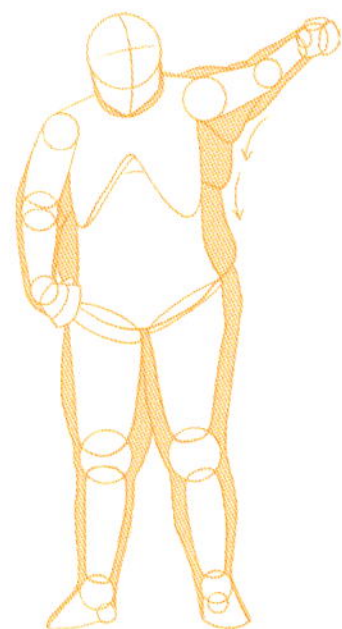

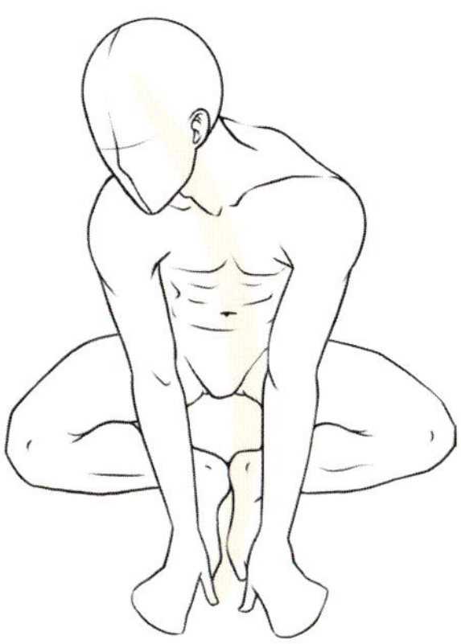

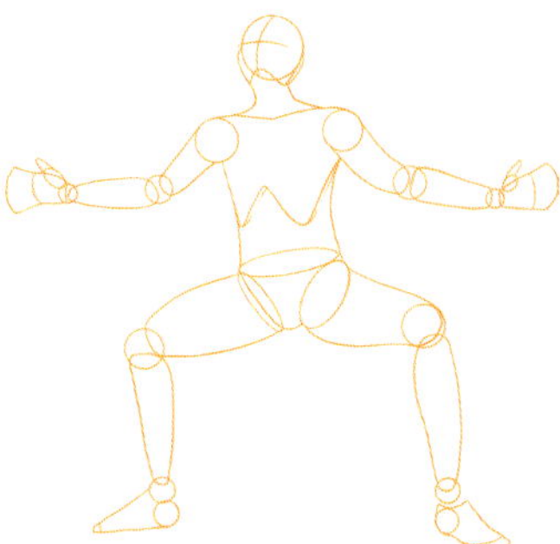

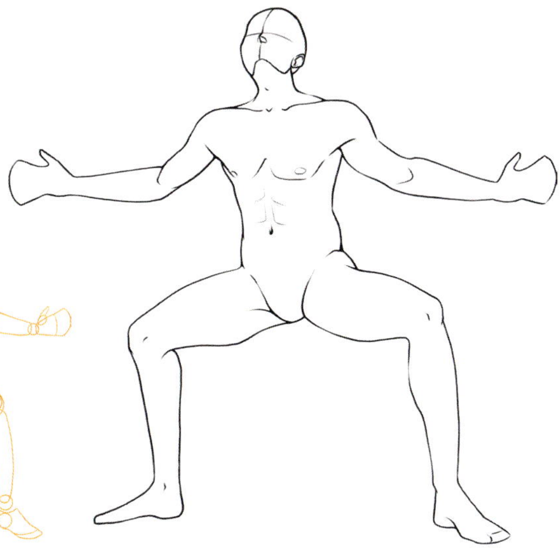

FANTASY-SPEZIFISCHE POSEN

Magische Wesen wie Zauberer oder Hexen verwenden oft bestimmte Posen, um ihre magischen Fähigkeiten zu kanalisieren. Die Art und Weise, wie die Hände gehalten werden, die Positionierung des Körpers und der Ausdruck im Gesicht tragen dazu bei, die Art des Zaubers oder der magischen Kraft zu vermitteln.

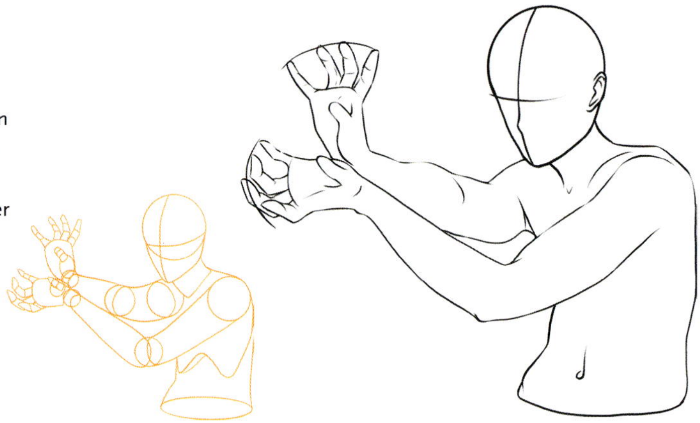

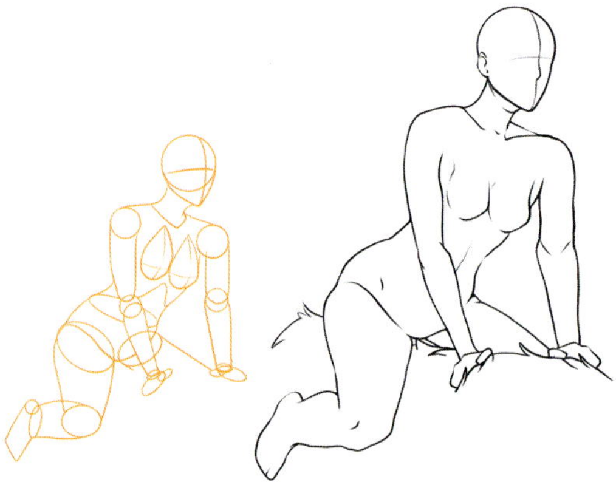

Die Pose, in der eine Person z.B. auf einem majestätischen Drachen oder einem wilden Wolf reitet, ist voller Kraft und Abenteuerlust. Die Beine sind sicher um den Körper des Reittiers geschlungen, während die Hände sich am Fell oder an den Zügeln festhalten.

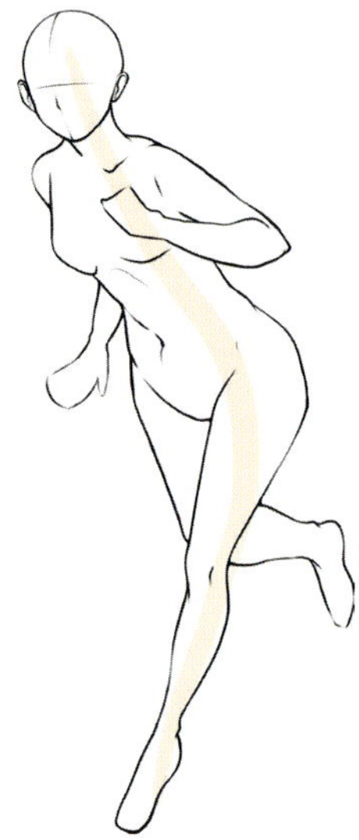

Ein Charakter, der wie eine Fee leicht über den Boden schwebt, kann eine ätherische und bezaubernde Pose sein. Die Füße berühren kaum den Boden, während der Körper in einer anmutigen Bewegung schwebt.

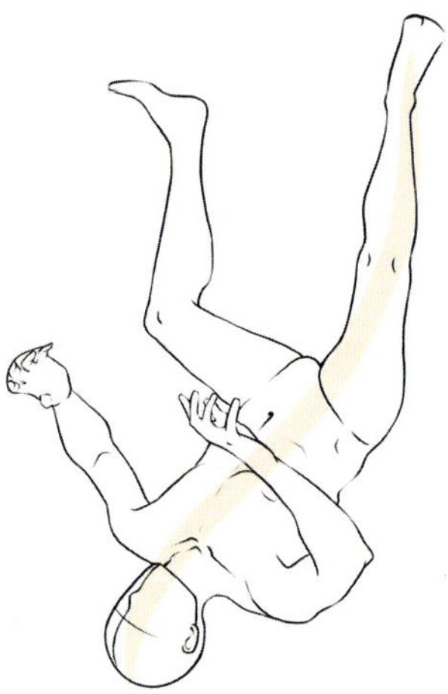

Eine fallende Person in einer Pose einzufangen, ist eine sehr gute Möglichkeit, Emotionen und Bewegung darzustellen. Die Körpersprache vermittelt das Gefühl von Überraschung oder Schock. Die Arme könnten verzweifelt ausgestreckt sein, um Halt zu suchen, während der Körper sich in einer Biegung des freien Falls befindet.

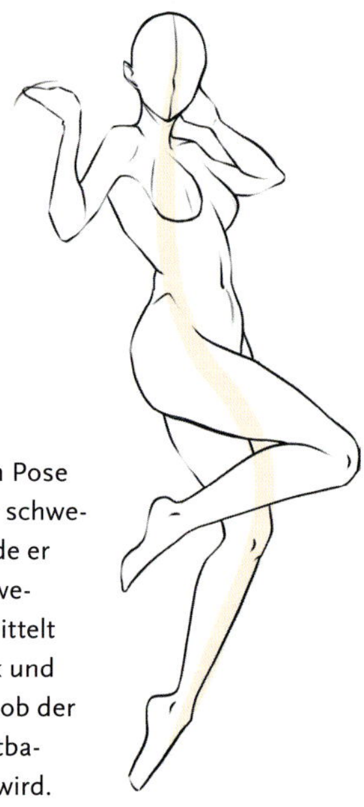

In einer schwebenden Pose scheint der Charakter schwerelos zu sein, als würde er über dem Boden schweben. Diese Pose vermittelt ein Gefühl von Mystik und Übernatürlichem, als ob der Charakter von unsichtbaren Kräften getragen wird.

INTERAKTION ZWISCHEN CHARAKTEREN

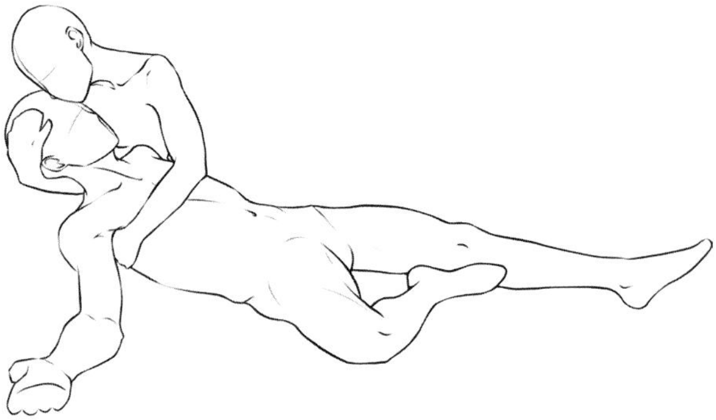

Diese Pose strahlt Trauer und Verlust aus. Die weibliche Figur wiegt den Kopf der gefallenen männlichen Figur sanft in ihren Armen, während sie den Blick gesenkt hat. Der Betrachter spürt die Schwere des Moments und empfindet Mitgefühl für den trauernden Charakter.

Hier liegt eine intensive emotionale Verbindung vor. Die Blicke der männlichen Charaktere sind sehr intensiv, ihre Köpfe berühren sich. Der Betrachter erkennt die Leidenschaft und das Verlangen zwischen den beiden Charakteren. Die Pose erzeugt Spannung und Neugier, da der Kuss kurz bevorzustehen scheint.

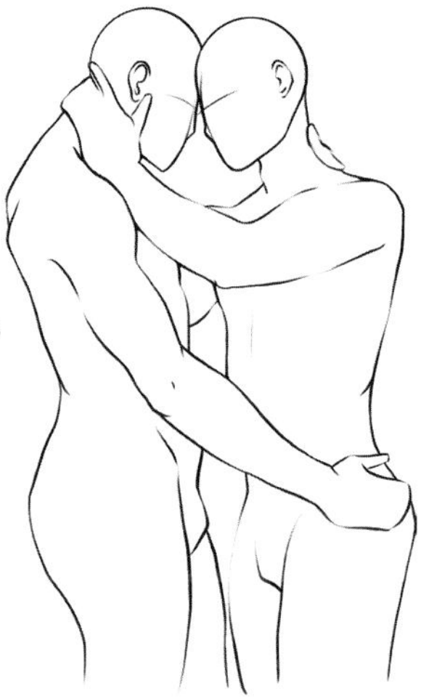

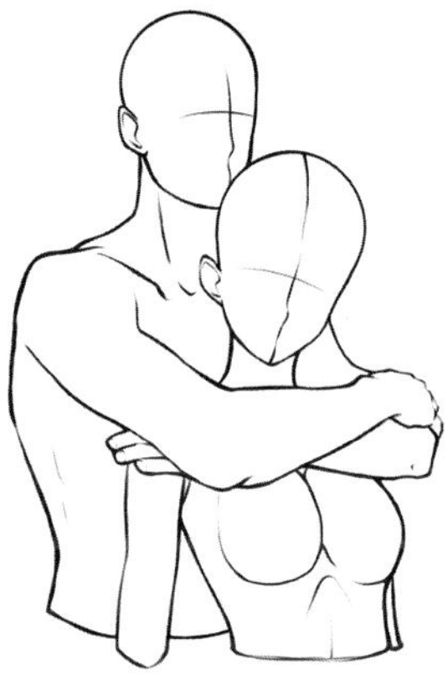

Diese Pose strahlt Schutz und Geborgenheit aus. Der männliche Charakter legt seine Arme liebevoll um die weibliche Figur, während sie sich sicher und geborgen fühlt. Der Betrachter spürt die Zuneigung zwischen den beiden und fühlt sich von der warmen Atmosphäre der Umarmung berührt.

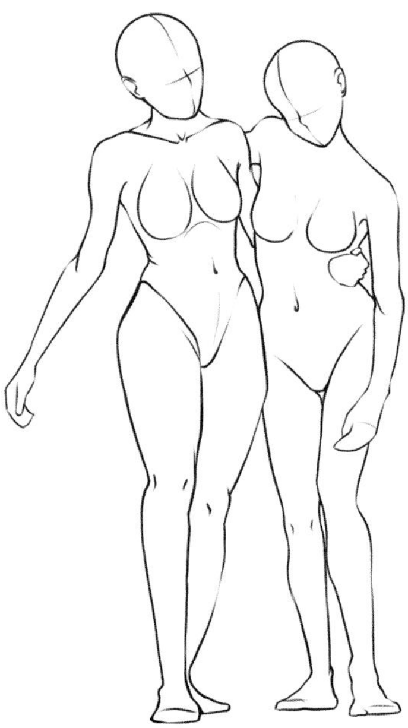

Hier zeigt sich Mitgefühl und Unterstützung. Die stützende Figur legt den Arm um die verletzte Figur, um ihr Halt zu geben. Die Pose vermittelt Zusammenhalt und Solidarität. Der Betrachter fühlt den Schmerz der Verletzten und die Empathie der Helfenden.

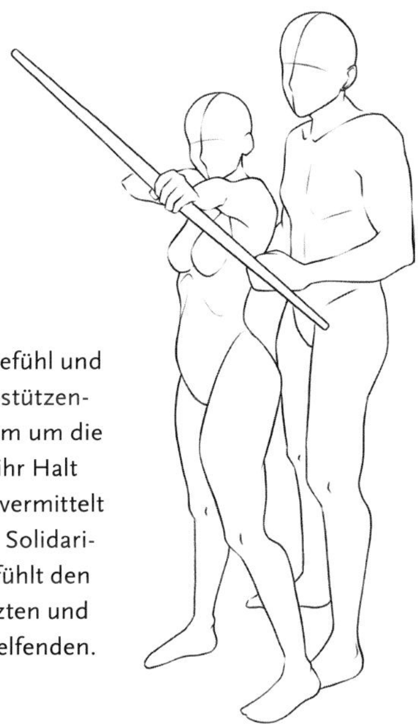

Eine Lehrer-Schüler-Beziehung: Der männliche Charakter erklärt die Haltung und Technik, während der weibliche Charakter aufmerksam zuhört und lernt. Der Betrachter spürt die Konzentration und den Lernwillen der weiblichen Figur, während die männliche Figur sein Wissen teilt.

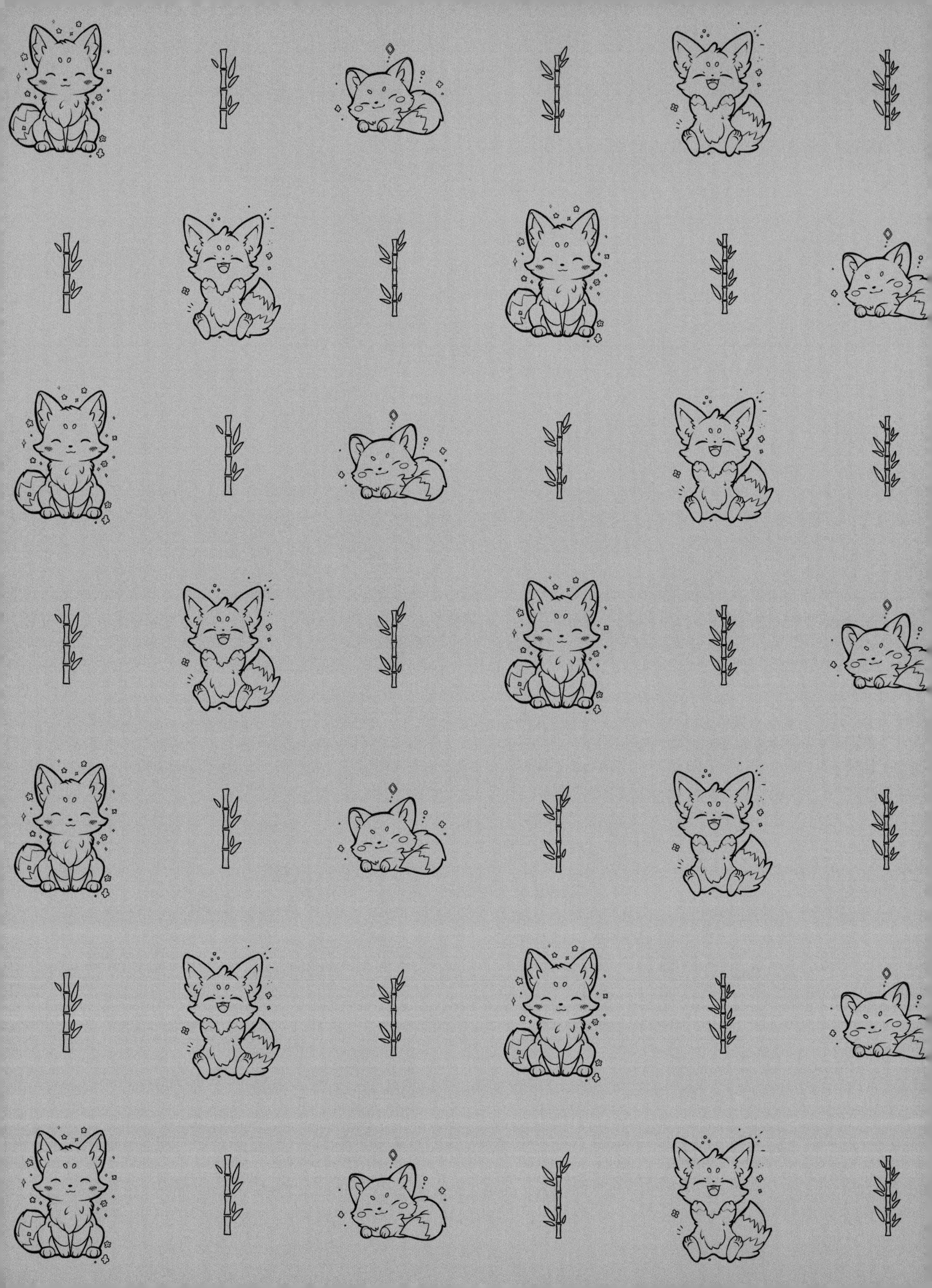

2. Kleidung & Accessoires

In den schimmernden Roben der Magier sind uralte Runen eingewebt, die die Kräfte der Elemente bündeln. Ritter tragen Rüstungen aus Drachenschuppen, Elfen kleiden sich in Gewänder aus Seide und Diebe hüllen sich in schattenhaftem Leder, um lautlos durch die Dunkelheit zu gleiten. Dieses Kapitel führt dich durch die faszinierende Welt der Fantasy-Kleidung und Accessoires. Entdecke, wie jedes Detail die Geschichte eines Charakters erzählen und wie die Wahl von Materialien und Texturen die Eigenschaften einer Figur widerspiegeln kann.

Kleidung zeichnen

Kleidung spielt im Fantasy-Genre eine entscheidende Rolle, denn sie definiert Charaktere, erzählt Geschichten und drückt Emotionen aus. Durch die Gestaltung kannst du die Kultur, die Geschichte und die Werte deiner fiktiven Welt zum Ausdruck bringen. Von den feinen Stickereien auf den Gewändern eines Königs bis hin zu den verzierten Rüstungen von Drachenreitern – jedes Detail in der Kleidung erweitert die Fantasie der Betrachter und zieht sie tiefer in die Geschichte hinein.

KLASSISCHE FANTASY-KLEIDUNG

Magier bevorzugen lange, fließende Roben in Farben wie Schwarz, Blau oder Violett, oft mit goldenen oder silbernen Stickereien, mit Gürtel und Tasche für Tränke und magische Artefakte sowie einem Kapuzenmantel für zusätzliche Dramatik.

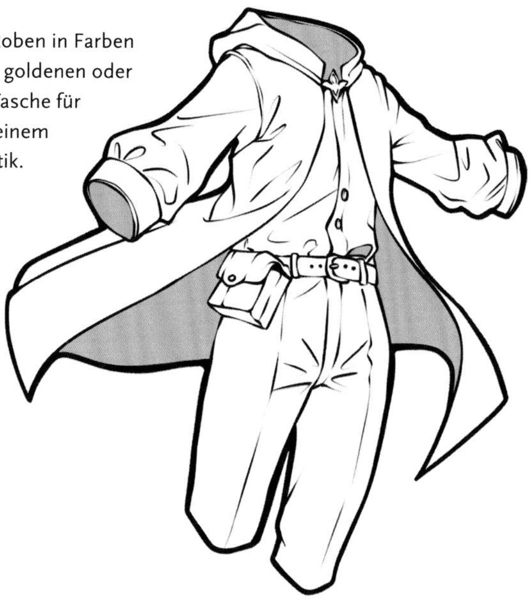

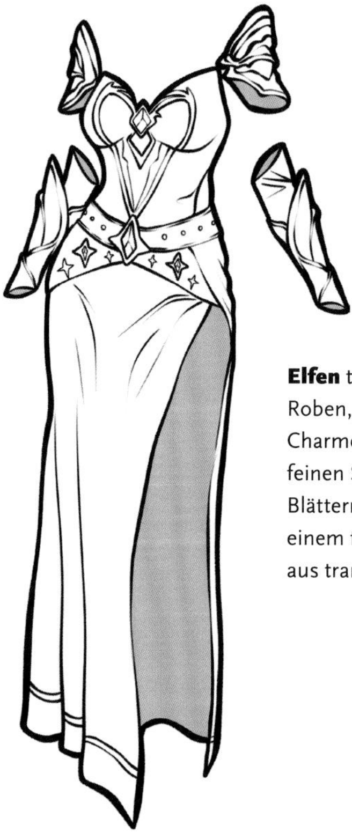

Elfen tragen zarte, leichte Roben, die ihren grazilen Charme betonen, oft mit feinen Stickereien von Blättern oder Sternen und einem fließenden Umhang aus transparentem Stoff.

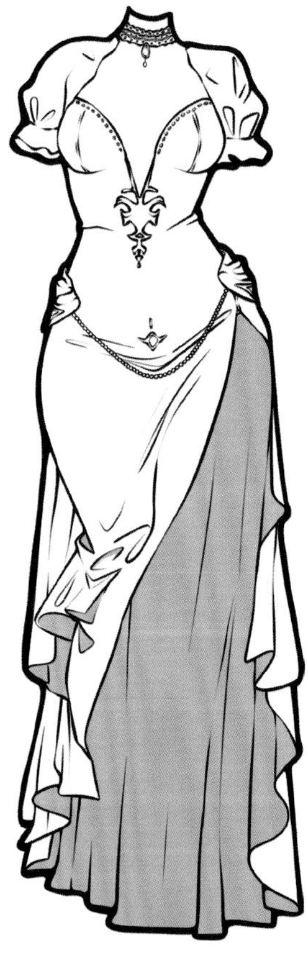

Prinzessinnenkleider zeichnen sich durch opulente Stoffe, reiche Stickereien und glitzernde Verzierungen aus. Oft sind sie in sanften Farben wie Rosa, Blau oder Gold gehalten und werden mit Diademen, Schleiern oder langen Handschuhen kombiniert.

WEITERE FANTASY-KLEIDUNG

Auf dieser Seite habe ich eine Reihe von weiteren Outfits gezeichnet, die typisch für das Fantasy-Genre sind.

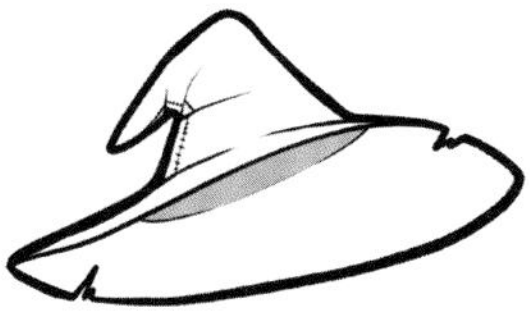

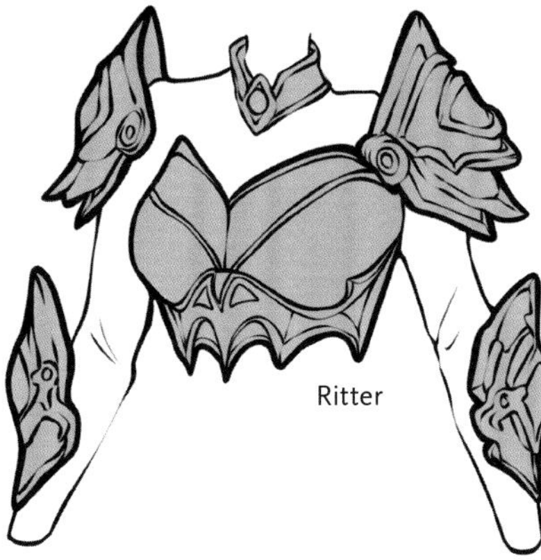

Ritter

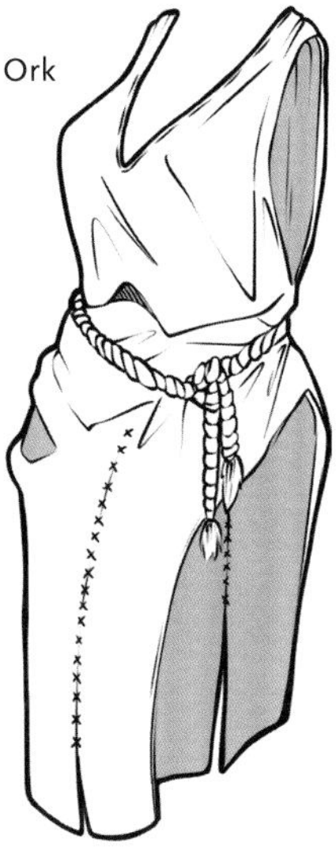

Ork

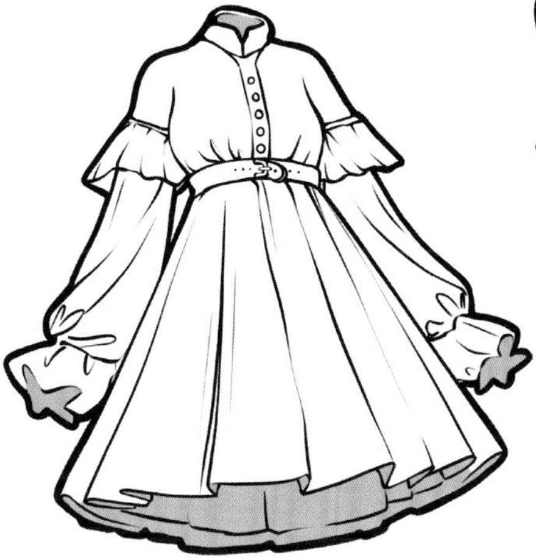

Hexe

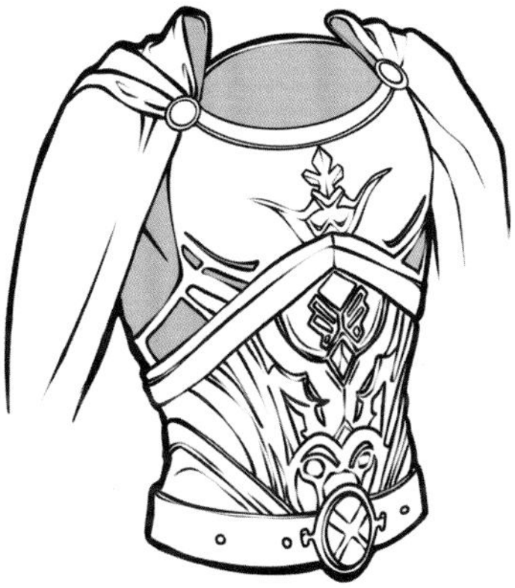

Barbar

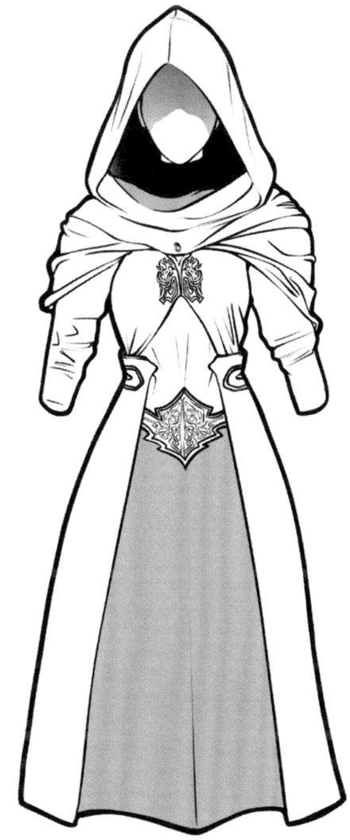

Assassine

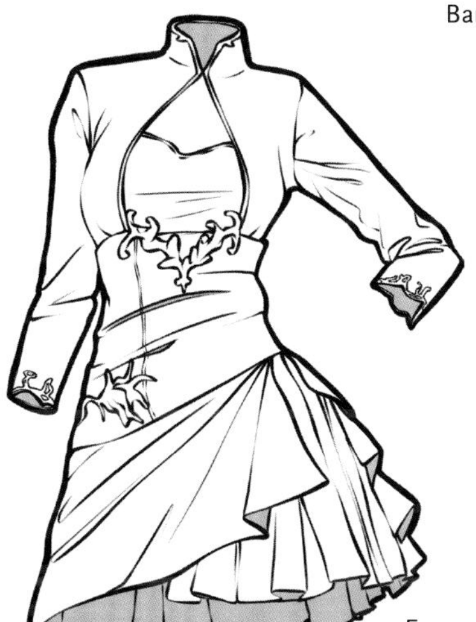

Fee

Texturen & Materialien

Durch die richtige Darstellung von Texturen können Zeichner fantastische Materialien wie Drachenschuppen und Dämonenleder zum Leben erwecken. Auf dieser Seite zeige ich dir, wie unterschiedliche Oberflächenstrukturen gezeichnet werden.

MATT ODER REFLEKTIEREND?

An diesen beiden Beispielen sieht man gut, wie unterschiedlich die Oberflächen sein können. Während Stein matt und rissig wirkt, reflektiert Glas das Licht.

Stein

Achte auf die natürlichen Risse, Unebenheiten und Muster, die im Stein vorkommen können. Verwende verschiedene Linienstärken und Schattierungen, um Tiefe und darzustellen.

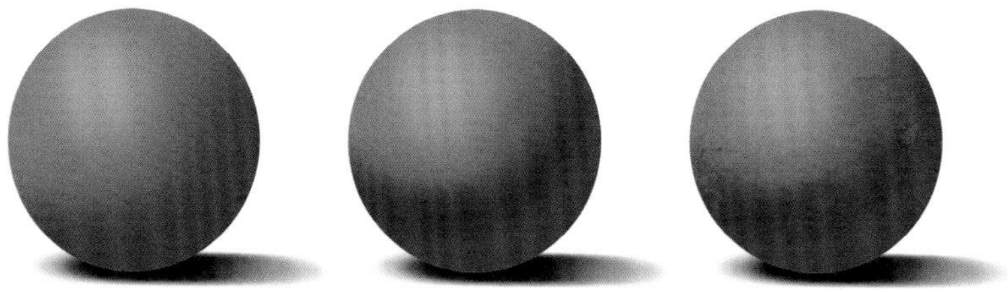

Glas

Bei Glas ist es wichtig, die Lichtquellen zu berücksichtigen. Dunklere Schatten entstehen an vom Licht abgewandten Seiten, während Glanzpunkte an den Stellen erscheinen, die vom Licht getroffen werden.

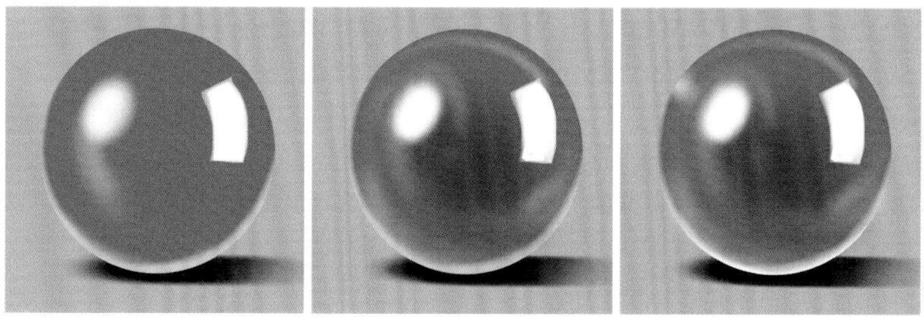

WEITERE TEXTUREN

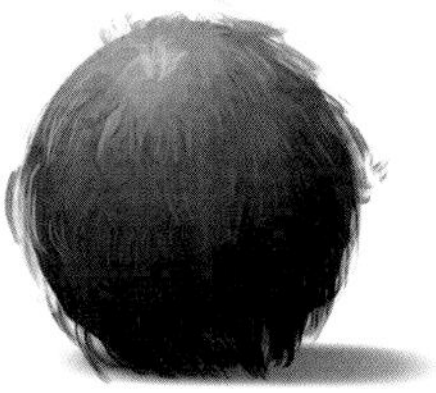

Fell

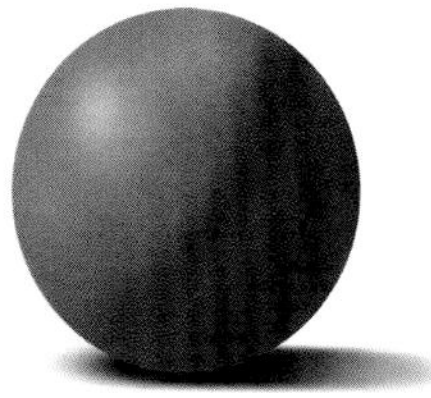

Leder

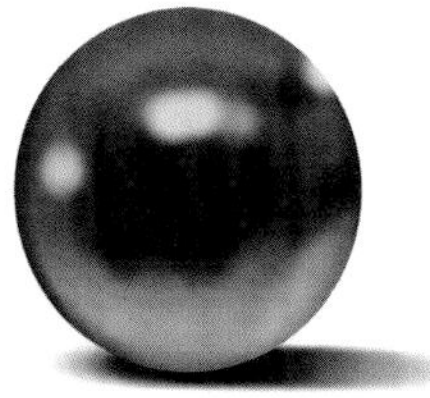

Metall

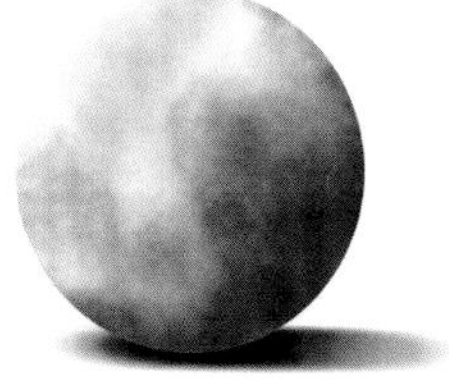

Rauch

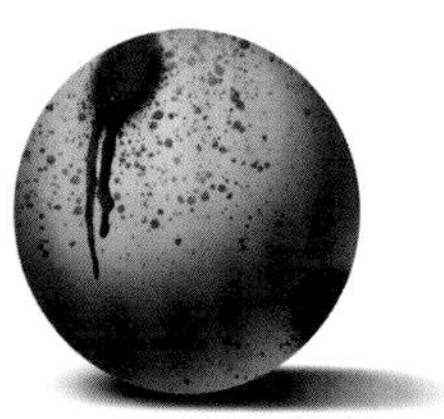

Blut & Schmutz

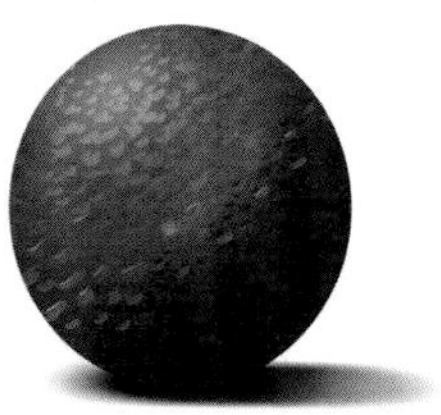

Schuppen

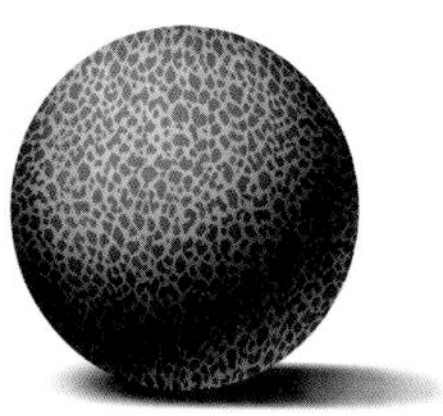

Tierisch

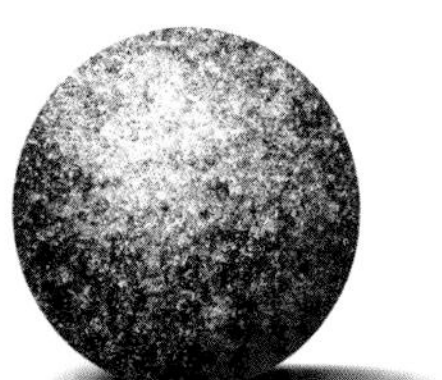

Glitzer

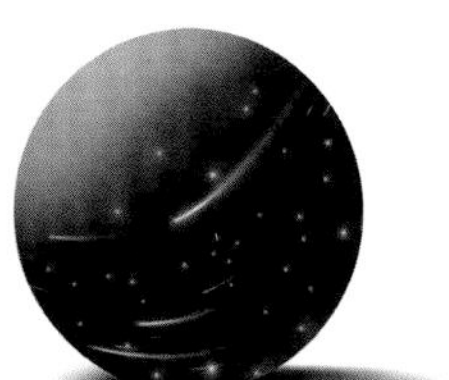

Sternennacht

SYMBOLIK & MUSTER

Kleidung kann symbolische Bedeutungen tragen und die Fantasy-Welt weiter vertiefen. Muster auf Kleidung erzählen oft Geschichten über die Charaktere und Zugehörigkeit zu bestimmten Gruppen oder Kulturen. Mystische Runen symbolisieren eine Verbindung zu Magie, Muster wie Ranken, Blumen oder Sterne könnten die Naturverbundenheit betonen, während geometrische Formen oft für Geheimnisse oder spirituelle Bedeutungen stehen.

MUSTER

Hier siehst du ein paar Beispiele für einheitliche Muster. Du findest diese und auch alle verwendeten Brushes im Brushpack!

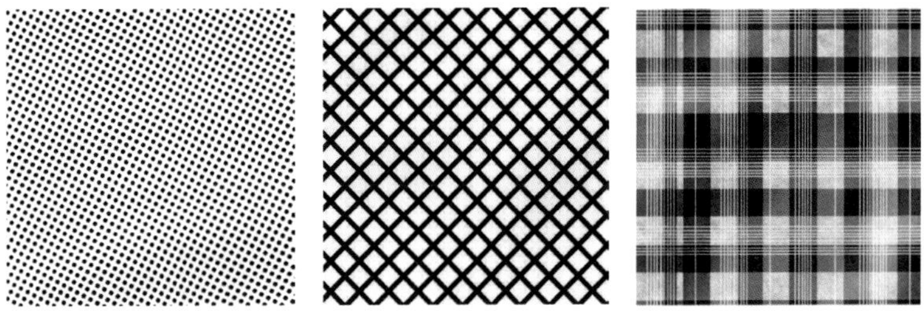

Hier ein paar Symbole und Muster, von denen du dich inspirieren lassen kannst:

Faltenwurf

Falten entstehen dort, wo sich Stoff über den Körper legt, sich dehnt, bündelt oder sich in Bewegung befindet. Sie geben nicht nur die Bewegungen und die Körperhaltung der Figur wieder, sondern können auch viel über die Stoffart verraten – schwere Stoffe wie Wolle erzeugen tiefere und voluminösere Falten als leichtere Materialien wie Seide.

Drop Falten entstehen, wenn das Material von oben nach unten fällt. Skizziere dazu leicht gebogene Grundlinien, die vom tiefsten Punkt des Kleidungsstücks nach oben führen. Füge Falten hinzu und betone sie mit Schatten und Highlights.

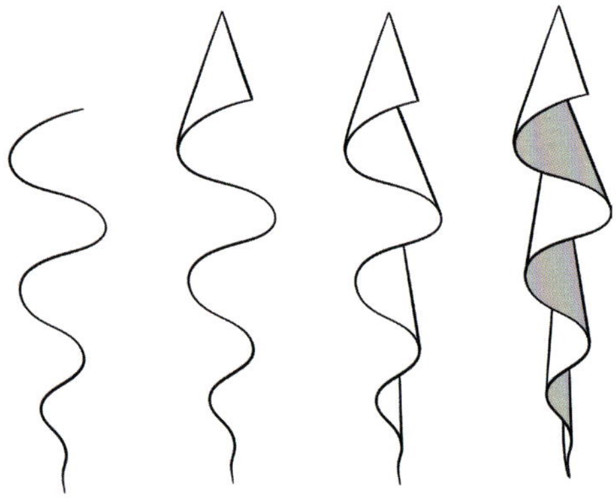

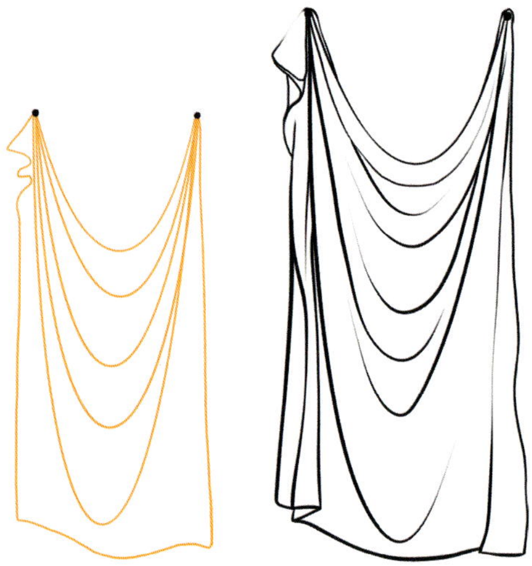

Diaper Falten entstehen, wenn sich der Stoff zwischen zwei festen Punkten zusammenzieht und dabei wellenartige Falten bildet. Zeichne wellenförmige, nicht zu gleichmäßige Faltenmuster entlang der Hauptachsen.

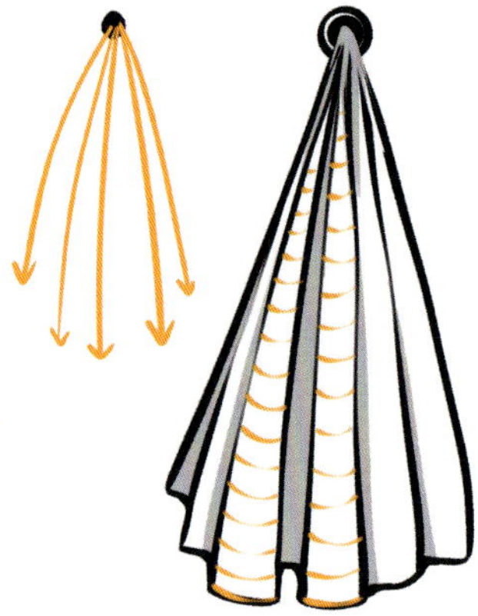

Zick Zack Falten verlaufen in einem zickzackförmigen Muster und können sich sowohl horizontal als auch vertikal über den Stoff bewegen. Achte darauf, dass die Spitzen der Falten scharf und die Falten unregelmäßig sind.

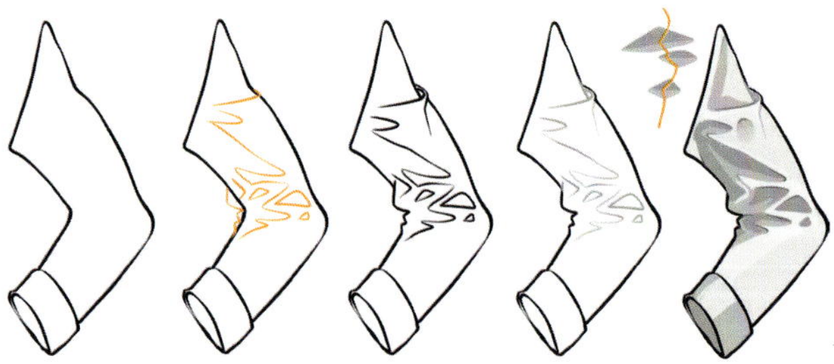

Die Schatten, die von der Kleidung auf die Haut fallen, folgen den Konturen des Körpers und nehmen dabei gebogene Formen an, wie auf der Abbildung dargestellt. Zudem erscheinen die Schatten diffuser, je weiter die Kleidung von dem Bereich entfernt ist, auf den sie fällt.

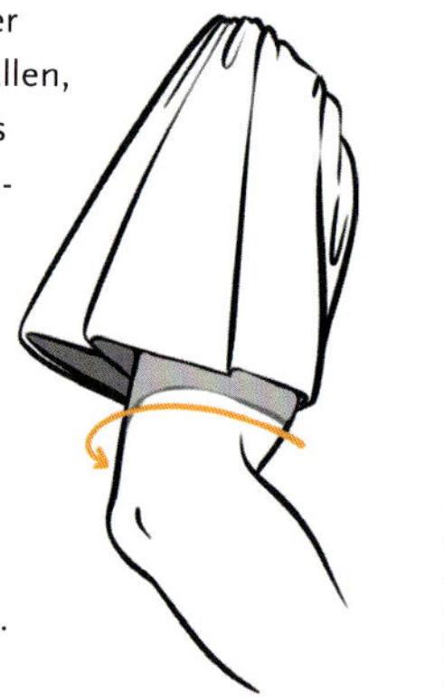

Details

Die Magie von Kleidung liegt oft in den Details – den subtilen Elementen wie Knöpfen, Spitze, Ketten, Nähten, Schnüren, Rüschen usw. Diese kleinen, aber feinen Details verleihen deinem Charakter einen individuellen Stil.

RÜSCHEN

Rüschen werden an den Kanten von Ärmeln, Röcken oder Ausschnitten hinzugefügt. Zeichne leicht gebogene Linien parallel zur Kante des Kleidungsstücks. Verbinde die oberen und unteren Linien mit sanften, wellenförmigen Kurven.

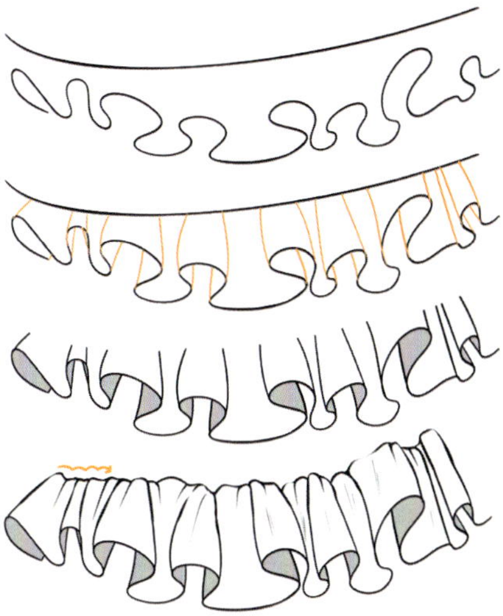

SPITZE

Mit verschiedenen Spitzen-Motiven kann man Kleidung ebenfalls aufwerten!

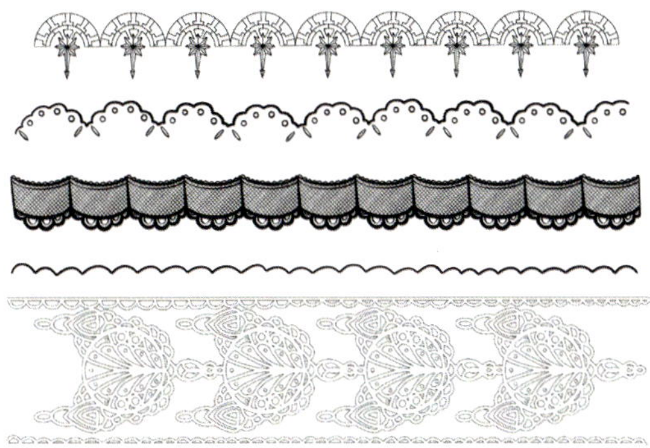

KETTEN

Zeichne kleine ovale, runde oder viereckige Glieder in gleichmäßigen Abständen. Achte darauf, dass die Glieder proportional zueinander sind und in einem leicht gebogenen Muster verlaufen.

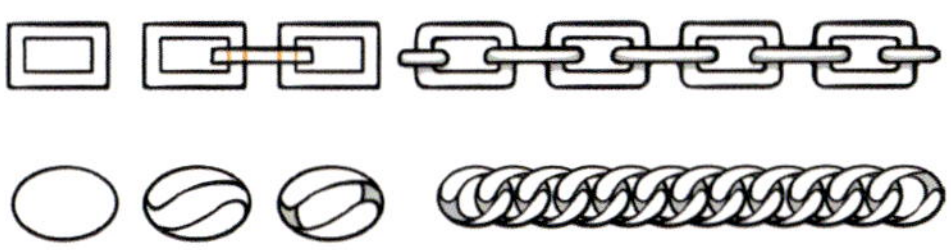

ZIERNÄHTE

Nähte bei Kleidung sind wichtige Details, die beim Zeichnen die Struktur und Passform betonen.

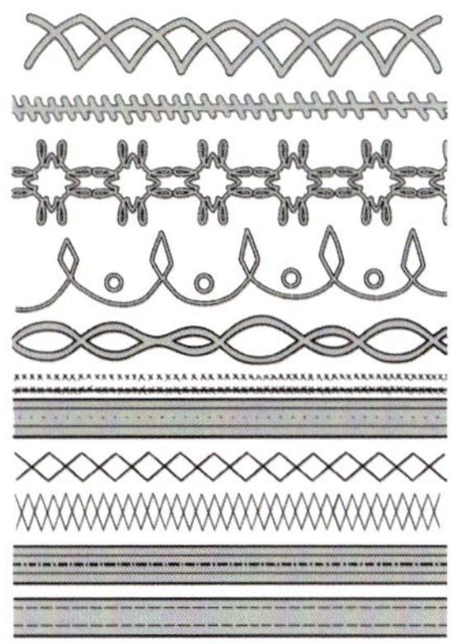

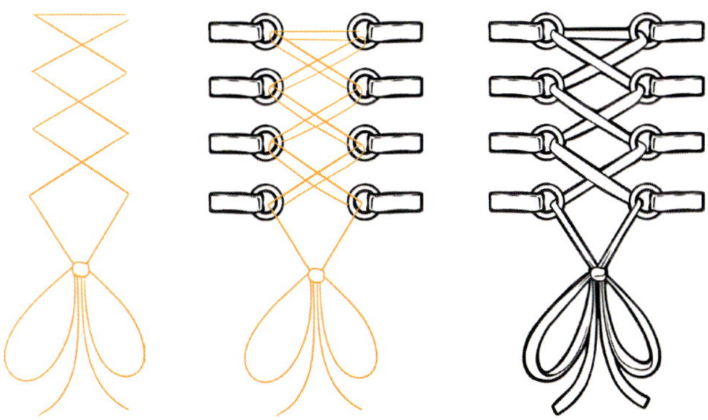

SCHNÜRE

Schnüre können sich an den Seiten, der Vorderseite oder dem Rücken des Kleidungsstücks befinden.

Schuhe

Ob es sich um die abgenutzten Stiefel eines tapferen Abenteurers handelt, die königlichen Pantoffeln einer Prinzessin oder die gehörnten Stiefel eines Dämonenjägers – Schuhe können tiefe Einblicke in die Welt deiner Charaktere gewähren. Das Zeichnen von Schuhen erfordert ein Verständnis für deren Struktur und Form.

GRUNDLAGEN

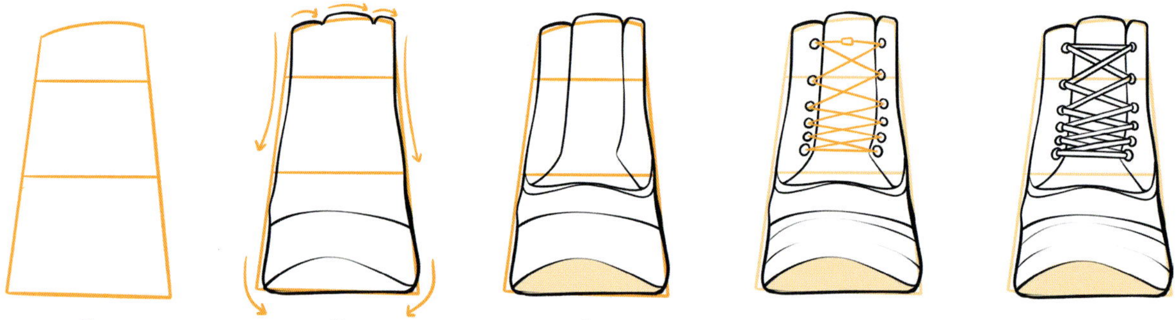

1 **2** **3** **4** **5**

1 Beginne mit einer groben Skizze der Grundform des Schuhs. **2** Bestimme die Positionierung der Ferse, des Fußgewölbes und der Zehen. Die Form kann je nach Schuhstil variieren, also sei ruhig kreativ. **3-5** Füge Details wie die Sohle, den Schuhabsatz und eventuelle Schnürsenkel oder Riemen hinzu. Achte darauf, dass die Details proportional zur Grundform sind. Falten und Rundungen lassen den Schuh realistischer wirken.

Fußsohlen können flach sein oder einen Absatz besitzen. Außerdem haben sie meist ein Profil mit einem Muster.

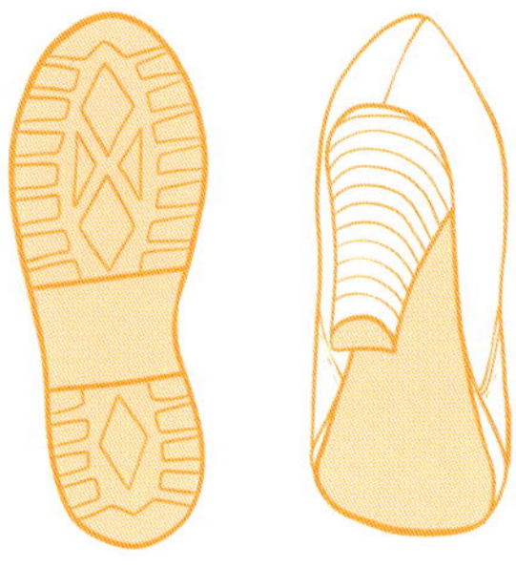

Die beste Methode, einen Schuh zu zeichnen, besteht darin, zunächst den Fuß zu skizzieren und dann den Schuh drumherum zu gestalten. Auf diese Weise kannst du die natürliche Form und die Proportionen des Fußes berücksichtigen.

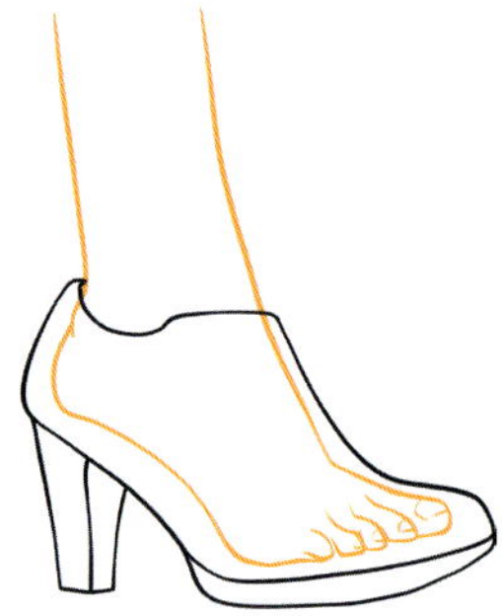

Achte auch auf die Wölbung auf der Oberseite des Fußes, sonst wirkt die Form unstimmig.

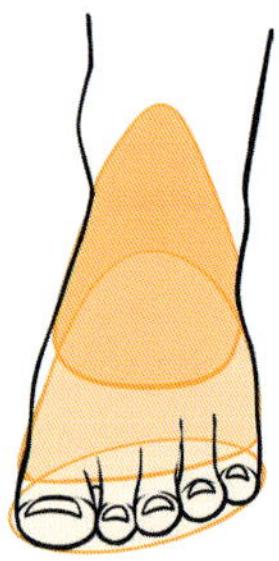

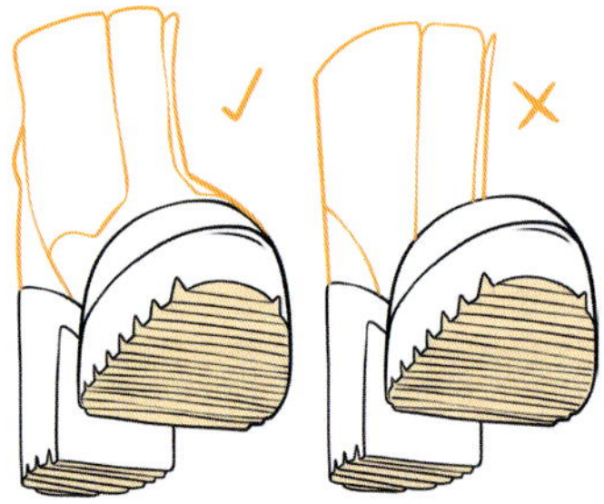

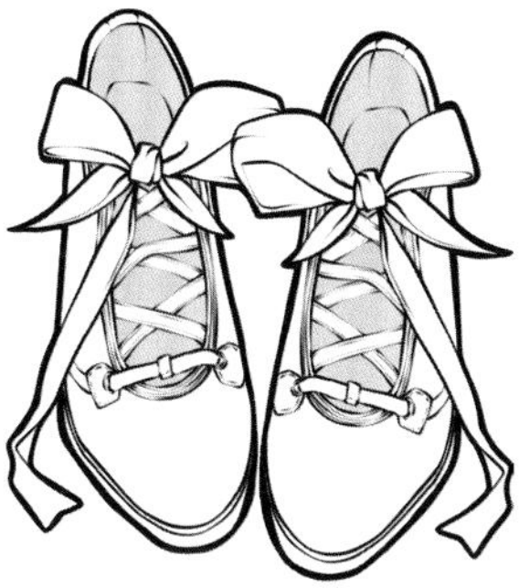
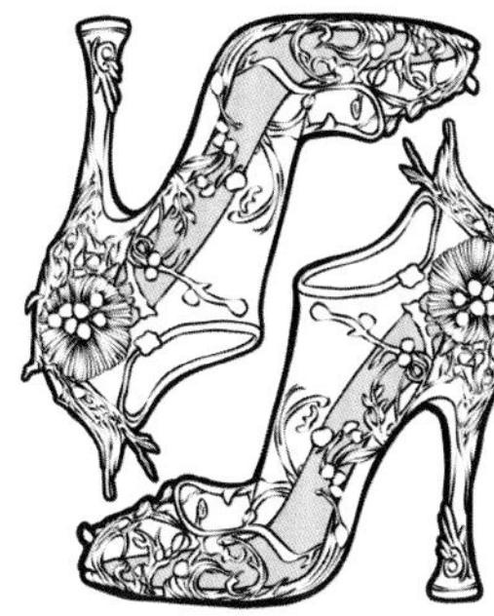
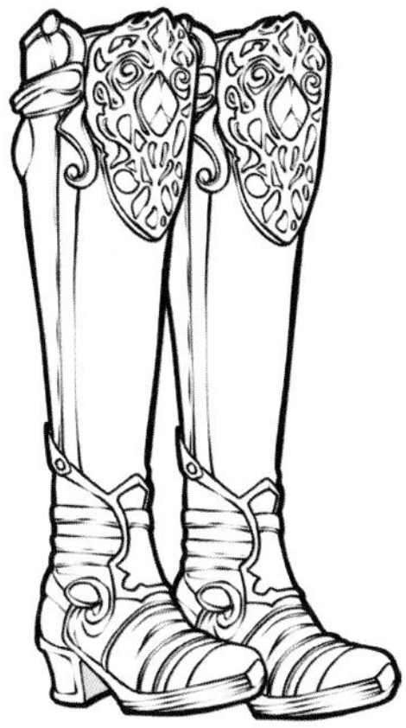
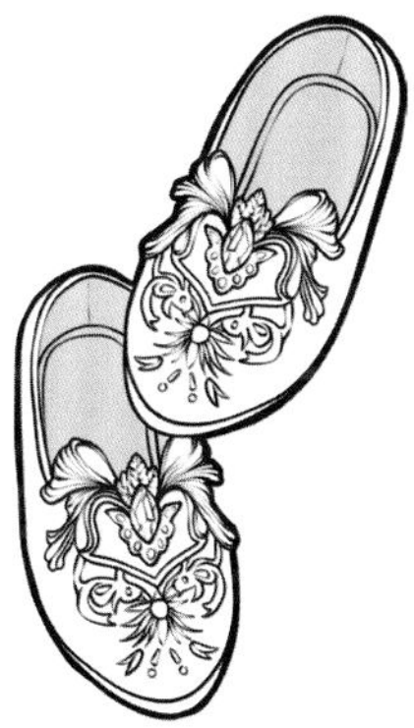
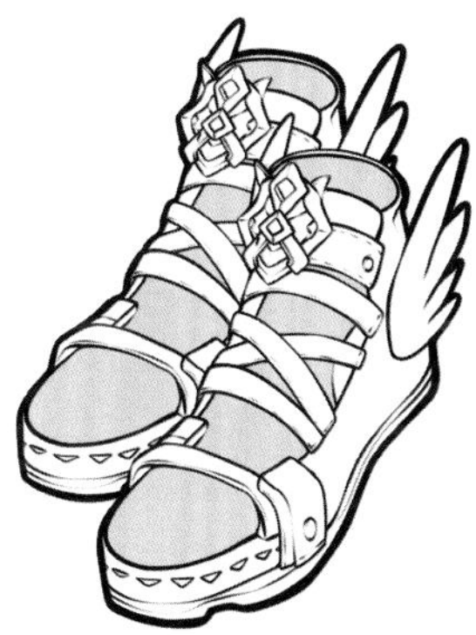
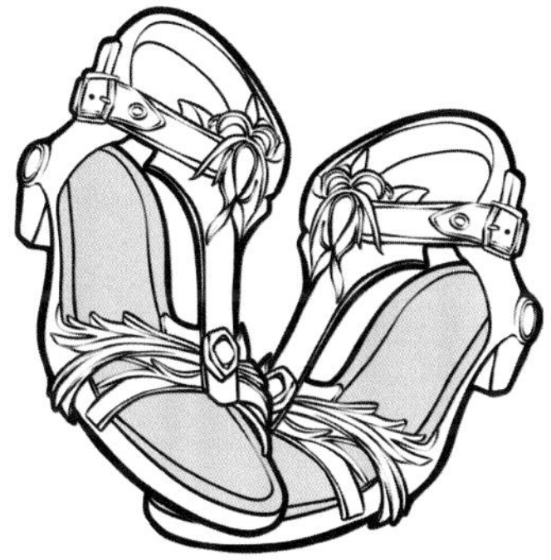
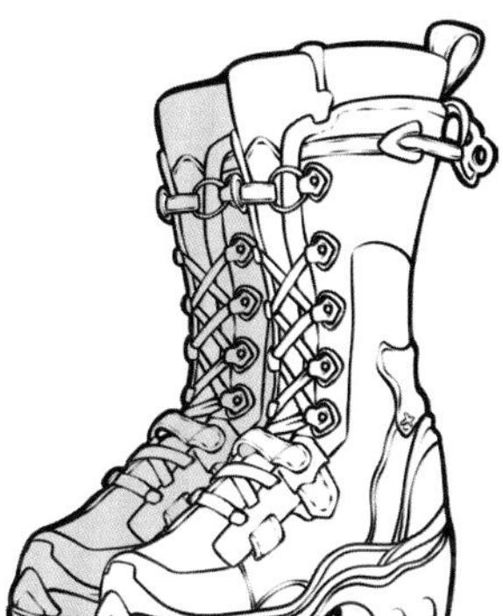
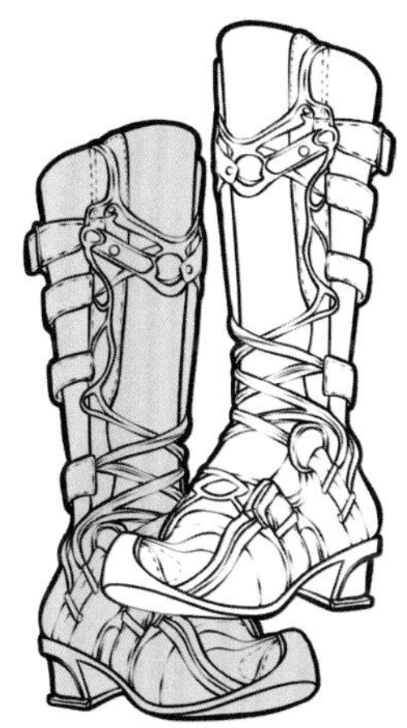
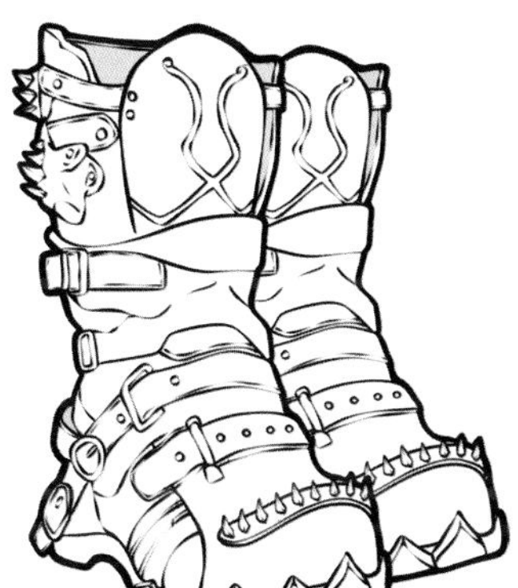

Schmuck & Accessoires

Schmuck und Accessoires wie Gürtel mit speziellen Schnallen, Umhänge mit kraftvollen Runen oder mit Edelsteinen besetzte Kronen sind nicht nur visuelle Akzente, sondern wichtige Bestandteile der fantastischen Welt.

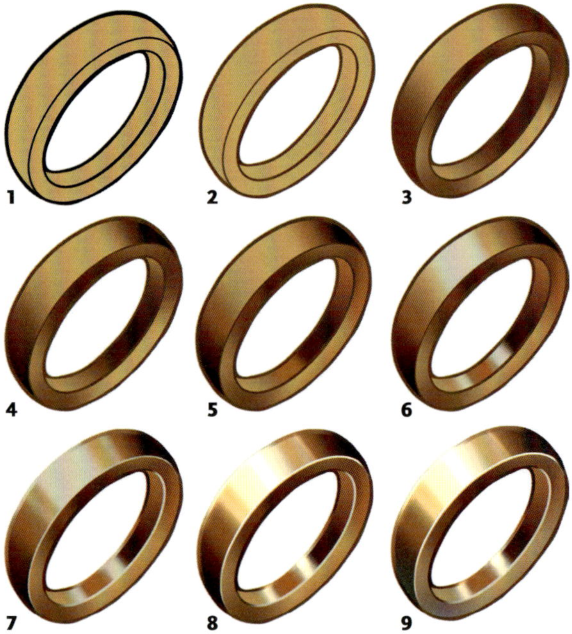

GOLD-TUTORIAL

Um Gold realistisch zu kolorieren, ist es wichtig, die Licht- und Schattenverhältnisse zu verstehen:

1 Beginne mit einer warmen gelben Grundfarbe. Du kannst einen mittleren bis dunklen Ton wählen, je nachdem, wie intensiv das Gold sein soll.

2 Wenn du die Outlines kolorierst, wirkt das Ergebnis am Ende stimmiger.

3 Bestimme nun die Lichtquelle. Koloriere mit einem weichen Pinsel die Ränder dunkler (nutze hierbei einen dunkleren Ton mit einem Hauch Braun) und entgegengesetzt die anderen Bereiche ebenfalls dunkel für den Schatten.

4 Diesen Schritt kannst du nun mit einer noch dunkleren Farbe wiederholen.

5 Füge nun am Übergang von Hell zu Dunkel einen kräftigen Braun-Orange Ton hinzu.

6 Wähle nun einen weniger gesättigten und hellen Beige-Ton aus und zeichne das die Reflexion des Lichtes mit einem weichen Brush ein.

7 Auch diesen Vorgang kannst du wiederholen und weitere kleine Licht-Streifen einfügen.

8 Erstelle nun eine neue Ebene und setze diese auf „Hinzufügen". Setze kleine Glanzlichter auf die hellste Stelle des Rings, um den metallischen Glanz zu betonen.

9 Du kannst nun ebenfalls noch die Outlines an die Licht- und Schattenverhältnisse anpassen

Mithilfe des Ebeneneffekts „Hinzufügen" können wunderschöne Reflexionen auf dem Objekt hinzugefügt werden. Dabei nutze einfach die Grundfarbe des Objekts auf einer Ebene oberhalb aller anderen Ebenen.

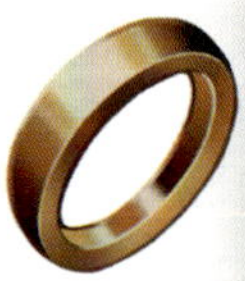

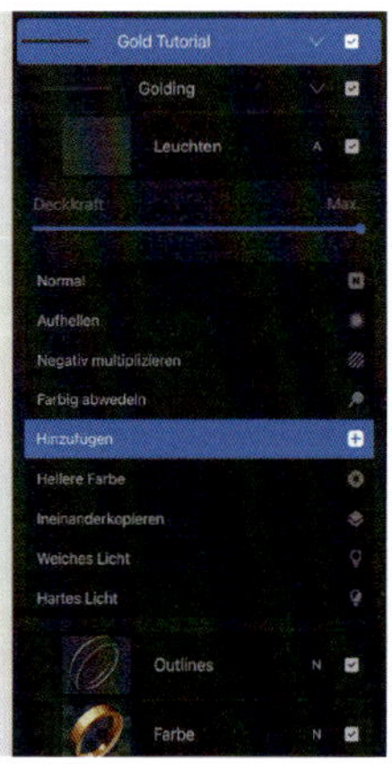

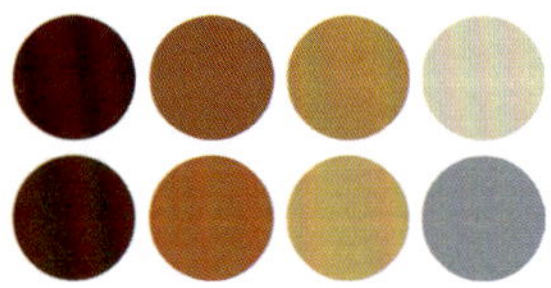

Hier siehst du die Farbtöne, die ich in dem oberen Beispiel genutzt habe. Es handelt sich hierbei um warme gelb-braun-orange Töne.

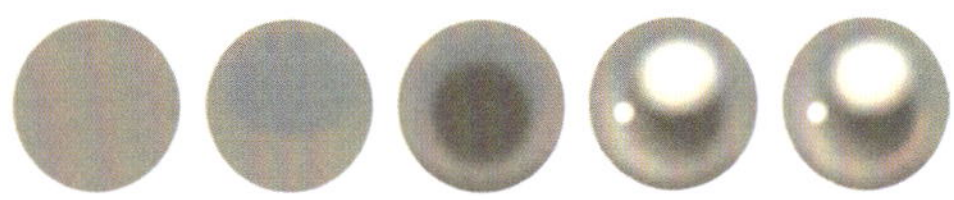

Möchtest du z.B. eine Perle zeichnen, kannst du ganz ähnlich vorgehen.

SCHMUCK

Hier findest du einige Schmuckstücke als Inspiration:

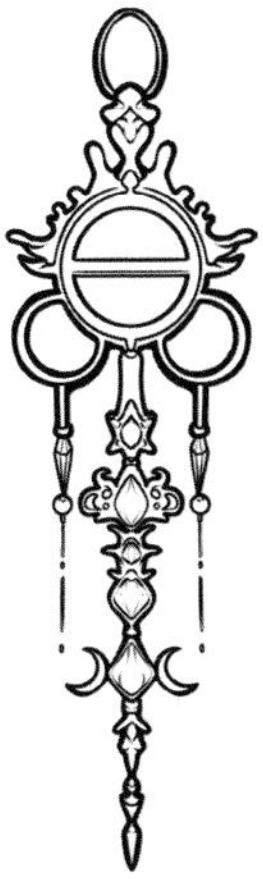
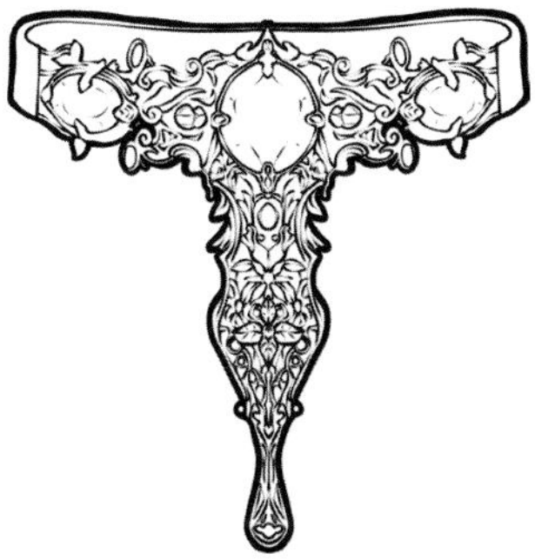
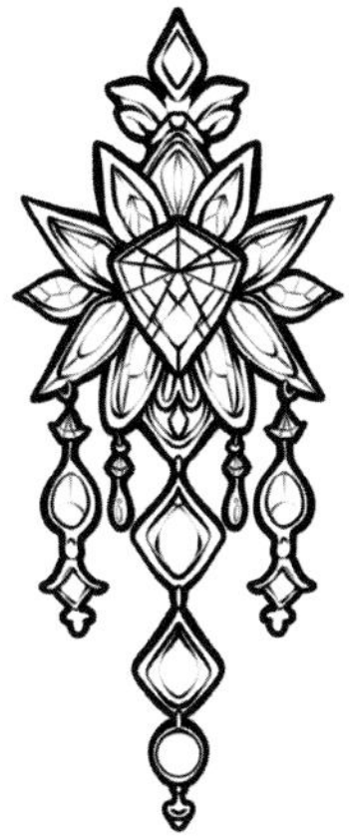
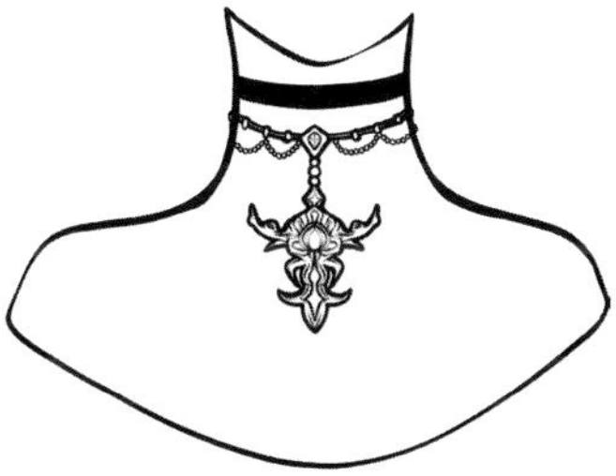
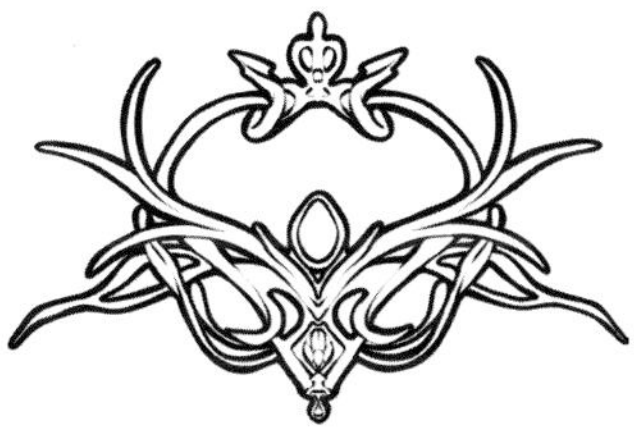
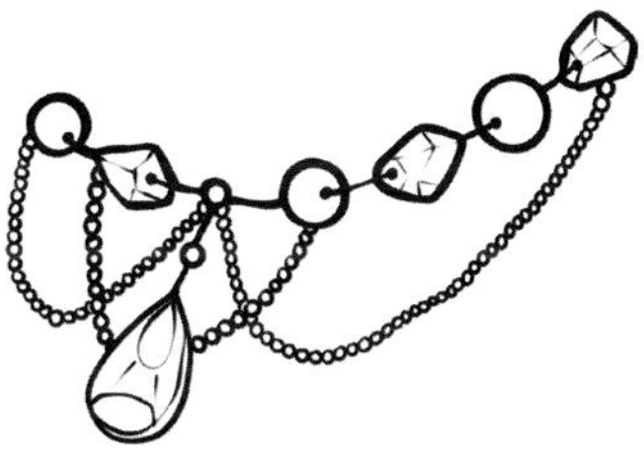
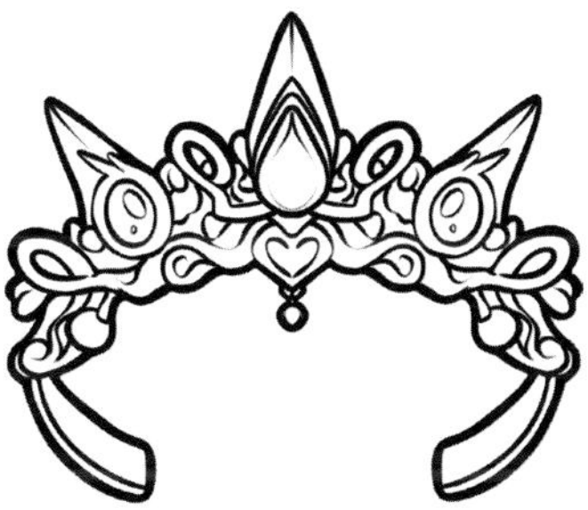
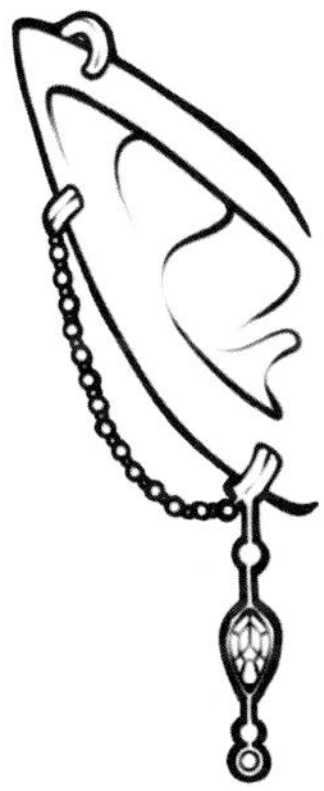
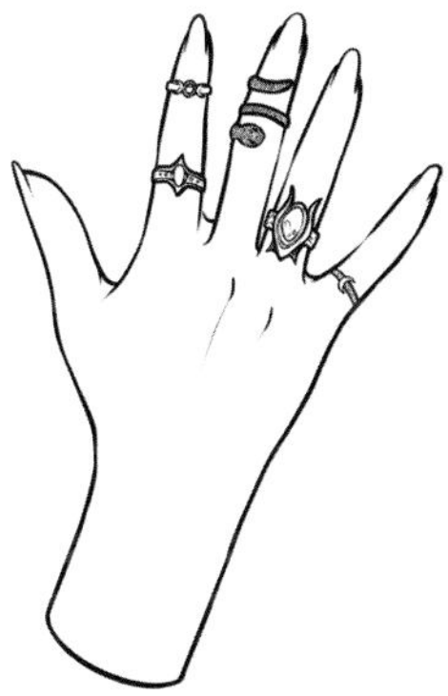

Accessoires

Masken, kunstvoll verziert mit geheimnisvollen Symbolen, verbergen oft mehr, als sie preisgeben. Schlüssel können Hinweise auf verborgene Geheimnisse sein, während Rucksäcke voller Abenteuer und Entdeckungen stecken. Schädel und Gürtel erzählen von heldenhaften Kämpfen, während Laternen den Weg in dunkle und unerforschte Gebiete erhellen. Beim Zeichnen von Accessoires hilft es, zunächst die Grundform zu zeichnen und darauf aufbauend Details hinzuzufügen.

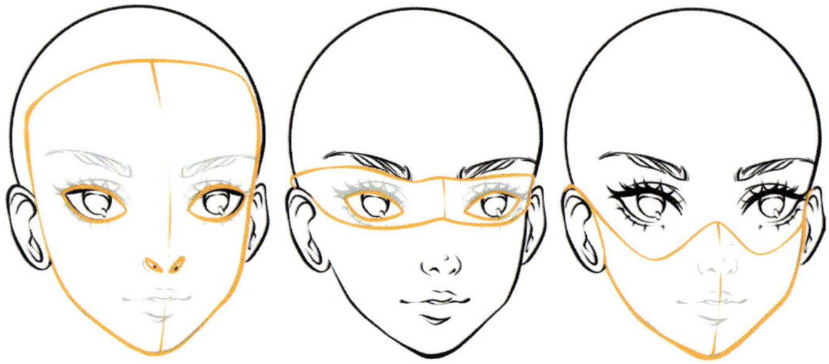

MASKEN

Masken bieten eine Vielzahl von Gestaltungsmöglichkeiten, sei es, dass sie das gesamte Gesicht bedecken, nur die Hälfte verhüllen oder nur die Augenpartie umrahmen.

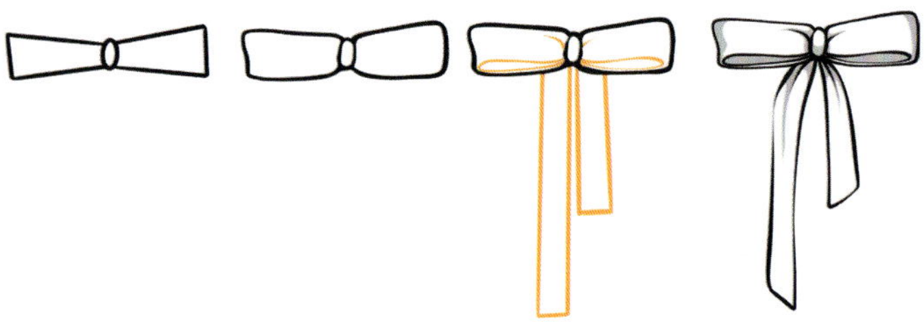

SCHLEIFEN

Um eine Schleife zu zeichnen, beginne mit einer einfachen Rechteckform, die in der Mitte enger wird. An den Schnittpunkten der Rechtecke zeichnest du eine kleine Ellipse, um die Knoten der Schleife zu repräsentieren. Die Enden der Schlaufen werden leicht gebogen. Füge anschließend Falten und Übergänge hinzu. Außerdem fallen die Enden der Schleifen nach unten ab.

SCHLÜSSEL

Beginne mit zwei langen, parallel gerichteten, geraden Linien, die den Schlüsselgriff darstellt. Dann zeichne einen großen Kreis am oberen Ende dieser Linie und einen kleineren Kreis in die Mitte. Das wird der Kopf des Schlüssels. Am unteren Ende befinden sich die Zähne des Schlüssels, die du individuell gestalten kannst.

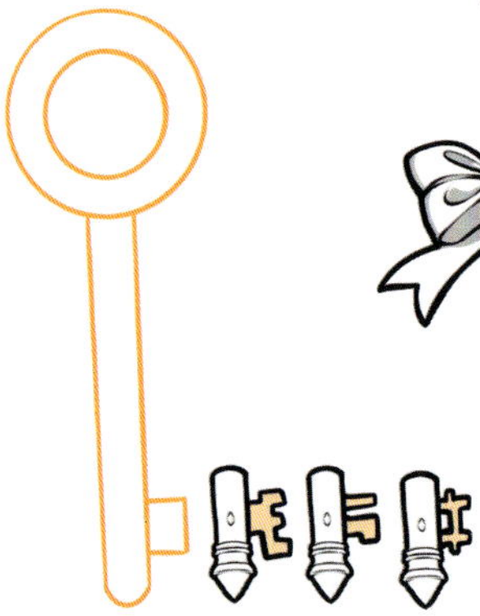

WEITERE ACCESSOIRES

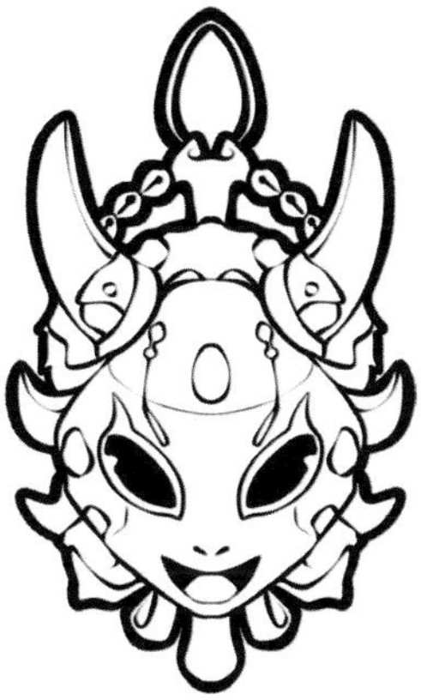
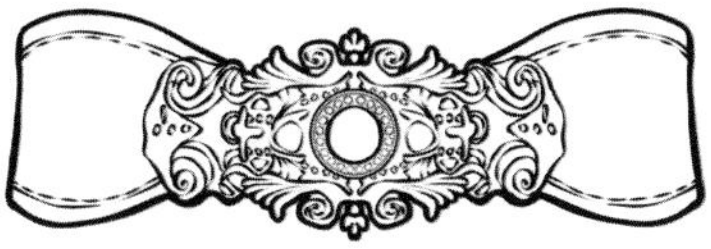
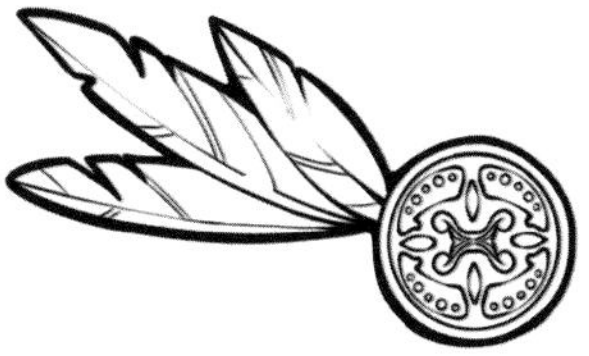
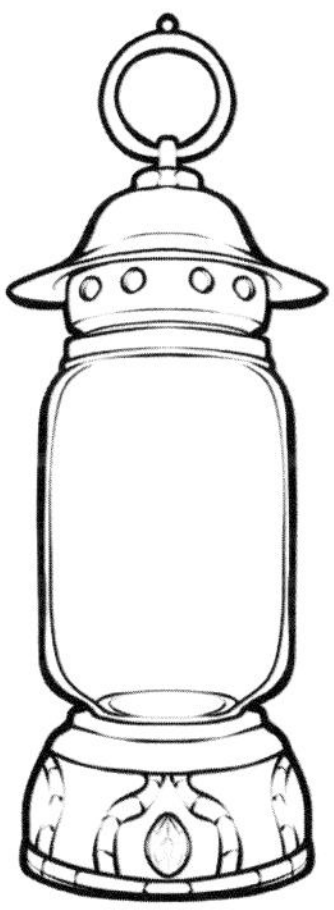
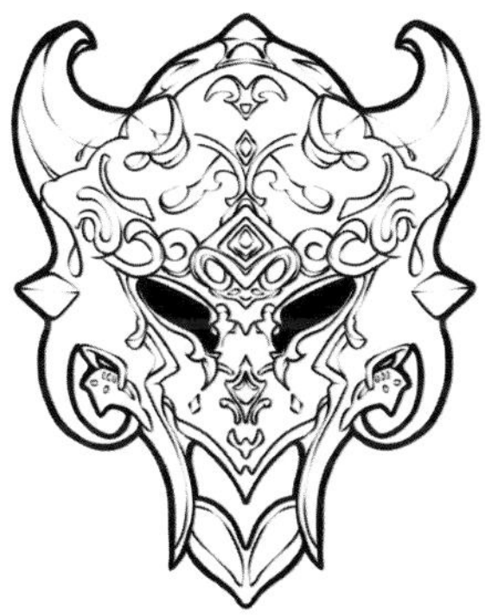
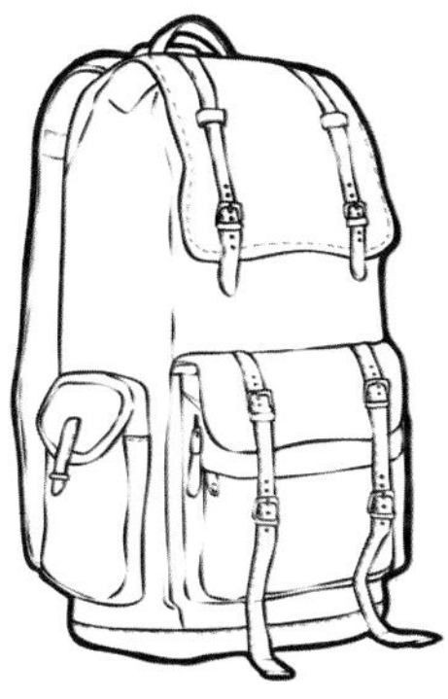
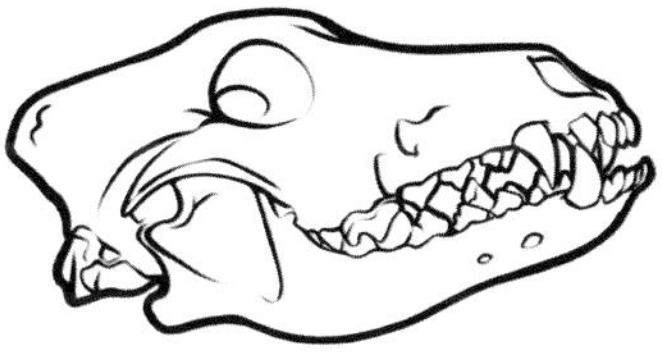
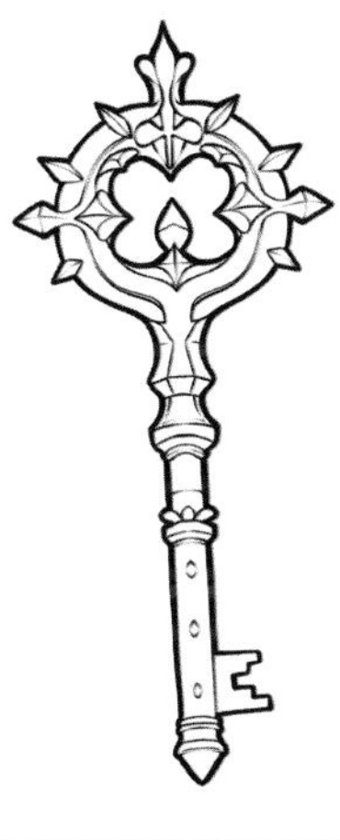
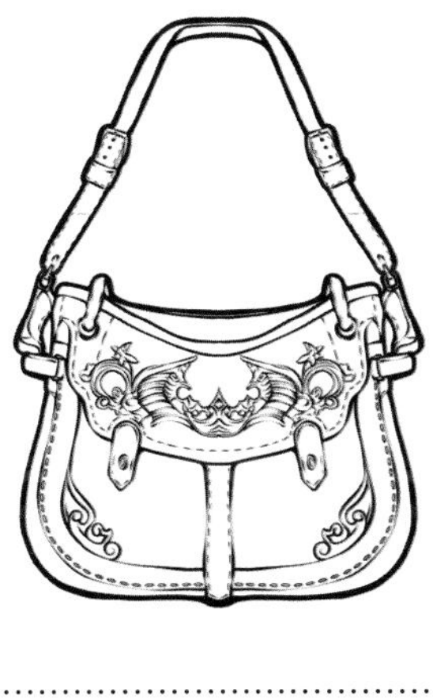

Waffen

Fantasy-Waffen bieten unendliche Möglichkeiten: von antiken Schwertern über Bögen bis hin zu futuristischen Energiewaffen. Von der Feinheit der Details bis zur imposanten Größe, von den filigranen Verzierungen bis zu den einfachen, aber tödlichen Klingen – dieses Kapitel wird dir helfen, deine eigenen Fantasy-Waffen zu entwerfen.

ÄXTE

Äxte, die kraftvollen Symbole der Stärke und Entschlossenheit, verkörpern sie nicht nur rohe Gewalt, sondern auch eine tiefe Verbindung zu den alten Kriegertraditionen.

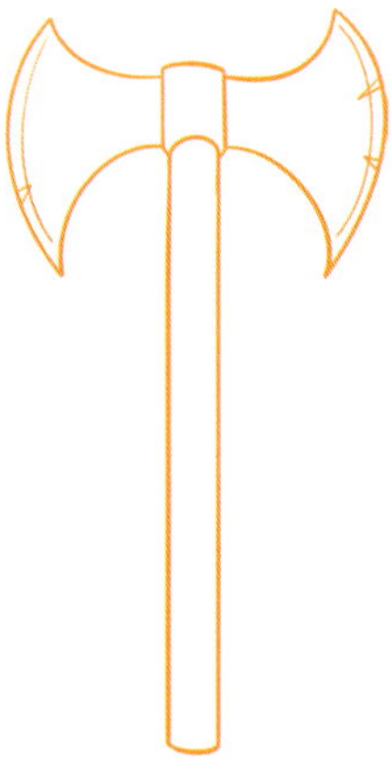

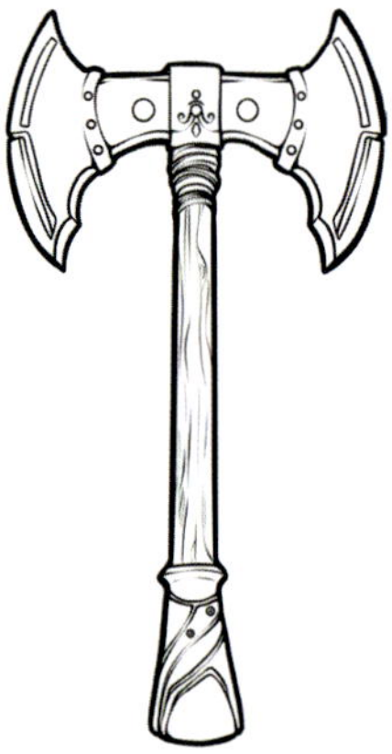

Beginne mit der Grundformen für die Axt. Skizziere einen rechteckigen Griff und eine nach außen breiter werdender Klinge. Anschließend kannst du Details wie Verzierungen ausarbeiten.

SCHWERTER

Schwerter, die edlen Waffen der Fantasiewelten, sind nicht nur einfach Werkzeuge des Kampfes, sondern auch Symbole von Macht, Ehre und Tradition.

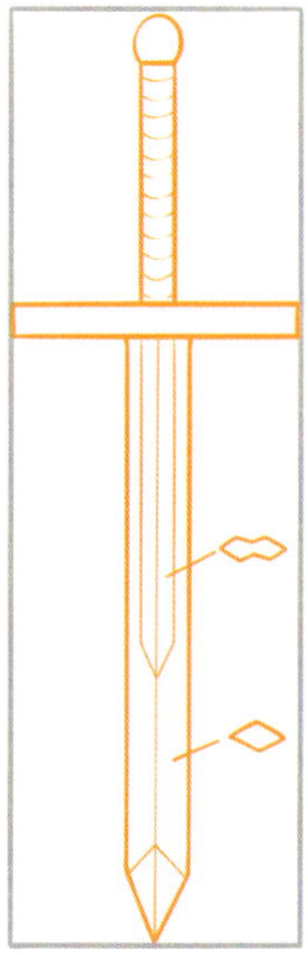

Beginne mit der Grundform: die lange, schmale Klinge und der Griff. Betone die Kurven und Kanten der Klinge, um ihr einen scharfen und gefährlichen Look zu verleihen. Füge dann den Griff hinzu, der oft mit Verzierungen oder Wicklungen versehen ist. Ich habe dir die Schnittansicht der Klinge eines Schwertes in der Abbildung eingezeichnet. Diese ist wichtig zu verstehen, um später mit Licht und Reflexion spielen zu können! Details wie die Parierstange, das Knaufende und Edelsteine oder Symbole können das Schwert zusätzlich veredeln.

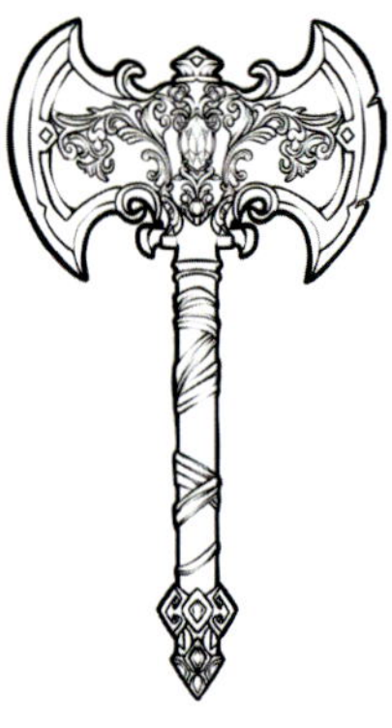

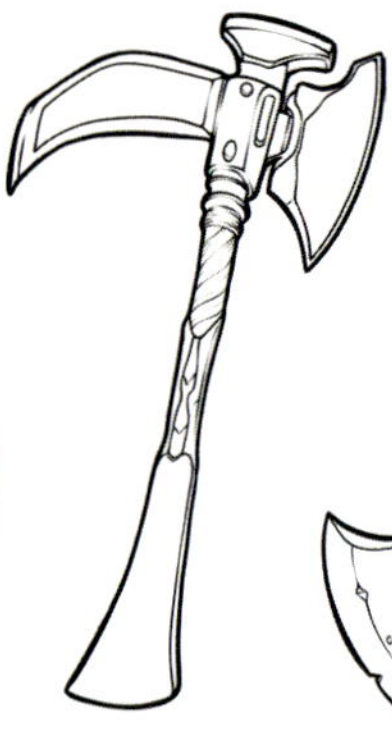

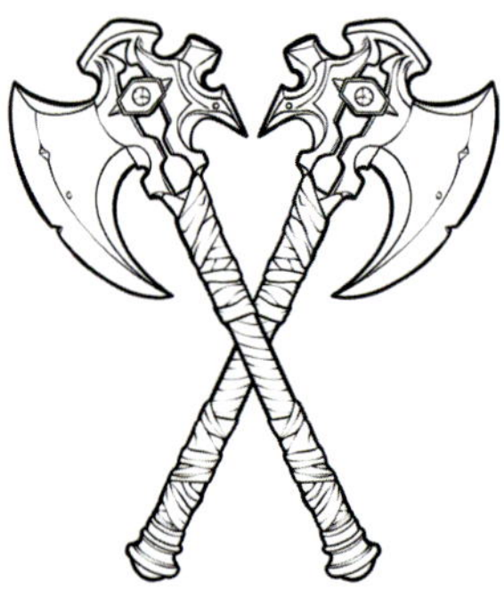

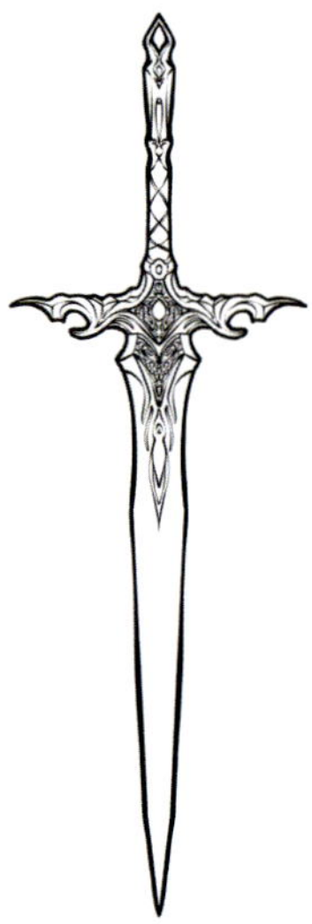

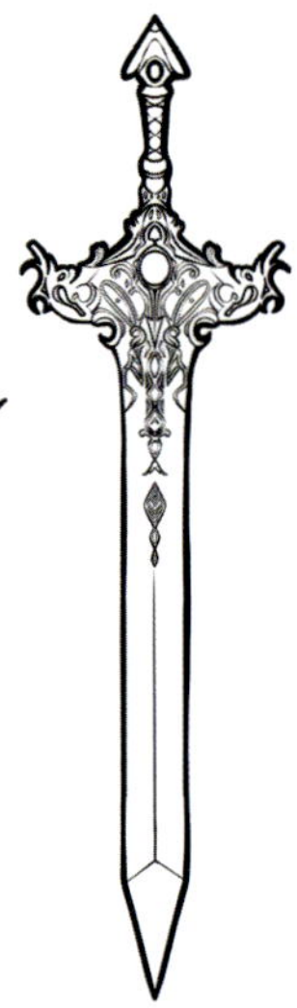

BOGEN & ARMBRUST

Der Bogen kann in verschiedenen Formen auftreten, von traditionellen Langbögen bis zu kunstvoll geschwungenen Elfenbögen. Eine Armbrust ist technisch weiterentwickelt und hat eine größere Durchschlagskraft.

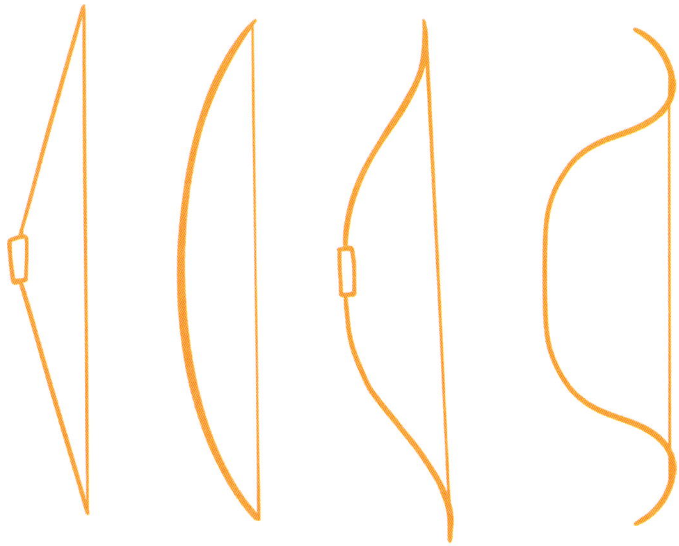

Achte beim Zeichnen auf Details wie die Verzierungen auf dem Bogen, den Griff, die Sehne und die Pfeile. Überlege auch, welche Art von Pfeilen verwendet wird – könnten sie mit magischen Effekten versehen oder aus den Federn exotischer Vögel gefertigt sein?

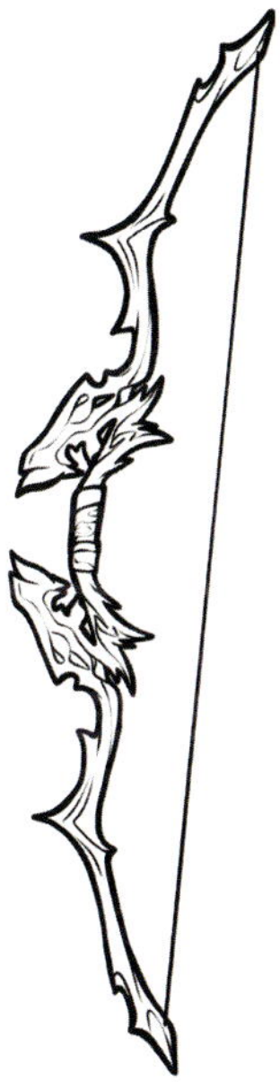

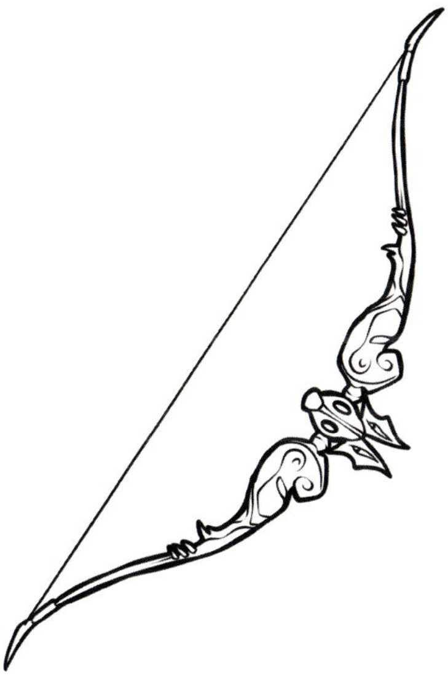

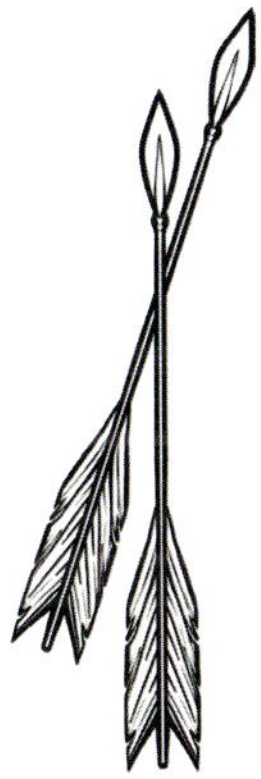

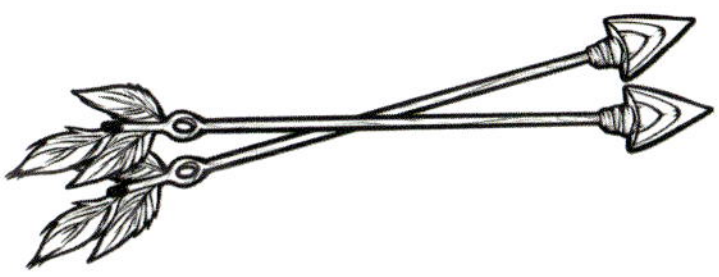

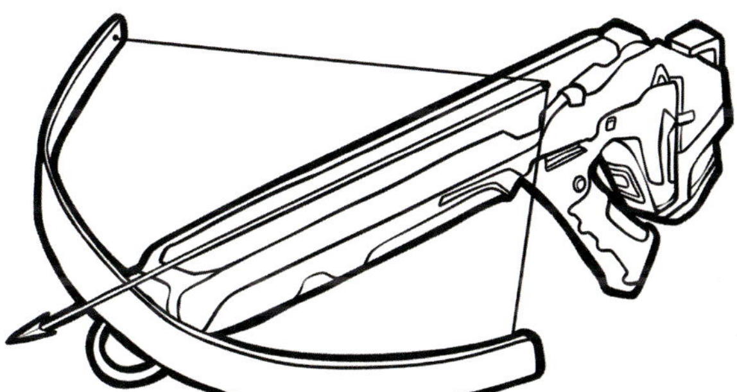

Im Gegensatz zu Bögen sind Armbrüste leichter zu handhaben, erfordern weniger körperliche Stärke und können auf größere Distanzen präzise Pfeile verschießen. Ihr Aufbau ermöglicht es dem Schützen, die Spannkraft zu nutzen, um Bolzen (Pfeile) mit großer Geschwindigkeit abzufeuern.

HAMMER

Hämmer sind kraftvolle und vielseitige Waffen, die oft in der Fantasy-Welt eine imposante Präsenz haben. Beim Zeichnen eines Hammers ist es wichtig, Schwere und Wucht dieser Waffe zu betonen.

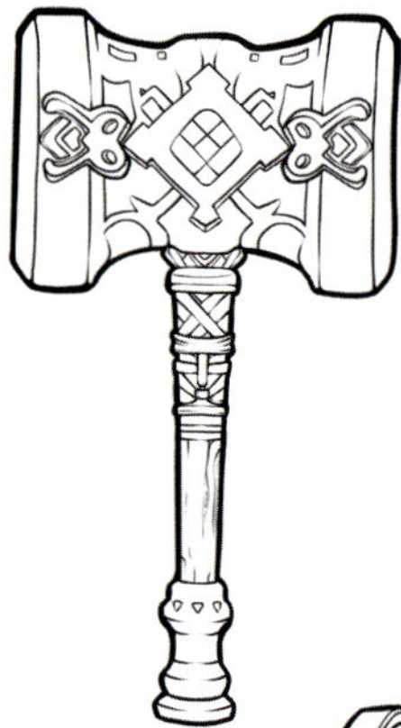

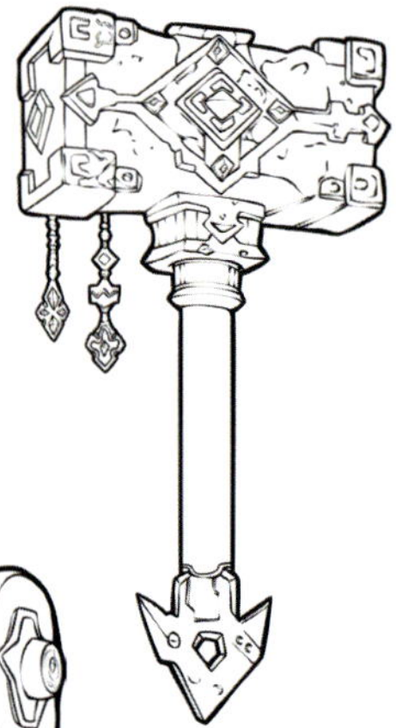

Beginne mit einer Skizze des Hammerkopfes. Der Stiel ist oft aus robustem Holz oder Metall gefertigt und sollte dick genug sein, um das Gewicht des Hammerkopfes auszubalancieren.

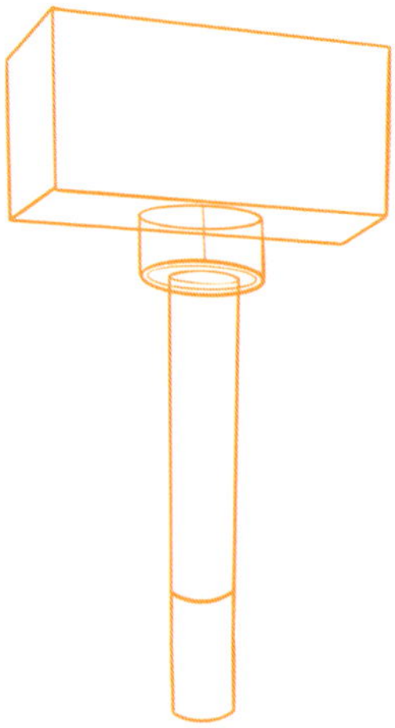

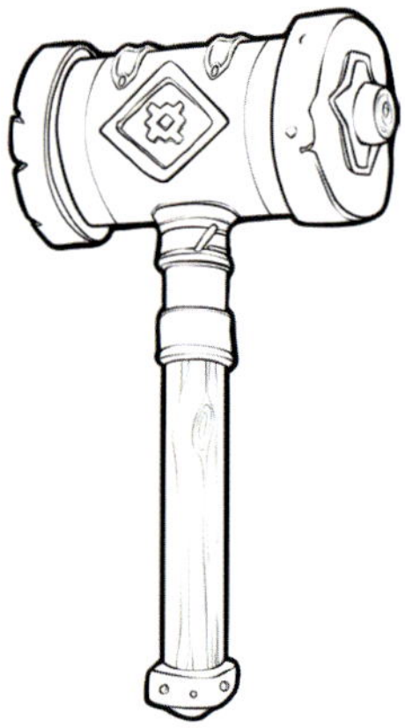

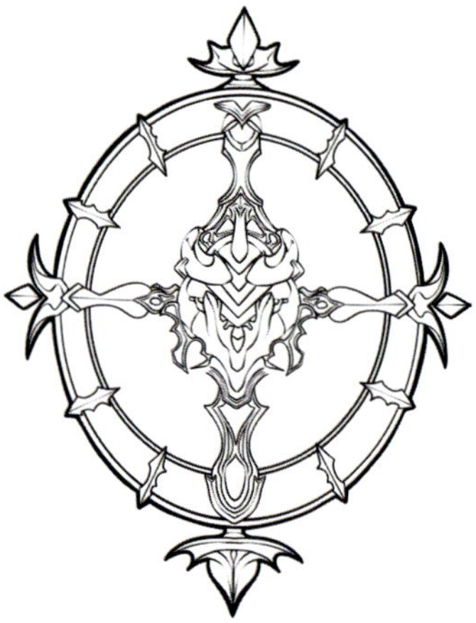

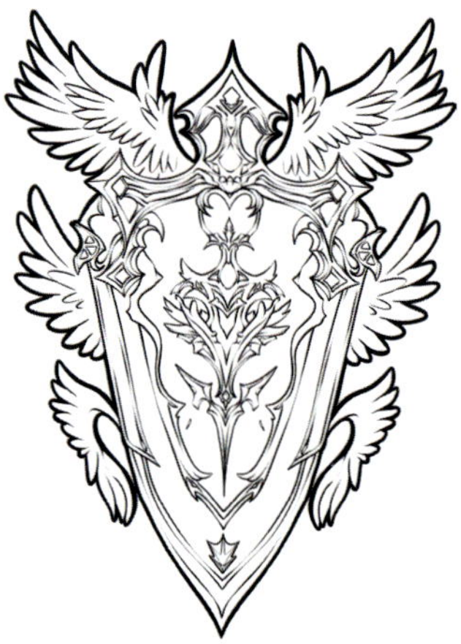

SCHILDE

Schilde sind nicht nur Verteidigungswerkzeuge, sondern auch Symbole der Stärke, des Schutzes und der Loyalität. Vom schlichten Rundschild bis zum kunstvoll verzierten Drachenschild kann ihre Form und Ausstattung stark variieren. Denke beim Zeichnen daran, ihre Größe und Proportionen zu berücksichtigen.

DOLCHE

Dolche eignen sich mit ihrer kurzen, zweischneidigen Klinge zum Nahkampf und werden wegen ihrer kompakten Größe und Wendigkeit oft von Schurken oder Assassinen verwendet. Du kannst Rillen oder Verzierungen in die Klinge einarbeiten, um ihr einen einzigartigen Stil zu verleihen.

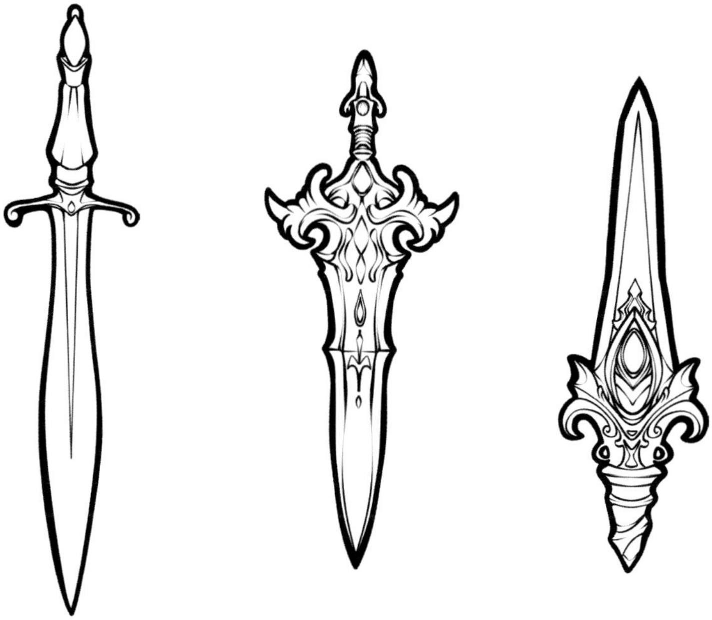

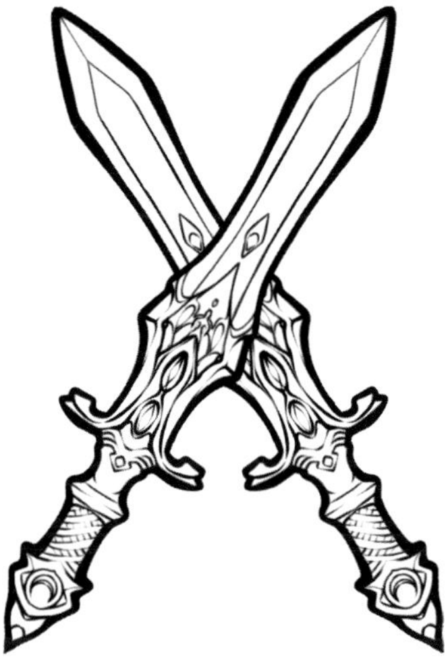

HALTERUNGEN FÜR WAFFEN

Da ein schnelles Ziehen von Waffen überlebenswichtig sein kann, sollten die Waffen in Halterungen, Holstern oder Schwertscheiden in direkter Reichweite der Hände verwahrt werden. Diese können aus exotischen Materialien wie Drachenleder sein und ihre Form sollte sich an der Art der Waffe orientieren – ein Zauberstab ist etwa deutlich einfacher zu verwahren als ein massives Schwert.

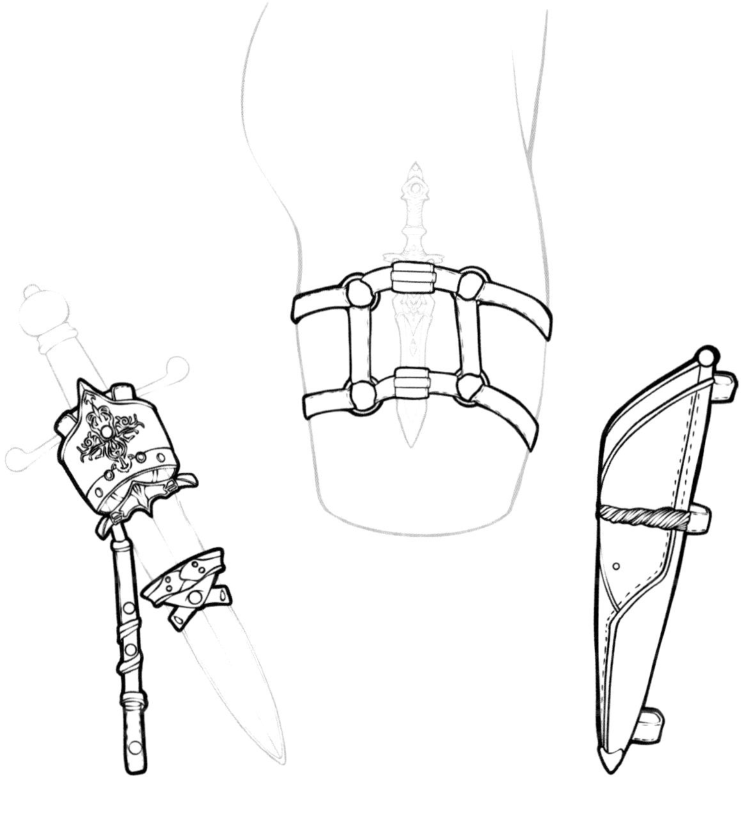

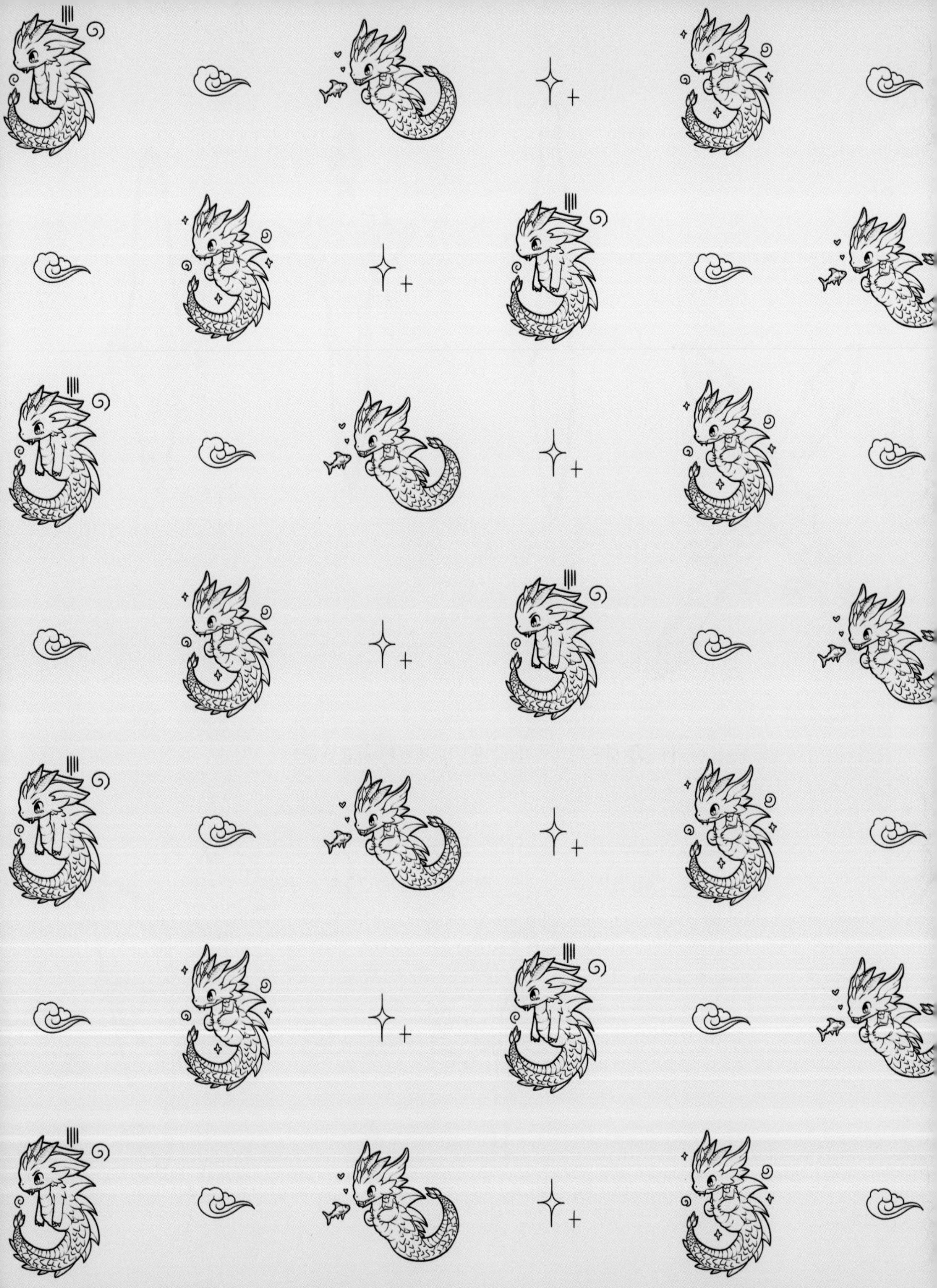

3. Magie und Fantasiewesen

Im folgenden Kapitel tauchen wir ein in die Welt des Übernatürlichen und des Unbekannten. Hier erfährst du, wie du magische Fähigkeiten visualisierst und atemberaubende Fantasiewesen erschaffst, von majestätischen Drachen bis zu listigen Monstern. Lerne, wie du ihre einzigartigen Eigenschaften und Kräfte zum Leben erweckst und dabei eine mystische Atmosphäre schaffst, die deinen Charakter in die Tiefen der Fantasy-Welt entführt.

Magie & Magische Fähigkeiten

Im Fantasy-Genre spielen magische Fähigkeiten eine zentrale Rolle. Magie kann in vielfältiger Weise manifestiert werden: von Feuerbällen, die aus den Händen geschleudert werden, bis hin zu heilenden Zauberformeln, die Wunden schließen. Beim Zeichnen von magischen Szenen ist es wichtig, die Energie und Intensität der Magie einzufangen, sei es durch leuchtende Symbole, glühende Augen oder wirbelnde Energiefelder.

ZEPTER & ZAUBERSTÄBE

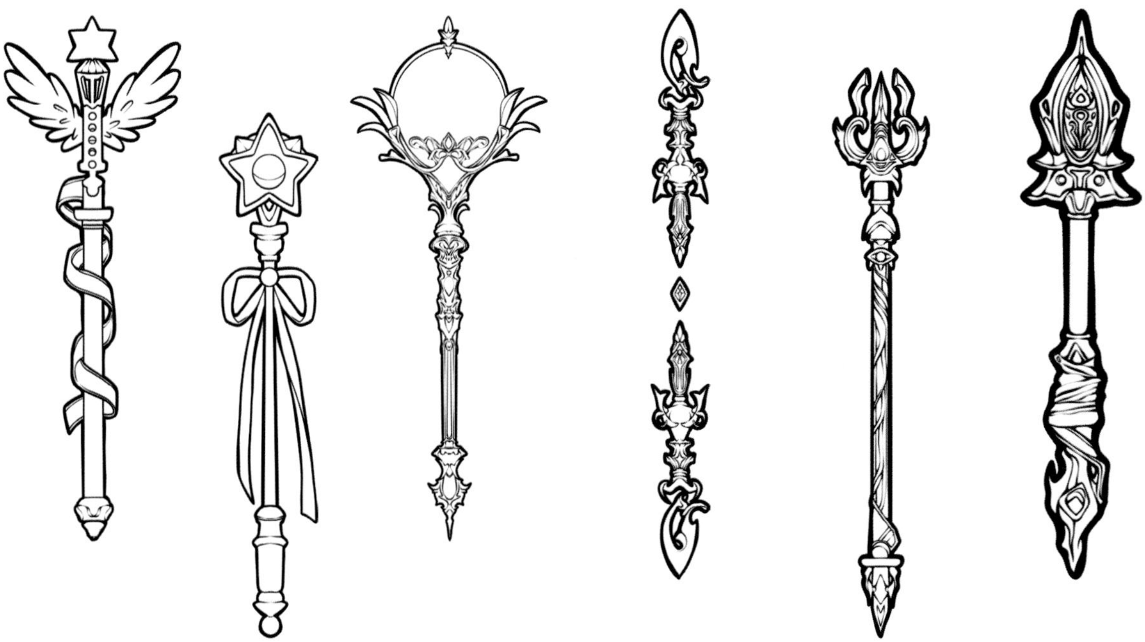

Zauberstäbe werden von Zauberern und Hexen verwendet, um ihre magischen Kräfte zu lenken und zu kontrollieren. Beim Zeichnen eines Zauberstabs ist es wichtig, die Persönlichkeit und den Stil des Charakters zu berücksichtigen, der ihn benutzt. Zauberstäbe können schlicht und elegant sein oder mit magischen Symbolen und Runen verziert sein, die ihre spezifischen Kräfte repräsentieren. Die Länge, Dicke und Form des Zauberstabs können variieren und oft sind sie aus besonderen Materialien wie Holz, Drachenknochen oder magischen Metallen gefertigt. Du kannst auch Details wie Gravuren, Edelsteine und andere Verzierungen hinzufügen, um dem Zauberstab eine kraftvolle Ausstrahlung zu verleihen.

Zepter sind machtvolle Symbole, die oft von königlichen oder mächtigen Figuren getragen werden und wie Zauberstäbe magische Kräfte besitzen können. Beim Zeichnen eines Zepters ist es wichtig, die Details zu betonen, wie zum Beispiel Verzierungen, Edelsteine und magische Symbole, um seine Bedeutung und Kraft zu unterstreichen. Die Form kann elegant sein und oft sind Zepter mit Kronen oder anderen königlichen Insignien verziert. Den Griff und die Spitze des Zepters kann man fantasievoll gestalten, um den Stil der Welt, in der die Geschichte spielt, zu reflektieren.

ARTEFAKTE

Artefakte sind mächtige Gegenstände, die oft eine reiche Geschichte und übernatürliche Kräfte besitzen. Sie können von antiken Zivilisationen geschaffen, von mächtigen Magiern gefertigt oder von göttlichen Wesen gesegnet worden sein. Diese Objekte sind oft begehrt und können den Verlauf von Schlachten, den Weg der Helden und sogar das Schicksal ganzer Reiche beeinflussen. Artefakte können Waffen, Schmuckstücke, Bücher oder sogar einfache Alltagsgegenstände sein, die durch Magie oder göttliche Intervention zu etwas Besonderem werden.

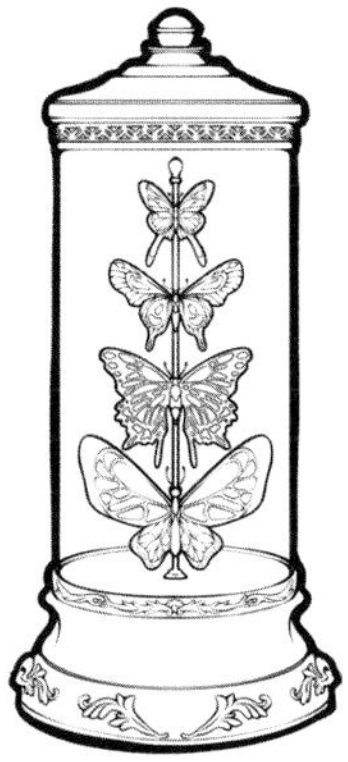

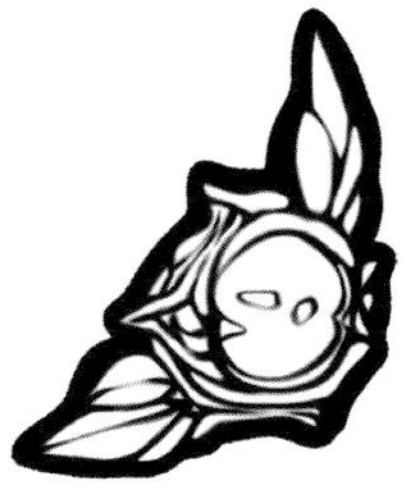

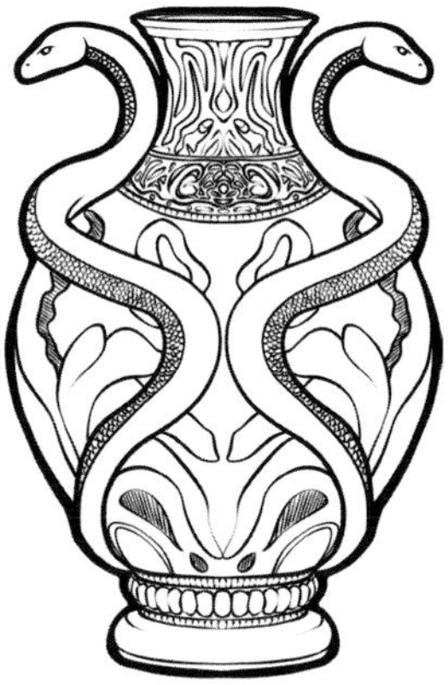

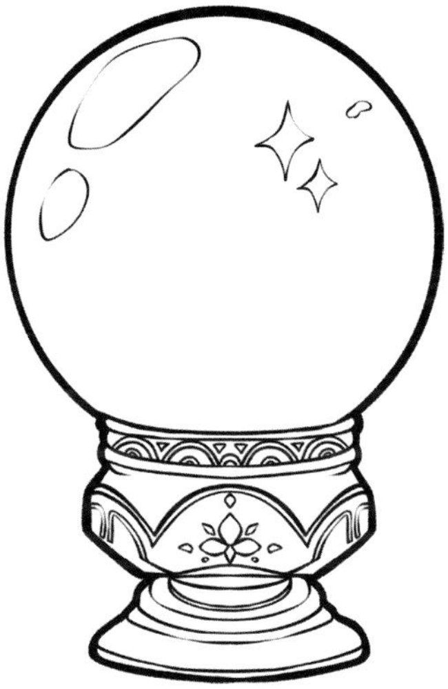

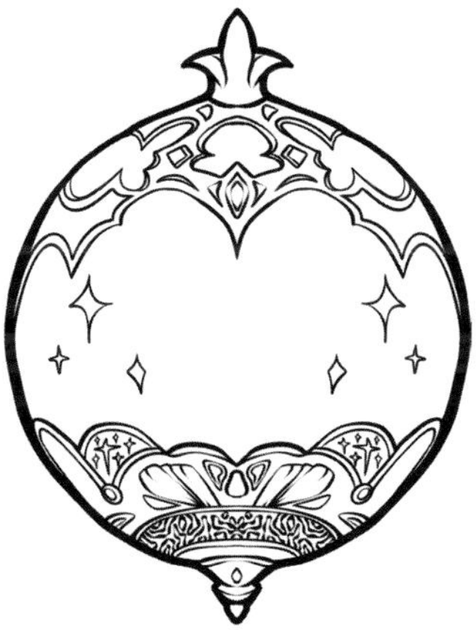

ORBS

Orbs sind sphärischen Objekte mit übernatürlichen Kräften und werden von Magiern, Hexen oder göttlichen Wesen geschaffen. Sie können Licht, Energie oder Wissen speichern und haben oft eine wichtige Rolle in magischen Ritualen oder Prophezeiungen.

TRÄNKE

Magische Tränke können ebenfalls eine wichtige Rolle spielen, etwa indem sie Heilkräfte besitzen oder besondere Fähigkeiten verleihen.

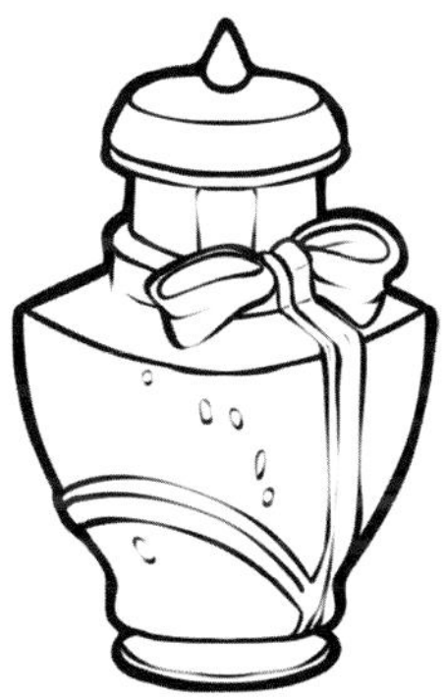

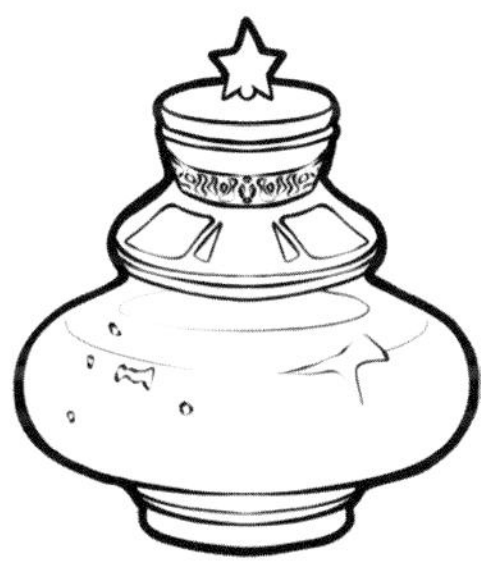

MAGIEKONZEPTE

Magiekonzepte sind fundamentale Ideen, die die Art und Weise definieren, wie Magie in einer Fantasiewelt funktioniert. Von Elementarmagie, die die Kontrolle über Feuer, Wasser, Erde und Luft ermöglicht, bis hin zu komplexeren Konzepten wie Zeitmanipulation oder Gedankenkontrolle, gibt es eine Vielzahl von Magiekonzepten, die die Vorstellungskraft anregen können.

1 Elementarmagie Die Kontrolle über die vier Elemente – Feuer, Wasser, Erde und Luft. Magier können mächtige Zauber wirken, die auf diesen Elementen basieren.

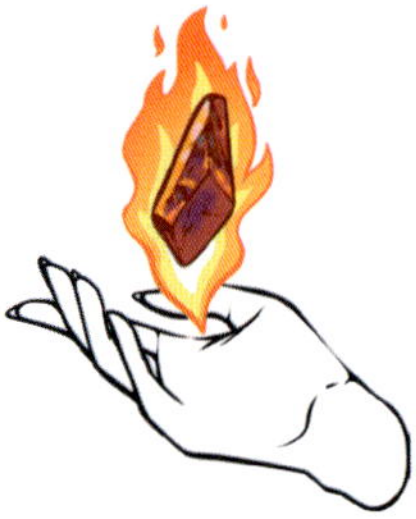

2 Nekromantie Die Fähigkeit, die Toten zu kontrollieren oder mit ihnen zu kommunizieren. Nekromanten können untote Armeen oder Geister beschwören.

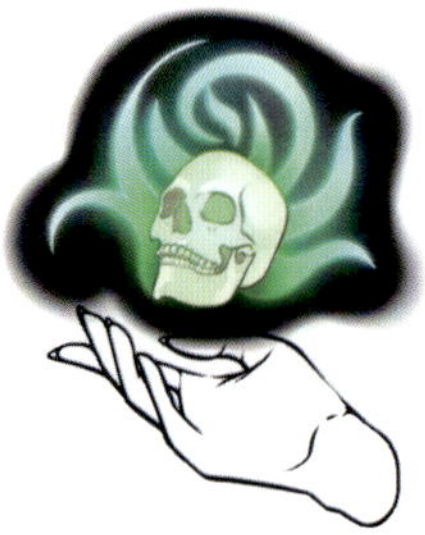

3 Illusionsmagie Die Kunst, Illusionen zu erschaffen, die für andere real erscheinen. Illusionsmagier können Umgebungen verändern oder Feinde mit täuschenden Bildern verwirren.

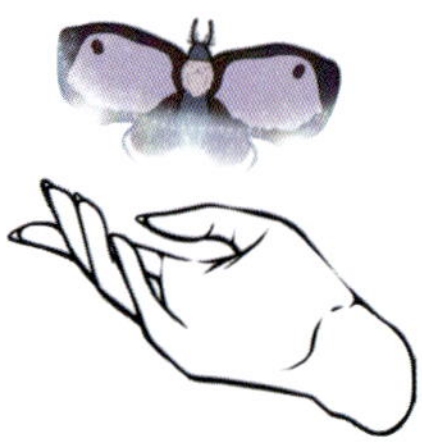

4 Heilmagie Die Fähigkeit, Verletzungen zu heilen und Krankheiten zu lindern. Heilmagier können auch Lebensenergie wiederherstellen oder Lebensverlängerung praktizieren.

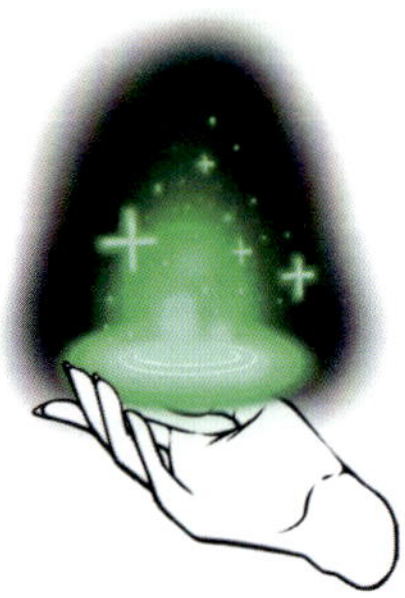

5 Beschwörungsmagie Die Fähigkeit, Kreaturen oder Wesen aus anderen Dimensionen oder Welten herbeizurufen. Beschwörer können mächtige Verbündete oder gefährliche Dämonen zur Hilfe rufen.

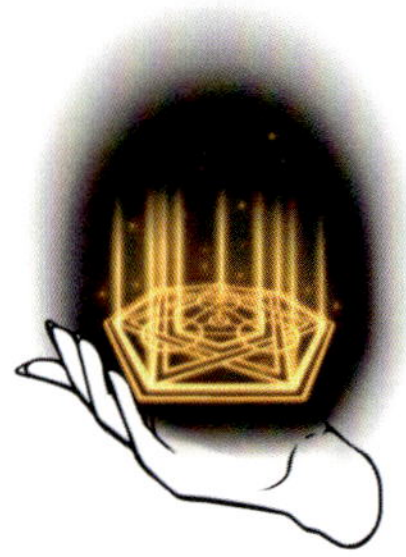

6 Zeitmagie Die Kontrolle über die Zeit, sei es das Zurückdrehen, Beschleunigen oder Anhalten von Zeit. Zeitmagier können auch in die Zukunft sehen oder in die Vergangenheit reisen.

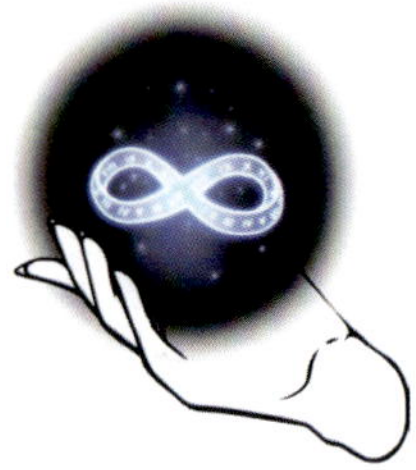

7 Gedankenkontrolle Die Fähigkeit, die Gedanken anderer zu lesen oder ihre Handlungen zu beeinflussen. Gedankenmagier können Menschen manipulieren oder Geheimnisse aufdecken.

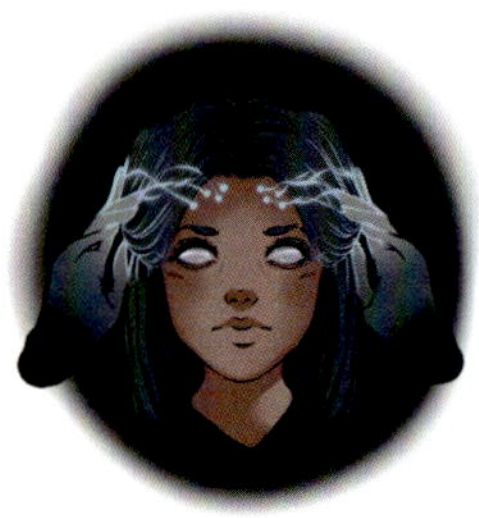

MAGISCHE OBJEKTE

Magische Objekte bergen Mysterium und Macht, oft führen sie unsere Helden auf Abenteuer, die sie nie für möglich gehalten hätten. Von mächtigen Amuletten über uralte Zauberbücher – magische Objekte ermöglichen es dir, subtile Details einzufügen, die auf die Hintergrundgeschichte des Charakters hinweisen.

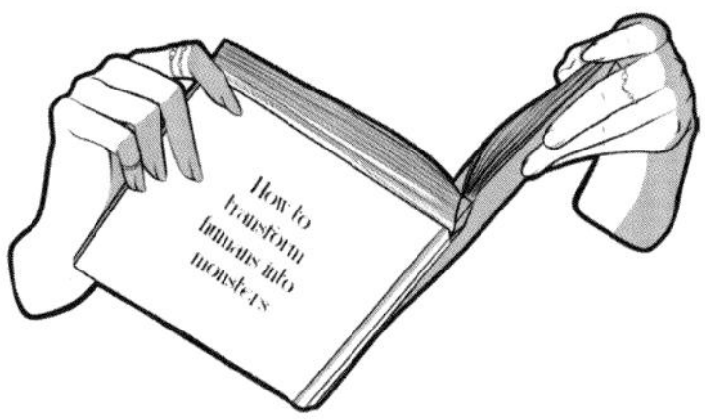

(Zauber- & Beschwörungs-)Bücher

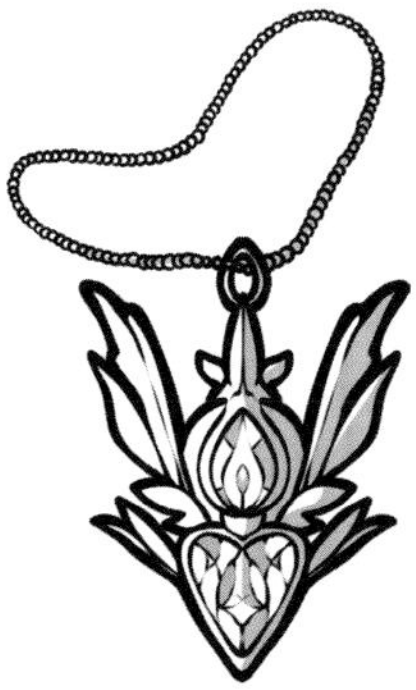

Amulette & Talismane

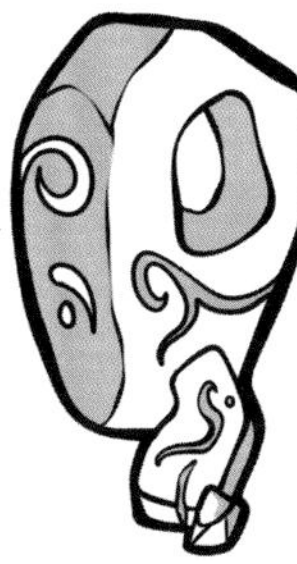

Runensteine

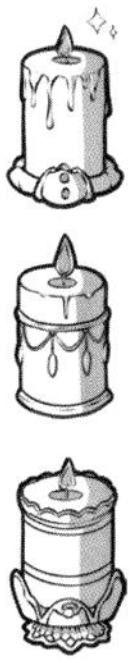

Ritualkerzen

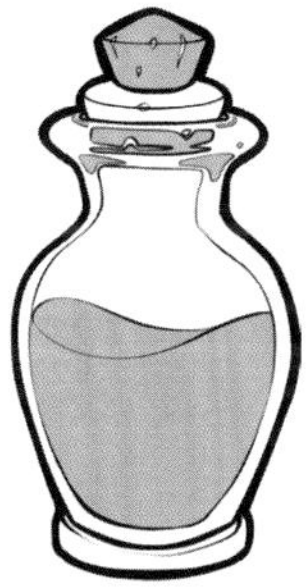

(Zauber-) Tränke & Fläschchen

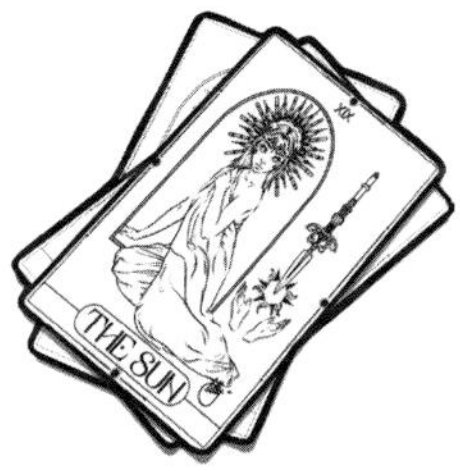

Karten und Tarot-Decks

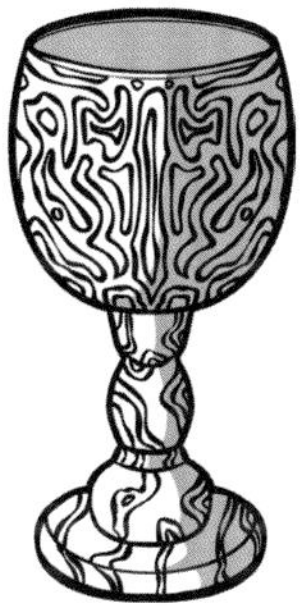

Kelch

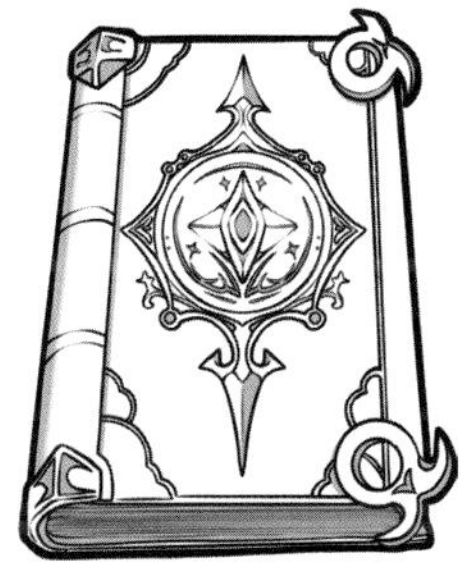

Ritualbuch

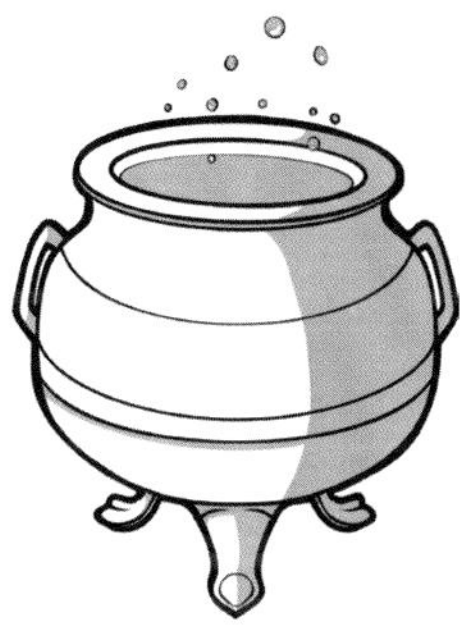

Zauberkessel

Fantasiewesen & Kreaturen

Vom majestätischen Drachen über den listigen Mothman bis hin zu schattenhaften Werwölfen bietet die Welt der Fantasie unendliche Möglichkeiten für einzigartige und aufregende magische Kreaturen. Du kannst die Anatomie von realen Tieren variieren, ihnen fantastische Fähigkeiten verleihen und ihre Erscheinung mit beeindruckenden Merkmalen wie glühenden Augen, schimmernden Schuppen oder magischen Flügeln versehen.

ENTWICKLUNG EINER HINTERGRUNDGESCHICHTE

Während du Fantasiewesen entwirfst, ist es wichtig, ihre Hintergrundgeschichte und ihre Rolle in deiner Fantasy-Welt zu berücksichtigen. Überlege dir vorab, welche Fähigkeiten sie haben, welchen Zweck sie erfüllen und wie sie mit anderen Charakteren interagieren. Das Entwickeln einer Hintergrundgeschichte für deine magischen Tierwesen vor dem Zeichnen kann den Prozess erheblich erleichtern. Überlege dir, welche Rolle dein Wesen spielen soll: Ist es ein treuer Gefährte, ein zurückhaltendes und erhabenes Geschöpf oder verkörpert es das personifizierte Böse? Diese Vorüberlegungen helfen dir dabei, einzigartige und passende magische Kreaturen zu kreieren, die nahtlos in dein Kunstwerk oder die von dir gestaltete Szene integriert werden können.

Beispiel: Nehmen wir ein Setting, in dem eine junge Waldelfe auf der Suche nach dem König des Waldes ist. Hier würde mir unmittelbar die Gestalt eines Hirsches in den Sinn kommen. Um diesem Hirsch jedoch eine noch eindrucksvollere und königliche Aura zu verleihen, könnte ich sein Geweih überdimensional groß gestalten, weit über die natürliche Größe hinaus, und ihm leuchtende, mystische Muster verleihen, die im Dunkeln schimmern. Mit solchen kreativen Anpassungen verwandelt sich ein gewöhnliches Tier schnell in eine faszinierende, magische Kreatur.

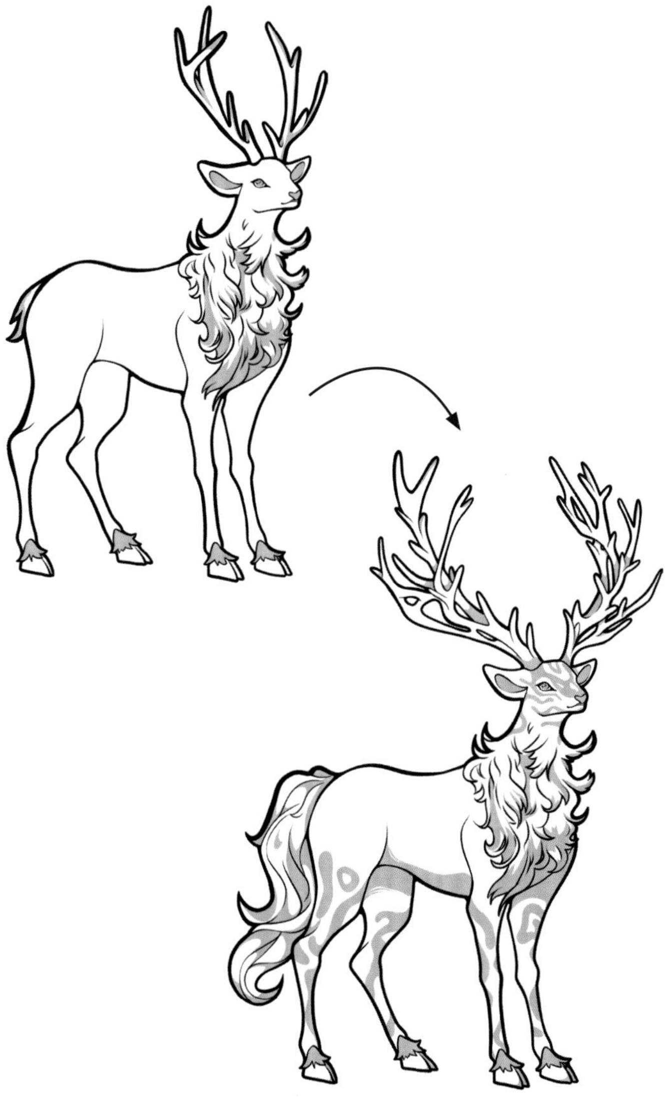

SCHLÜSSELELEMENTE FÜR DIE GESTALTUNG FANTASTISCHER WESEN

Auf den folgenden Seiten findest du einige Beispiele von magischen Kreaturen aus Mythen und Geschichten als Inspiration. Außerdem habe ich dir jedes Mal dazugeschrieben, welche Grundgedanken und Schlüsselelemente beim Entwurf im Fokus standen.

Physikalische Eigenschaften: Überlege, welche besonderen physischen Eigenschaften dein Tier haben soll. Hat es Flügel, Tentakel, Hörner, Schuppen, Federn oder andere einzigartige Merkmale? Wie sieht seine Größe und Form aus?

Fähigkeiten und Kräfte: Welche magischen Fähigkeiten oder Kräfte soll dein Geschöpf besitzen? Kann es zaubern, fliegen, unsichtbar werden, Elemente kontrollieren oder andere spezielle Fähigkeiten nutzen?

Lebensraum und Lebensweise: Überlege, in welcher Umgebung dein Geschöpf lebt. Lebt es im Wasser, in der Luft, im Wald oder in einer anderen Welt? Wie ernährt es sich und wie interagiert es mit seiner Umgebung?

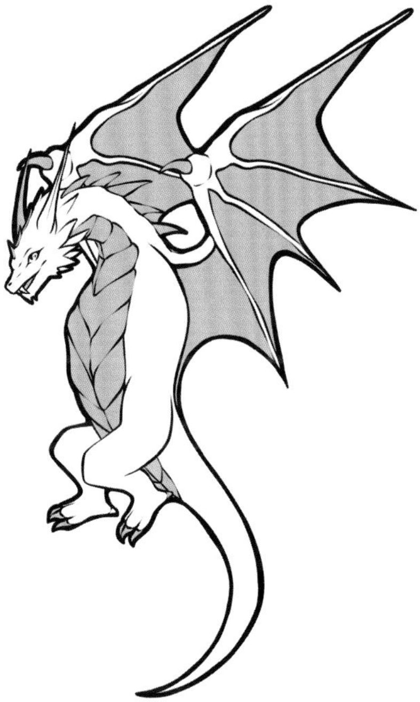

Der **Drache** ist eine der ikonischsten und vielfältigsten Kreaturen und wird kulturell ganz unterschiedlich dargestellt. Drachen können als majestätische Beschützer, gefährliche Feinde oder weise Wesen dargestellt werden, außerdem können sie oft fliegen und Feuer spucken.

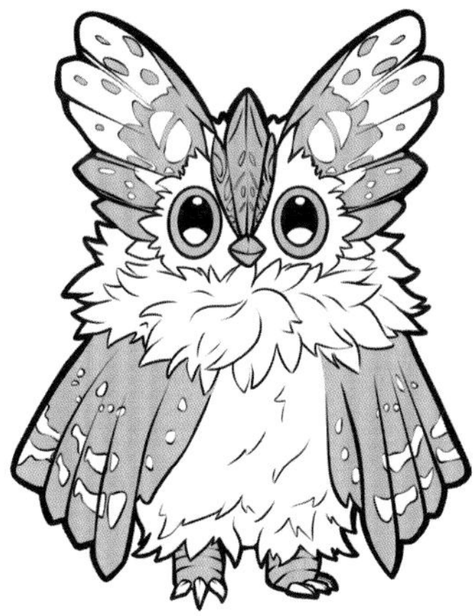

Der **Mothman**, bekannt aus amerikanischer Folklore, hat die Fähigkeit zu fliegen, oft mit einer beeindruckenden Geschwindigkeit und ohne sichtbare Flügelbewegungen. In einigen Geschichten wird behauptet, dass der Mothman in der Lage ist, Gedanken zu beeinflussen oder telepathische Botschaften zu senden.

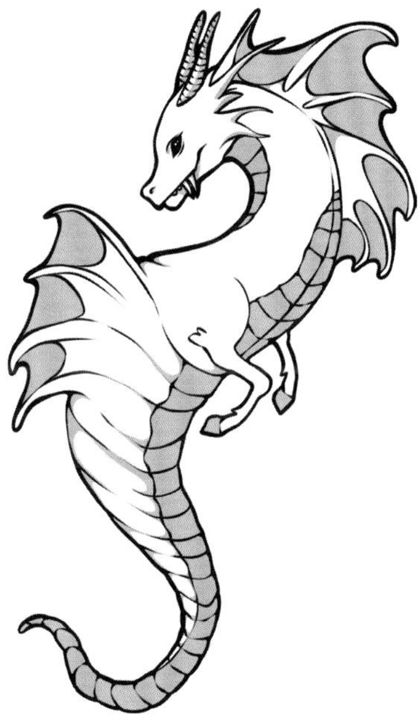

Ein **Hippokampos** ist ein mythologisches Wesen aus dem Wasser, das die Form eines Pferdes mit einem Fischschwanz hat.

Verhalten und Persönlichkeit: Denk darüber nach, wie sich dein Geschöpf verhält und welche Persönlichkeit es hat. Ist es freundlich, schüchtern, bösartig oder neugierig? Welche Motivationen treiben es an?

Beziehung zu anderen Wesen: Wie interagiert dein Geschöpf mit anderen magischen oder nicht-magischen Wesen? Hat es Freunde, Feinde oder eine besondere Verbindung zu einer bestimmten Spezies?

Zweck in der Geschichte: Welche Rolle soll dein magisches Geschöpf in deiner Geschichte spielen? Ist es ein Begleiter, ein Antagonist, eine mystische Erscheinung oder etwas anderes?

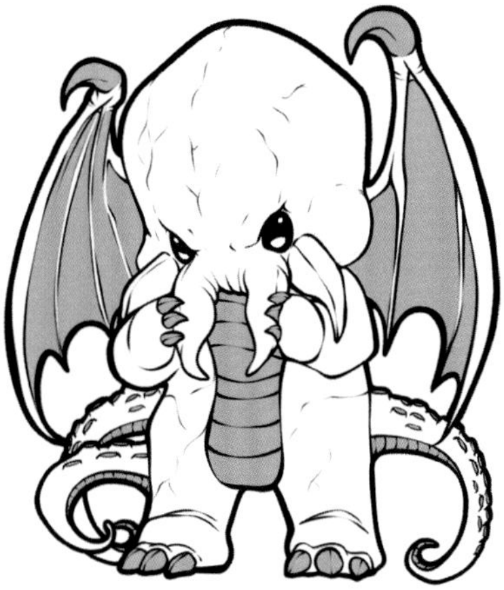

Cthulhu ist eine berühmte Schöpfung des Autors H.P. Lovecraft und verkörpert das ultimative Grauen in der Literatur. Sein tentakelgesichtiger Anblick und seine alptraumhaften Kräfte haben Generationen von Lesern in ihren Bann gezogen. Ein gutes Beispiel für die Möglichkeit, beim Zeichnen mit unkonventionellen und düsteren Motiven zu arbeiten.

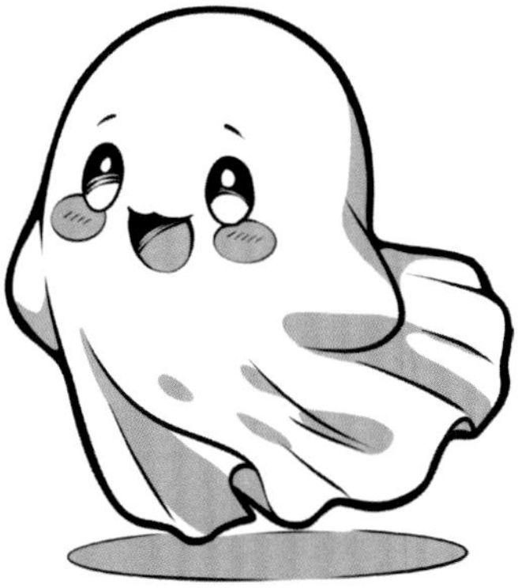

Einige **Geister** können freundliche Beziehungen zu bestimmten Lebewesen oder anderen magischen Kreaturen pflegen. Sie könnten als Beschützer, Führer oder sogar als unsichtbare Begleiter fungieren. In vielen Geschichten werden Geister aber auch als rachsüchtige oder leidende Wesen dargestellt, etwa durch vergangenes Unrecht. Manche Geister sind an bestimmte Orte oder Objekte gebunden und interagieren nur mit Wesen, die mit diesen in Verbindung stehen.

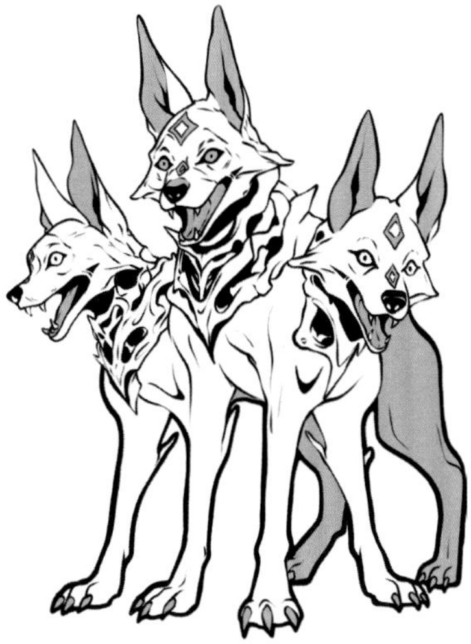

Cerberus, auch bekannt als der Höllenhund, ist eine der bekanntesten Kreaturen der griechischen Mythologie. Was ihn besonders macht, ist seine Darstellung als ein dreiköpfiger Hund, der den Eingang zur Unterwelt bewacht. Diese eindrucksvolle Erscheinung verleiht ihm eine Aura der Unüberwindbarkeit und symbolisiert die Macht des Todes und die Trennung zwischen der Welt der Lebenden und der Toten.

Ursprung und Legenden: Überlege, ob es eine Geschichte oder Legenden über dein Geschöpf gibt. Woher stammt es? Gibt es Mythen oder Geschichten, die sich um sein Auftreten ranken?

Namen und Sprache: Denke über einen passenden Namen für dein Geschöpf nach und vielleicht sogar über eine eigene Sprache oder Kommunikationsweise, die es verwendet.

Kulturelle Einflüsse: Lass dich von verschiedenen Kulturen, Mythen und Legenden inspirieren, um dem Geschöpf kulturelle Tiefe zu verleihen.

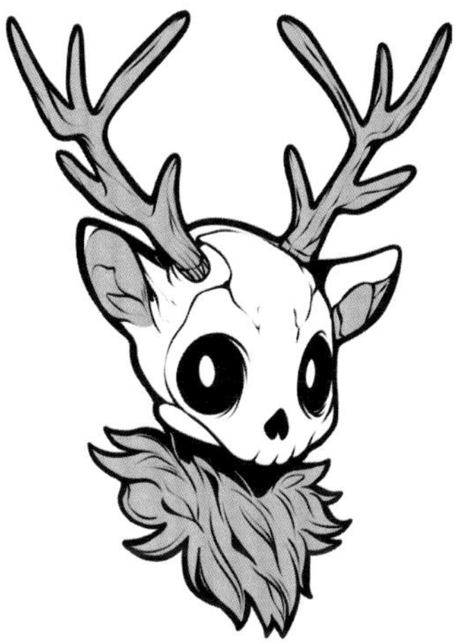

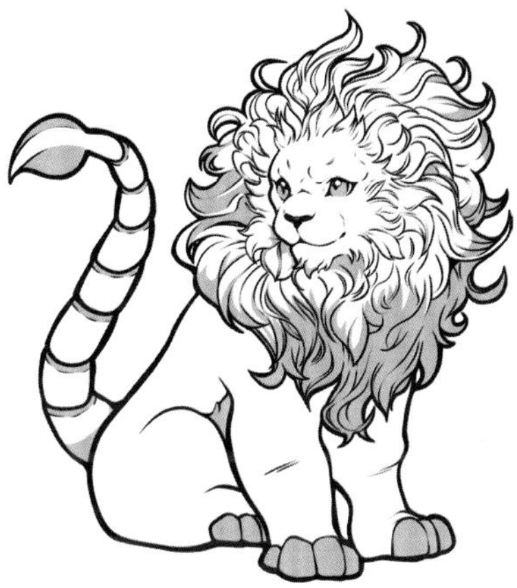

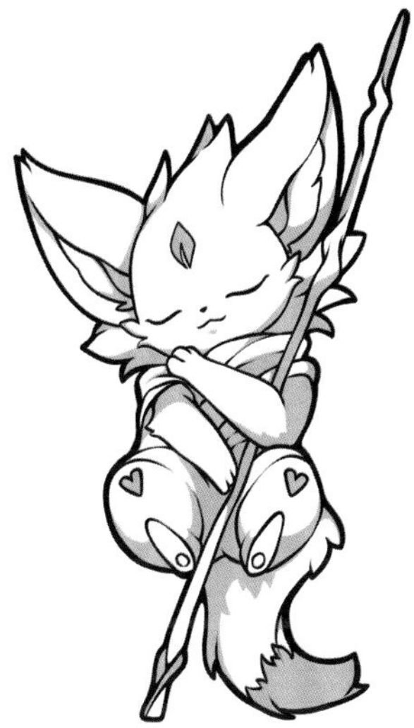

Der **Wendigo** ist eine furchteinflößende Figur aus den Legenden Nordamerikas. Was ihn besonders macht, ist seine Darstellung als ein bösartiger Geist oder eine Kreatur, die Menschen besessen hat und sie in kannibalistische Monster verwandelt. Diese Verbindung von mythologischem Horror und Merkmalen von Zombies verleiht dem Wendigo eine beunruhigende Tiefe und macht ihn zu einem Symbol für die dunkelsten Abgründe der menschlichen Natur.

Der Name **Mantikore** stammt ursprünglich aus dem Persischen. Er bedeutet wörtlich "Menschenfresser". Er wird oft als Löwe mit Skorpionsschwanz dargestellt.

Die **Nekomata** ist eine faszinierende Kreatur aus der japanischen Folklore. Sie unterscheidet sich von normalen Katzen dadurch, dass sie zwei Schwänze besitzt. Diese mystische Kreatur wird oft als intelligente und magisch begabte Wesen dargestellt. Manchmal genügt es, nur ein kleines Detail zu verändern, um aus einem gewöhnlichen Tier ein magisches Wesen zu entwickeln.

Erschaffe deine eigenen Fantasiewesen

Auf dieser Seite siehst du den ausführlichen Entwurf für eine magische Kreatur. Dafür habe ich die Schlüsselpunkte, die wir auf den vorherigen Seiten besprochen haben, als Ideen einfließen lassen und meine Gedankengänge dazu erläutert. Auf der nächsten Seite möchte ich dir weitere meiner eigenen Kreationen als Inspiration vorstellen.

CELESTIDA

Hintergrundgeschichte: Hüter der Dimensionen einer anderen Ebene, wo Tag und Nacht verschmelzen.

Physikalische Eigenschaften: Ähnelt einem Panda, jedoch mit Lichtern des Universums im Fell und leuchtenden Augen.

Fähigkeiten und Kräfte: Kann zwischen Tag- und Nachtaspekten wechseln.

Lebensraum und Lebensweise: Bewohnt einen geheimen Bambuswald, der nur kurz in der Dämmerung erscheint.

Verhalten und Persönlichkeit: Ruhig und weise, ein Hüter des Gleichgewichts zwischen Licht und Dunkelheit.

Beziehung zu anderen Wesen: Dient als Bindeglied zwischen der realen Welt und dem Reich der Träume.

Ursprung und Legenden: Entstanden aus der Harmonie der ersten Morgendämmerung und der letzten Abenddämmerung.

Farben und Ästhetik: Tiefschwarz und strahlendes Weiß, akzentuiert mit schimmernden Silber- und Blautönen.

Namen und Sprache: Celestida, kombiniert „Celestial“ (himmlisch) und „Panda“.

Zweck in der Geschichte: Führt Charaktere durch innere Reisen und hilft ihnen, ihre verborgenen Ängste und Hoffnungen zu erkennen.

Kulturelle Einflüsse: Inspiriert von ostasiatischen Philosophien und der Mystik des Yin und Yang.

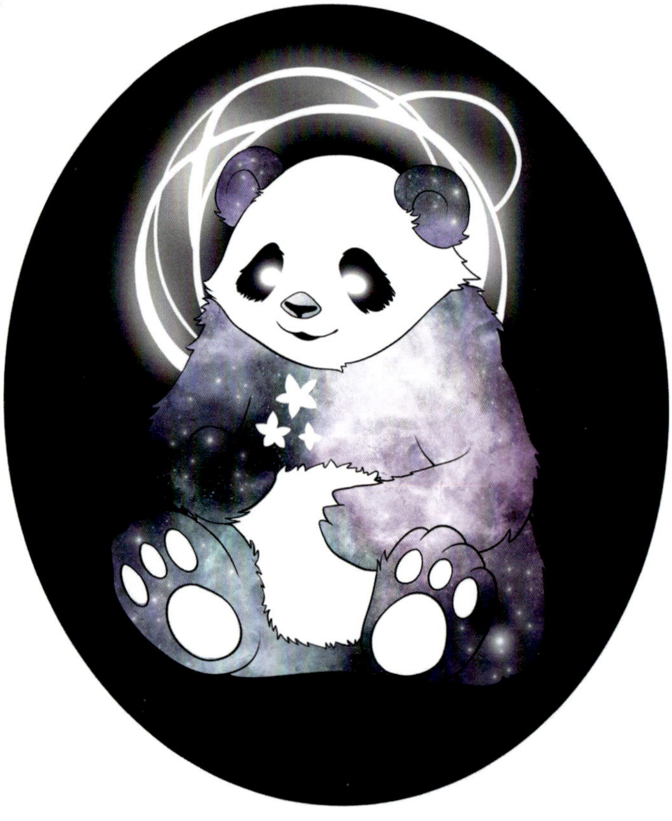

WEITERE FANTASTISCHE WESEN

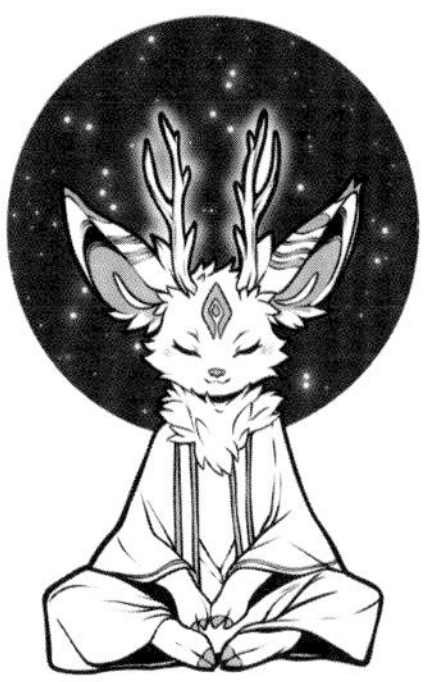

Der geheimnisvolle Geweihfuchs „Lunaris", ein elegantes Wesen, dessen schimmerndes Geweih in den Sternenhimmel ragt. Er streift nachts durch die Wälder.

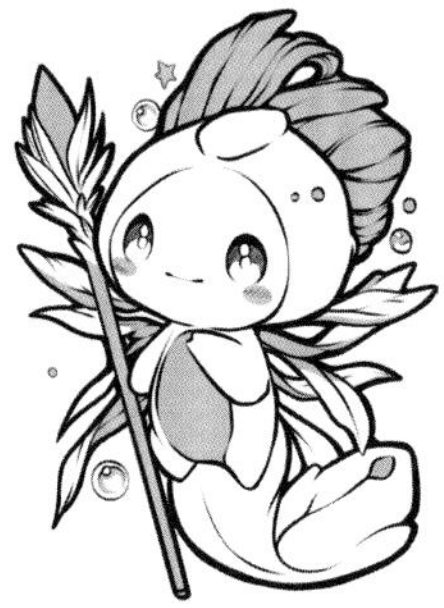

Die kleine Wunderkaulquappe „Pentalgleam", ein kleines Geschöpf mit einem Blütenzepter. Es heißt, wer sie erblickt, wird von einem tiefen Gefühl der Ruhe erfüllt und findet Antworten auf lang gesuchte Fragen.

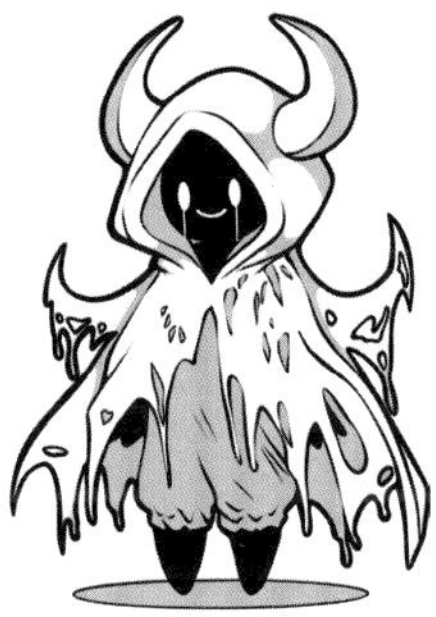

In den Ruinen einer einst prächtigen Stadt, die nun von Dunkelheit und Verfall beherrscht wird, wandelt das „Schattenhorn". Sein wahres Gesicht bleibt ein Rätsel, verborgen hinter einer dunklen Leere, die alles Licht verschlingt.

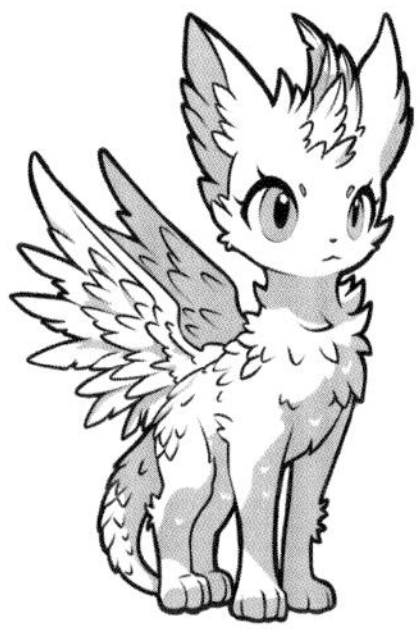

In den verwunschenen Winkeln geheimer Höhlen findet man die seltene Himmelskatze „Nocti". Dieses scheue und unnahbare Wesen, dessen zarte Flügel kaum ein Geräusch verursachen, bewegt sich wie ein Geist durch die stille Dunkelheit.

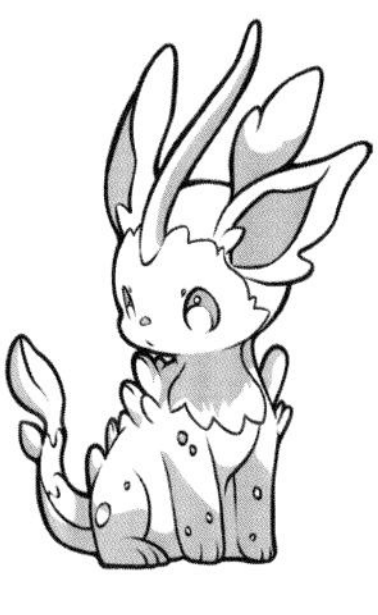

In den nebelverhangenen Tiefen eines alten Moors streift ein unheimliches Wesen umher: der Luchs „Arctalgus". Die wenigen, die von einer Begegnung mit ihm berichten können, sprechen von einer Aura der Zeitlosigkeit, die ihn und sein Moor umfängt.

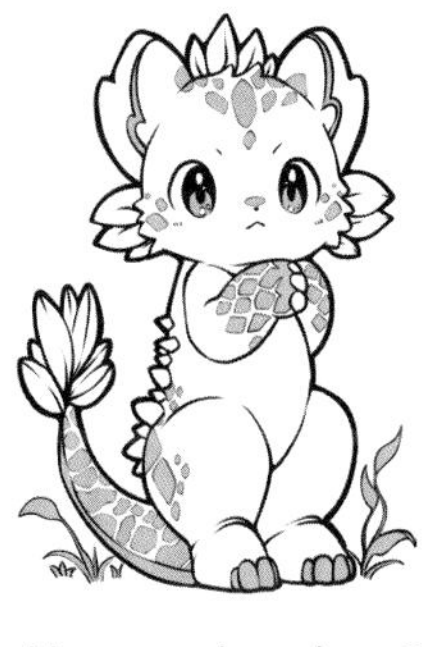

Mit einem langen, blättergeschmückten Schwanz sowie Ohren und Wangen, die wie junge Triebe aussehen, ist Waldbär „Folivern" der Hüter der geheimen Gärten des Waldes. Sein sanftes Wesen machen ihn zu einem liebenswerten Begleiter für alle, die sich in die Tiefen des Waldes wagen.

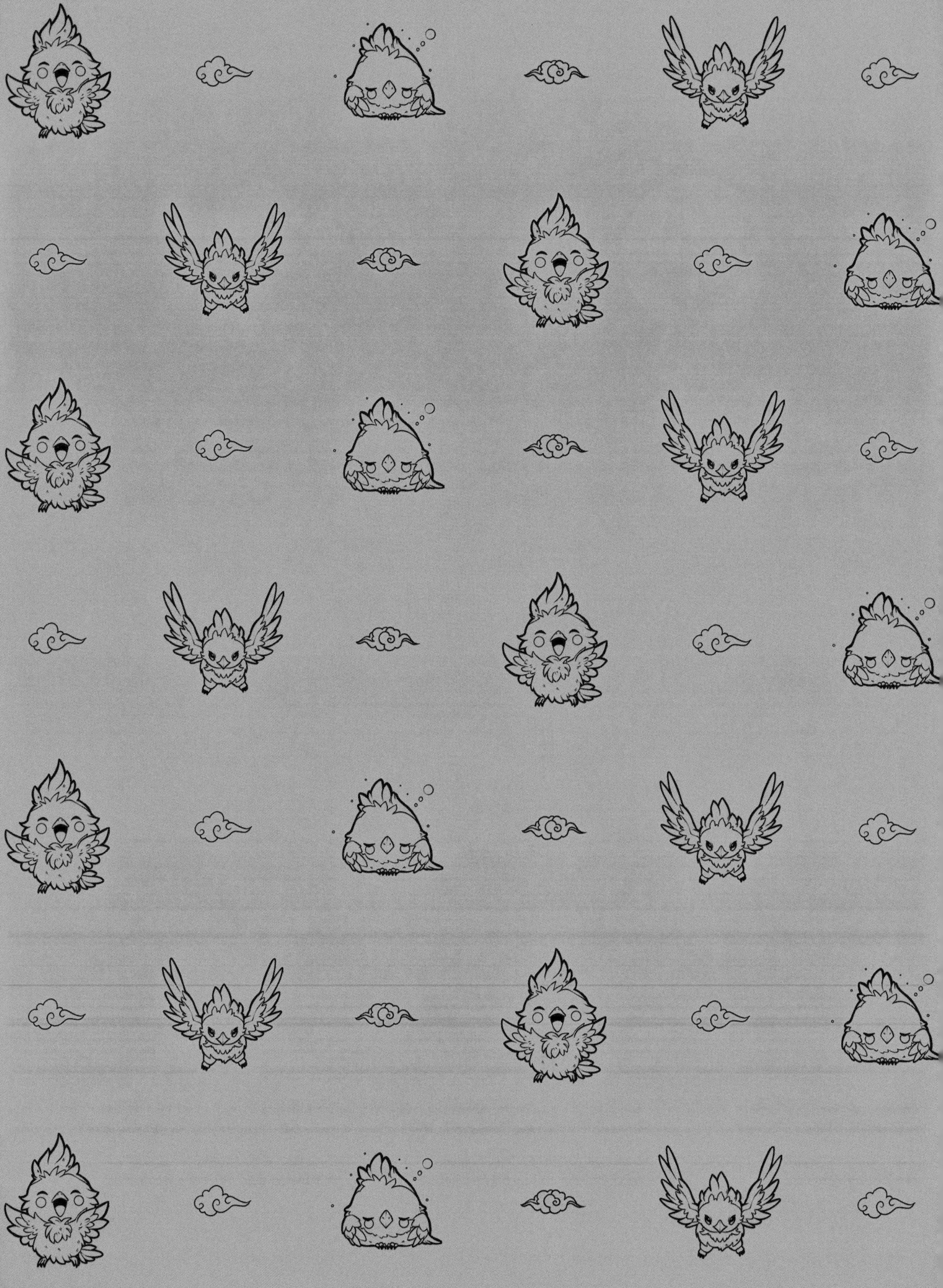

4. Kolorierung

In diesem Kapitel dreht sich alles um die faszinierende Welt der Kolorierung. Du wirst nicht nur praktische Tipps und Tricks für die richtige Farbwahl erhalten, sondern wir wagen auch einen Einblick in die Farbtheorie, um die perfekte Farbpalette für deine Szenen zu gestalten. Wir werden uns mit Schatten und Highlights beschäftigen, um deinen Figuren und Hintergründen Tiefe und Lebendigkeit zu verleihen. Tauche ein in die Welt der Farben und lerne, wie du magische Effekte und fesselnde Atmosphären schaffst.

Farbtheorie und Farbpalette

Begleite mich auf eine farbenfrohe Entdeckungsreise! Wir beginnen mit den Geheimnissen der Farbtheorie und lernen, Farben zu verstehen, um Szenen Tiefe zu verleihen. Anschließend erläutere ich dir meine Gedanken zu Farbpaletten und helfe dir bei der Wahl der richtigen Farben für dein Kunstwerk!

In diesem Abschnitt berühren wir nur die Spitze des Eisbergs, wenn es um Farbtheorie und ihre Anwendung geht. Es gibt so viel mehr zu entdecken, dass man problemlos ein ganzes Buch allein über dieses Thema schreiben könnte. Unsere kurze Reise bietet einen Einblick in die grundlegenden Prinzipien und Möglichkeiten, aber ich empfehle dir viel zu experimentieren, um deine eigene Farbgestaltung zu entwickeln.

FARBTHEORIE GRUNDLAGEN

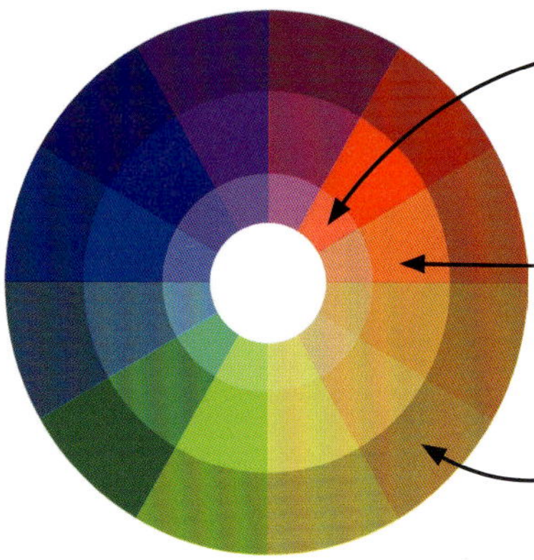

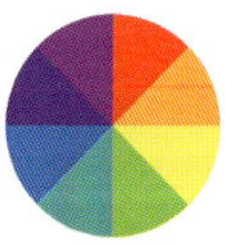

8 verschiedene Farbtöne, 100% Sättigung, 100% Helligkeit

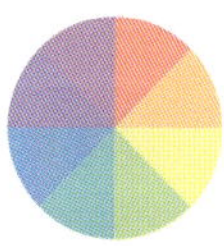

8 verschiedene Farbtöne, 50% Sättigung, 100% Helligkeit

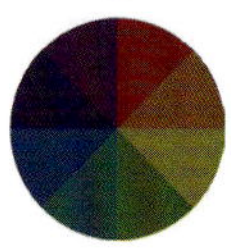

8 verschiedene Farbtöne, 100% Sättigung, 50% Helligkeit

Farbtöne, Sättigung und Helligkeit sind die Schlüsselbegriffe in der Farbtheorie. Farbtöne bestimmen die Grundfarben, während Sättigung und Helligkeit die Intensität und die Helligkeitsstufen steuern.

Warme und kalte Farben sind wie die Pole eines Magneten. Warme Farben, wie Rot und Gelb, strahlen Wärme und Energie aus. Kalte Farben, wie Blau und Violett, hingegen vermitteln Kühle und Ruhe. Wir empfinden, dass warmen Farben eher hervorstechen, wogegen kalte Farben eher in den Hintergrund rücken. Doch denke daran, dass Farben von ihrer Umgebung beeinflusst werden. Eine warme Farbe kann in einem bestimmten Kontext kalt wirken, wenn sie von einer noch wärmeren Farbe umgeben ist.

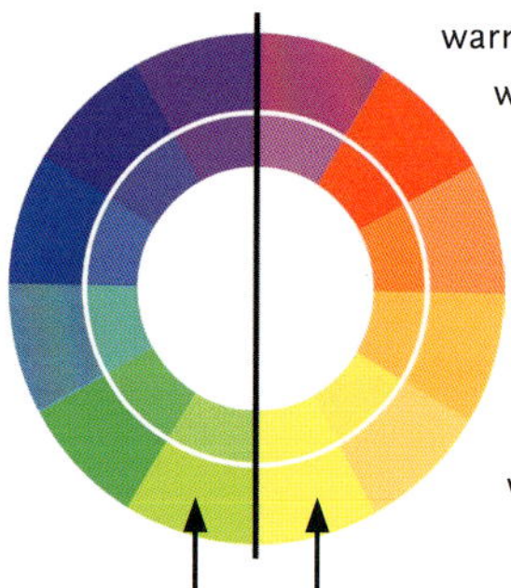

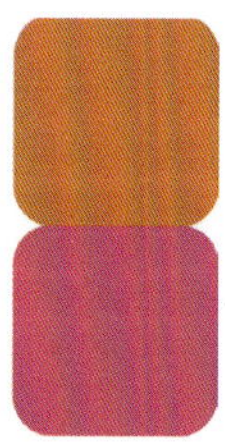

In diesem Beispiel stammen beide Farben aus dem warmen Farbspektrum, wirken jedoch unterschiedlich. Die untere Farbe verliert ihre ursprüngliche Wärme in Relation zur oberen, viel wärmeren Farbe und wirkt dadurch kühl.

Auswahl geeigneter Farbpaletten

Auf der vorherigen Seite haben wir bereits über die Farbtheorie im Allgemeinen gesprochen. Jetzt werden wir uns auf einige praktische Tipps und Tricks konzentrieren, die dir dabei helfen werden, deine eigene Farbpalette zu gestalten.

FARBHARMONIEN

In der Kunst geht es nicht nur darum, die richtigen Farben zu wählen, sondern auch darum, wie sie miteinander interagieren. Hier die drei häufigsten verwendeten anhand von Beispielen:

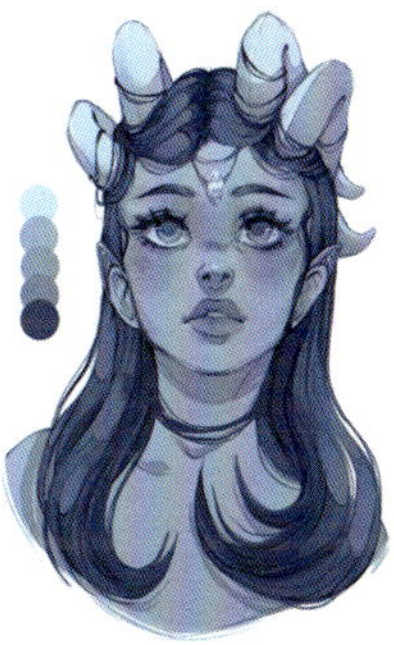

Monochromatische Harmonien sind wie ein eleganter Tanz in einer einzigen Farbfamilie. Hier wählst du eine Hauptfarbe und spielst mit ihren verschiedenen Schattierungen, Tönen und Nuancen. Diese Harmonie schafft eine sanfte, beruhigende Atmosphäre und eignet sich besonders gut für ruhige, stimmungsvolle Szenen.

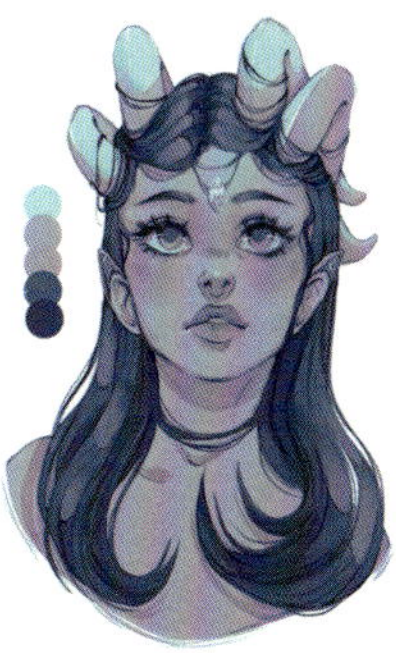

Analoge Harmonien sind wie beste Freunde. Hier wählst du Farben, die sich direkt nebeneinander auf dem Farbkreis befinden. Diese Harmonie erzeugt eine reibungslose Übergangsatmosphäre und verleiht deinem Kunstwerk ein harmonisches, ausgewogenes Gefühl.

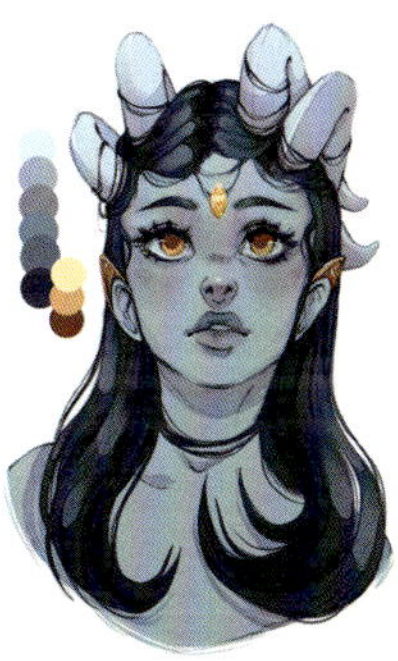

Komplementäre Harmonien sind das Feuerwerk der Farbharmonien. Hier wählst du Farben, die sich gegenüberliegen, wie Rot und Grün oder Blau und Orange. Diese Kombinationen erzeugen starke Kontraste und verleihen deinem Kunstwerk eine lebendige, energiegeladene Wirkung. Verwende sie für wichtige Elemente oder Emotionen.

FOKUS FESTLEGEN

Überlege dir, wo der Fokuspunkt in deinem Bild liegen soll. Oft ist das genau auf dem Gesicht deines Charakters, hier soll der Fokus auf dem Drachenei liegen:

1 Mithilfe der Sättigung
Betone das, was am wichtigsten ist, mit einer höheren Sättigung. Dies zieht das Auge des Betrachters direkt zum Fokuspunkt.

Hier liegt der Fokus auf dem Haar und nicht auf dem Ei

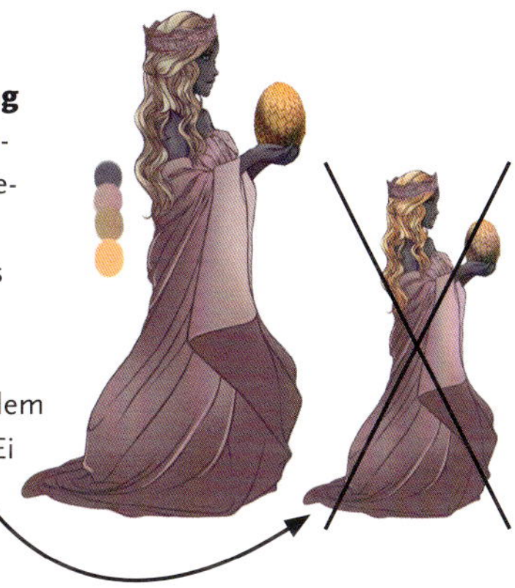

2 Mithilfe der Helligkeit
Verwende dunklere oder hellere Töne, um den Fokuspunkt zu umrahmen.

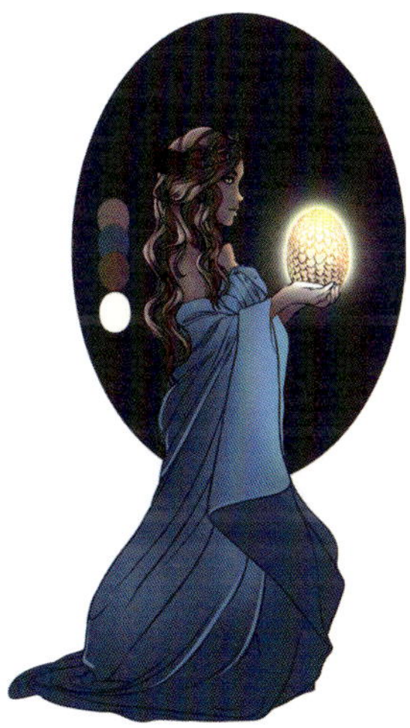

3 Mithilfe der Farbtöne
Experimentiere mit Farbtönen, insbesondere wenn du komplementäre Harmonien verwendest.

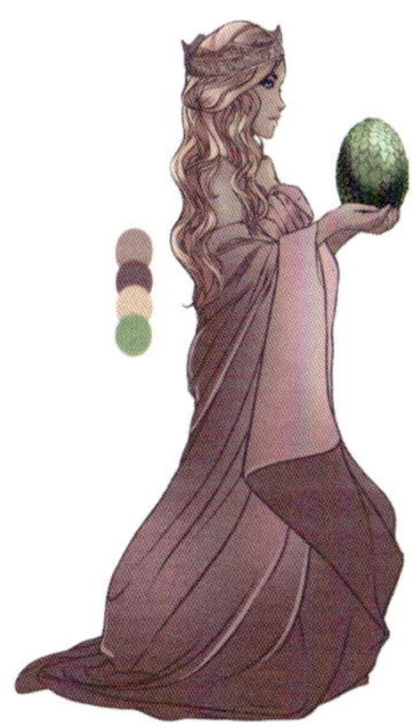

Licht & Schatten

LICHT

Licht ist mehr als nur Helligkeit; es ist ein Schlüssel zur Wahrnehmung von Form, Farbe, Tiefe und Stimmung. In der Kunst spielt Licht eine entscheidende Rolle bei der Schaffung von Atmosphäre, der Betonung von Details und der Darstellung von Realismus. Anhand der Kugel erkläre ich dir nun die drei Häufigsten Lichtarten, die dir beim Zeichnen begegnen werden:

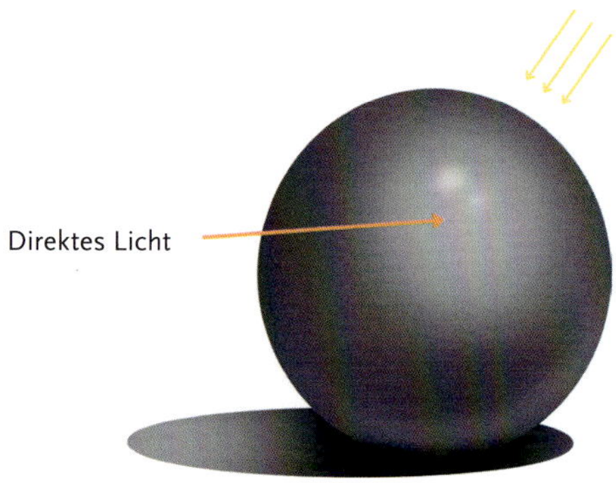

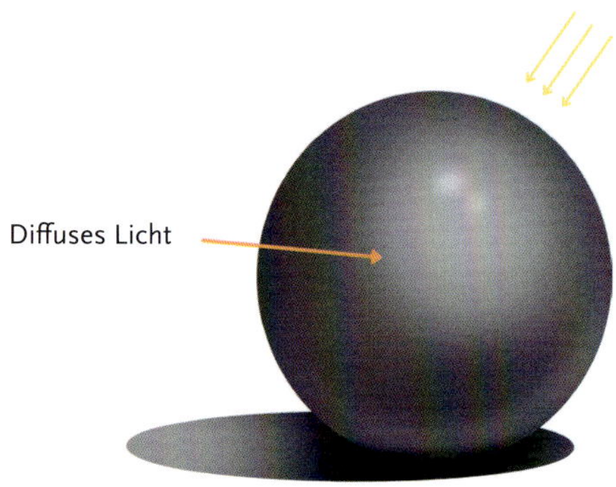

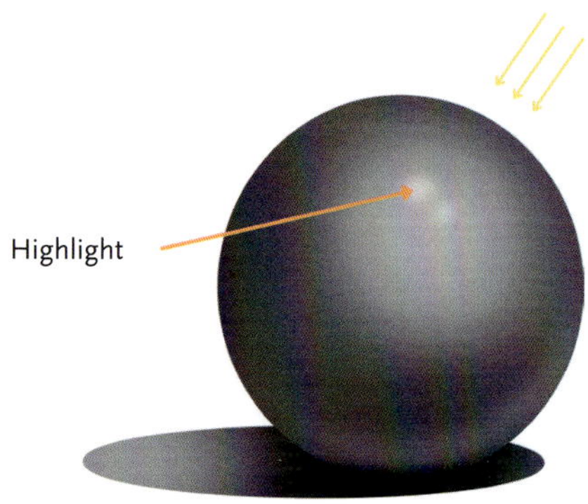

SCHATTEN

Schatten sind der Schlüssel zur Schaffung von Tiefe und Dimension in deinen Zeichnungen. Sanfte Schatten können eine friedliche, warme Atmosphäre schaffen, während scharfe, kontrastreiche Schatten Drama und Spannung hinzufügen können.

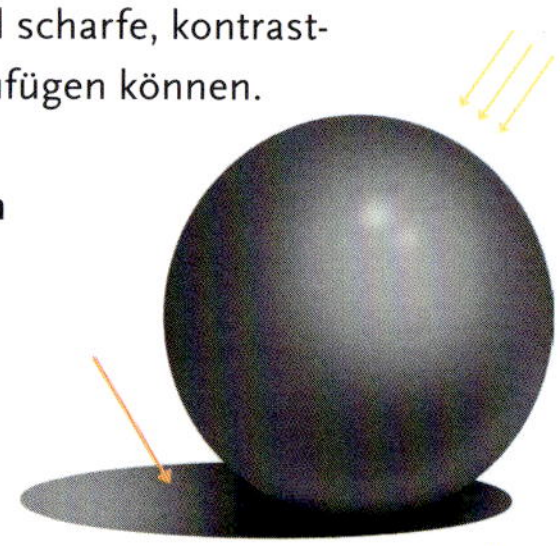

Wurf-, Projektions- oder Schlagschatten sind die Schatten, die auf andere Objekte oder Oberflächen geworfen werden, wenn das Licht auf ein Objekt trifft. Sie können verzerrt sein, je nach Form des Objekts und der Entfernung zur Lichtquelle.

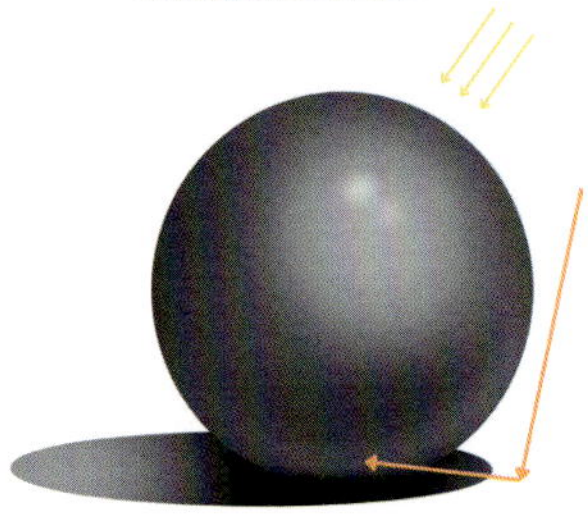

Reflexionsschatten treten auf, wenn Licht von einer Oberfläche reflektiert wird und auf eine andere Oberfläche trifft. Dies kann dazu beitragen, die Umgebungsfarben in den Schattenbereich einzuführen und sie weniger monoton erscheinen zu lassen.

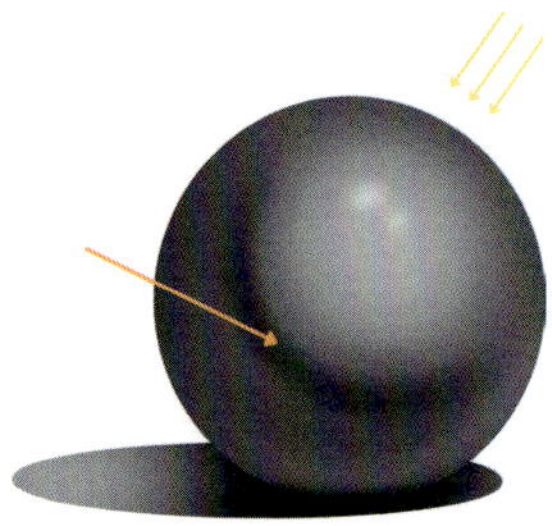

Terminator-Schatten (Schattengrenze) ist die scharfe, gut definierte Grenze zwischen dem beleuchteten Teil eines Objekts und dem Schatten. Ich habe diese Art von Schatten in diesem Beispiel besonders deutlich hervorgehoben.

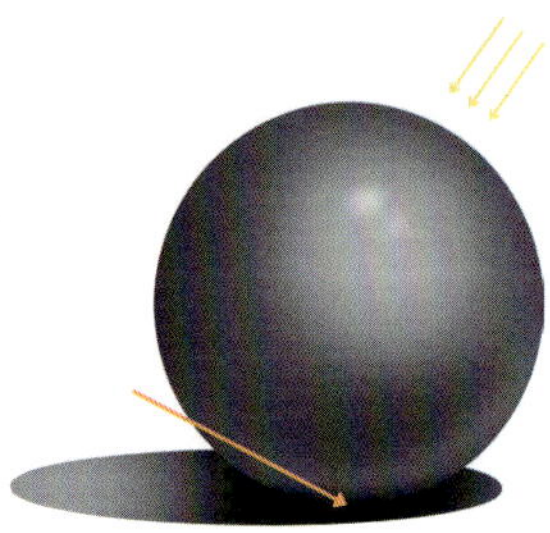

Der Okklusionsschatten ist der Schatten, der sich bildet, wenn zwei Oberflächen oder Objekte nahe beieinander liegen und das Licht daran gehindert wird, den Bereich zwischen ihnen zu erreichen. Dieser Schatten tritt in den vertieften Bereichen auf und betont die Nähe der Oberflächen zueinander.

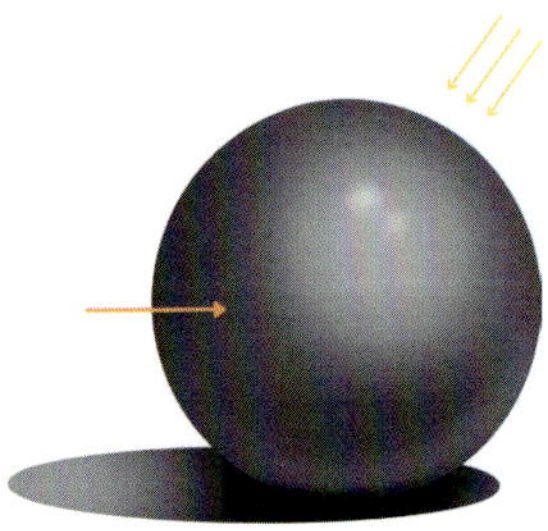

Halbtonschatten sind die Übergangsbereiche zwischen den hellen und dunklen Teilen eines Schattens. Sie sind weniger dunkel als der Schattenkern und dienen dazu, den Übergang von Licht zu Schatten sanfter zu gestalten.

SCHATTEN & LICHT ANGEWANDT

In diesem Abschnitt werden wir einen genauen Blick darauf werfen, wie verschiedene Lichtquellen und -winkel die Schatten auf einem Gesicht formen und wie du sie gezielt einsetzen kannst, um Charakter und Ausdruck zu verleihen.

Lichteinfall

In diesen vier Portraits kommt das Licht einmal von rechts, von unten, von oben und von hinten. Dadurch verändert sich die gesamte Wirkung des Bildes.

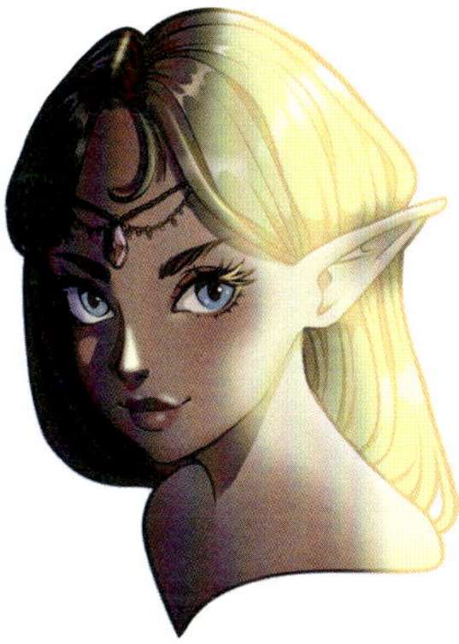

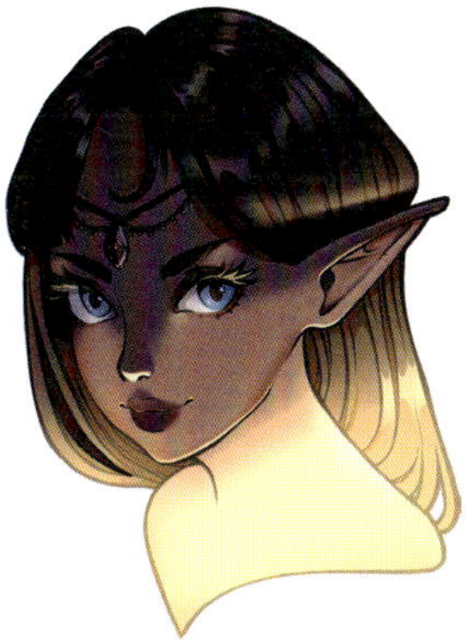

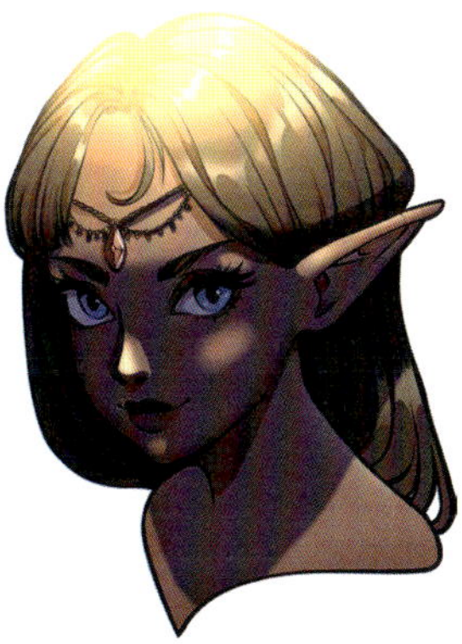

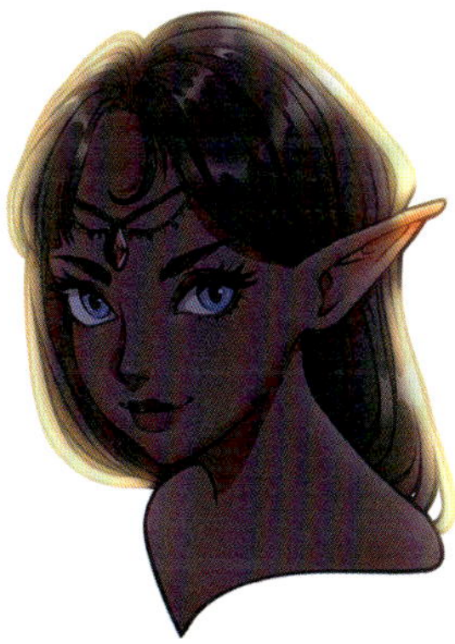

Besondere Lichteffekte

Mit Licht lassen sich jedoch auch Spezialeffekte erzeugen, die übernatürliche Elemente symbolisieren, Dramatik erzeugen oder die Umgebung der Figur aufnehmen.

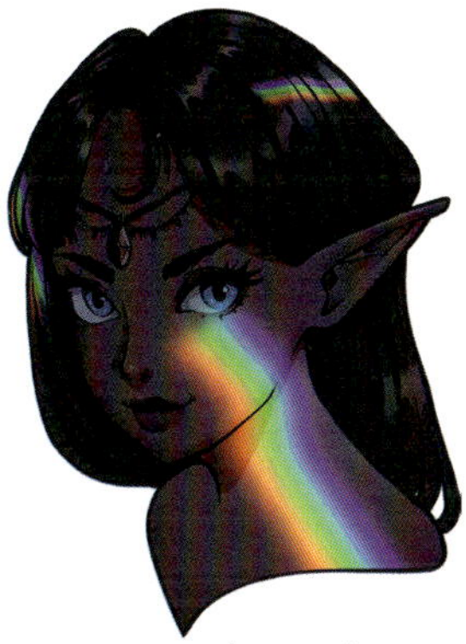

„Regenbogen Flare"

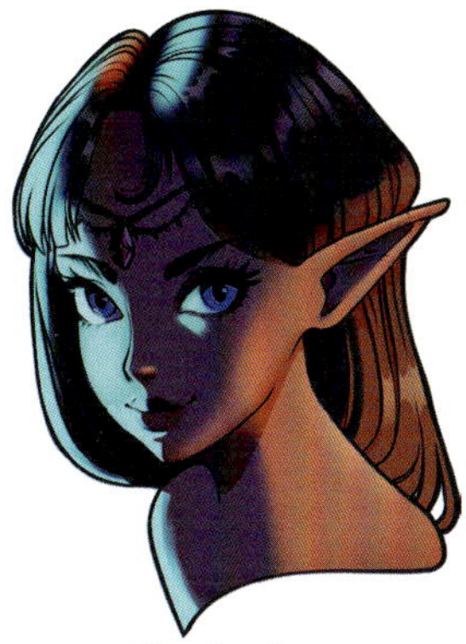

Blau-Rot-Kontrast

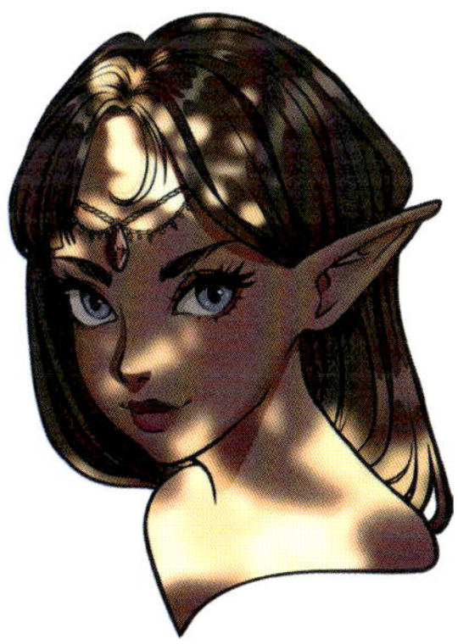

Schattenmuster Blätterdach

Ich habe für diese Darstellung folgende Ebeneneinstellungen verwendet:

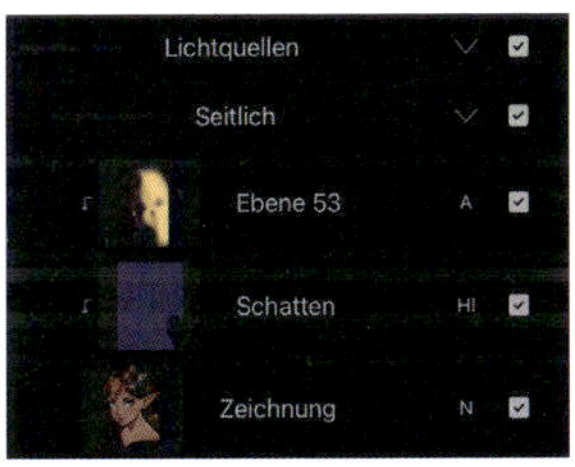

Einen dunkelblauen Ton (im Ebenenmodus „Hartes Licht") für die Schatten und ein helles Gelb (im Ebenenmodus „Hinzufügen")

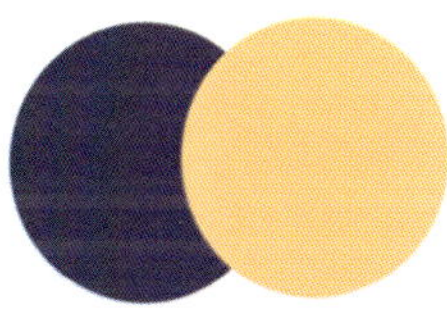

Tipps & Techniken

Auf den folgenden Seiten teile ich einige meiner persönlichen Lieblingstipps und Tricks mit dir, um deine Kunstwerke auf das nächste Level zu heben. Wir werden uns mit verschiedenen Methoden zur Farbgebung beschäftigen, um deinen Bildern mehr Leben und Tiefe zu verleihen.

KOLORATION DER HAUT

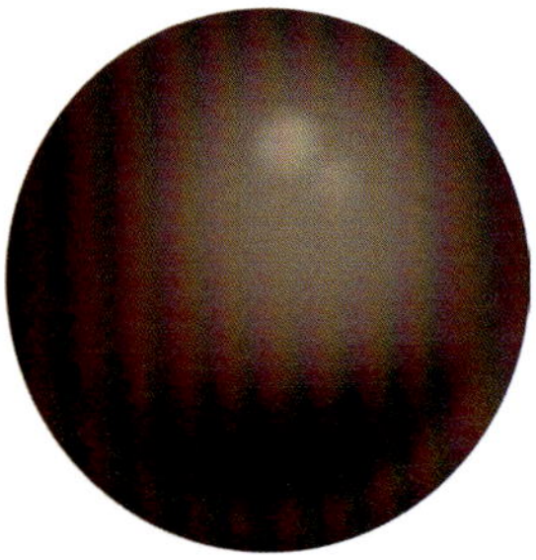

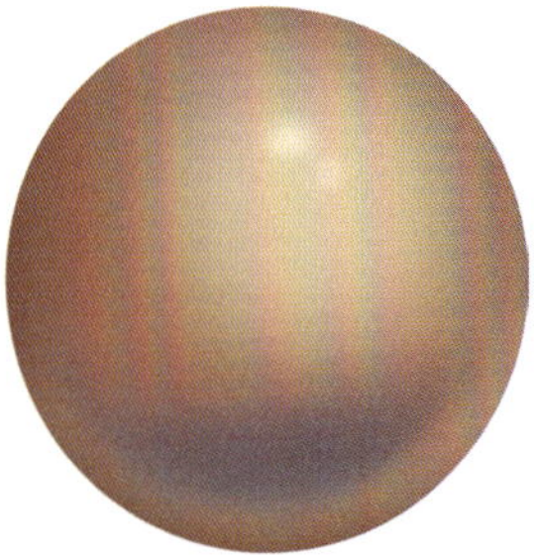

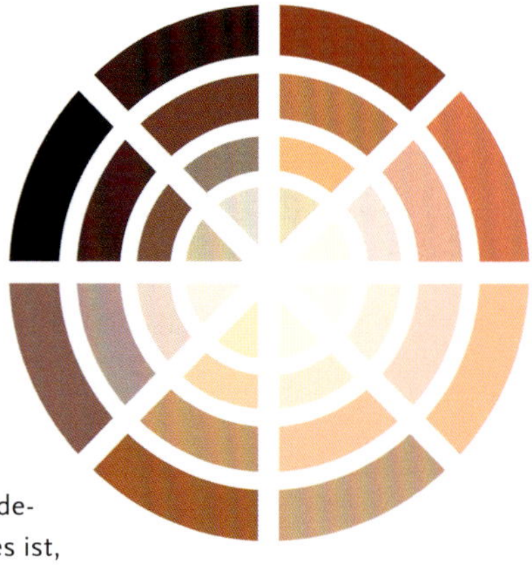

Besonders bei der Koloration von Haut ist es wichtig, nicht nur mit einer der Farbeinstellungen zu arbeiten, sondern mit allen drei: Helligkeit, Farbton und Sättigung. Wenn du die Haut heller machen möchtest, versuche, den Farbton in Richtung Gelb zu verschieben, die Sättigung zu verringern und die Helligkeit zu erhöhen. Für Schatten ist es genau umgekehrt: Versuche, den Farbton in Richtung Rötlich zu ändern (in sehr starken Schatten können die Farben sogar ins Bläuliche gehen), erhöhe die Sättigung und reduziere die Helligkeit.

Hier siehst du eine Palette mit verschiedenen Hautfarben (dies ist, wie du dir sicher denken kannst, nur eine Auswahl). Die äußere Farbe repräsentiert die Schatten, der zweite Ring zeigt die Standardfarbe, gefolgt von der Farbe im Licht und im innersten Kreis findest du die Highlight-Farben, die in deinen Kunstwerken Verwendung finden können.

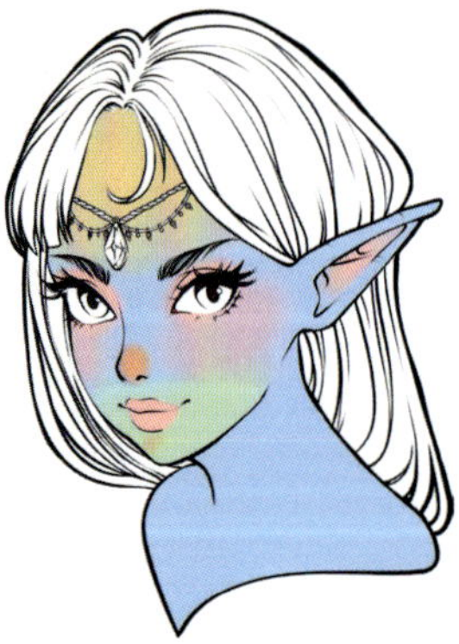

Es ist empfehlenswert, sich vorab die verschiedenen Bereiche von Gesichtern anzuschauen. In diesem Beispiel habe ich das Gesicht in drei Teile unterteilt, diese unterschiedlich eingefärbt und dann einige Zonen rot eingefärbt. Diese Bereiche sind meist stärker durchblutet und daher röter.

Wenn du digital arbeitest, kannst du mit einem Schwarz-Weiß-Filter oder durch das vollständige Reduzieren der Sättigung dein Bild prüfen. Damit siehst du besser, ob dein Fokus stimmt und ob du eine ausgewogene Palette von Helligkeiten und Kontrasten verwendest. Vergleiche einmal den Unterschied zwischen diesen beiden Bildern. Welches spricht dich mehr an?

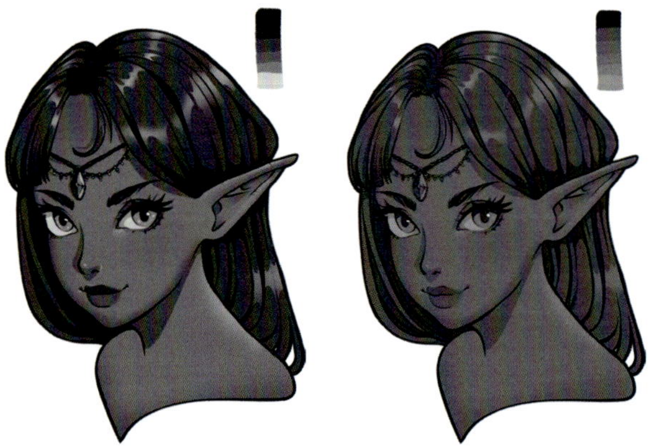

EFFEKTE FÜR FANTASY-CHARAKTERE

Mit ein paar einfachen Effekten kann man einer Figur einen besonderen Look verpassen. Hier siehst du ein paar Möglichkeiten, das Bild zu verändern:

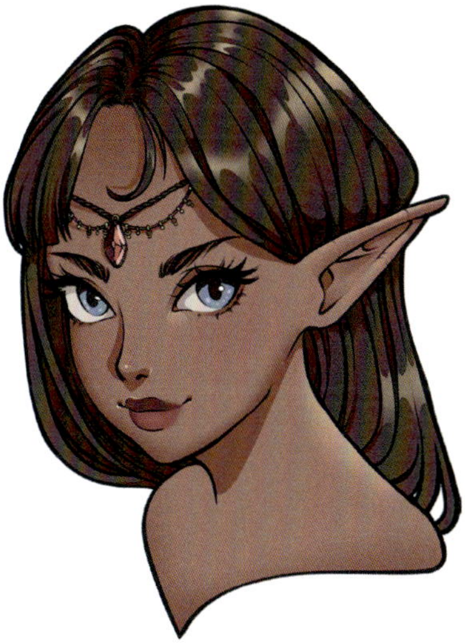

Originalbild

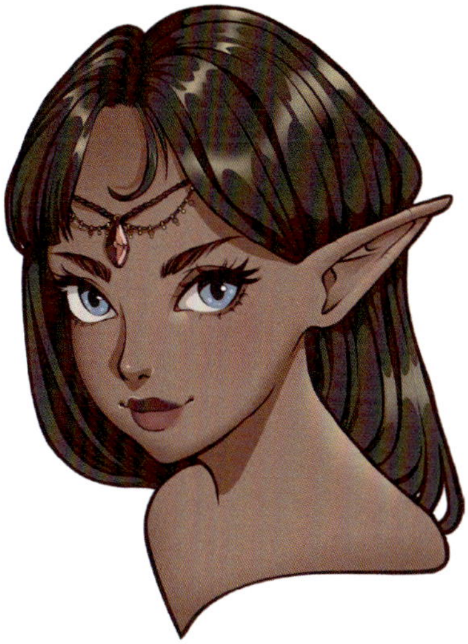

Farbige Outlines

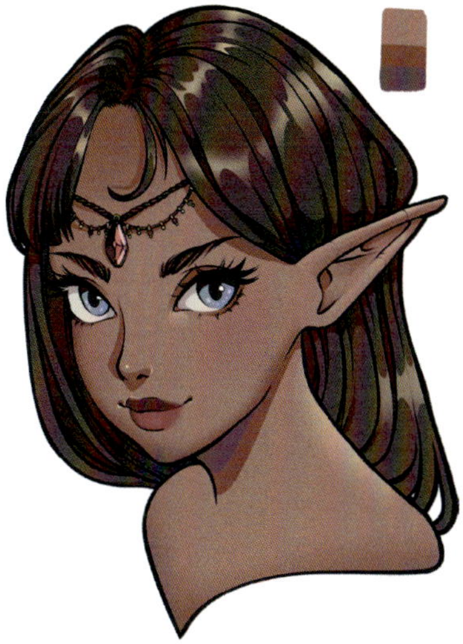

Schatten mit Blauton

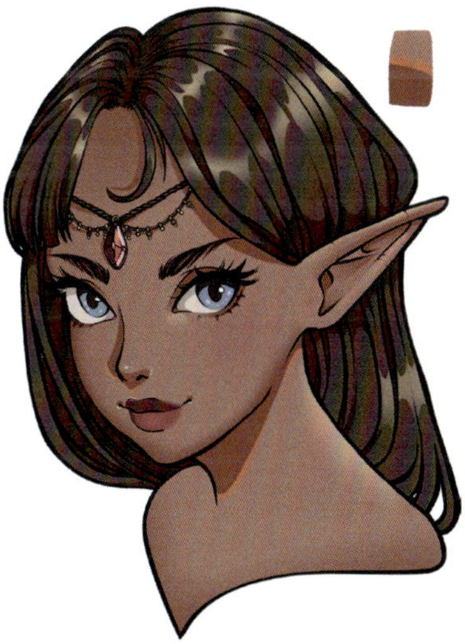

Orangefarbe Übergänge zwischen Licht und Schatten

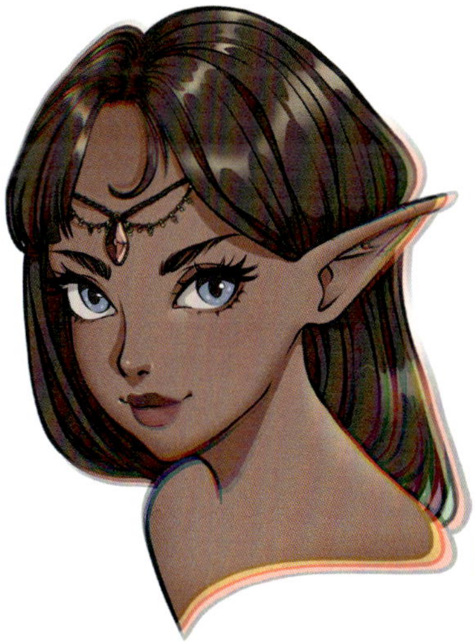

Chromatische Aberration ist ein künstlerischer Effekt und tritt auf, wenn Licht unterschiedliche Wellenlängen in verschiedenen Winkeln bricht und Farbverschiebungen verursacht. Bei der Anwendung kannst du einen Hauch von Unschärfe, Dynamik und Bewegung in das Bild bringen.

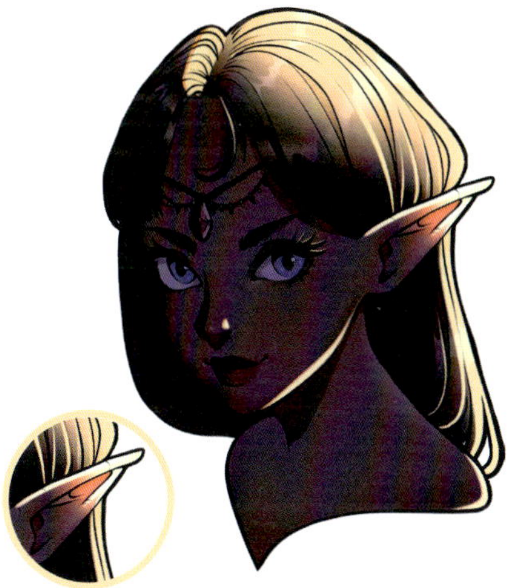

Elfenohren sind ungewöhnlich lang, wenn das Licht von hinten auf sie trifft, erscheinen sie oft rötlich, da die Blutgefäße das Licht durchlassen. Dies verleiht den Ohren einen subtilen, aber realistischen Effekt.

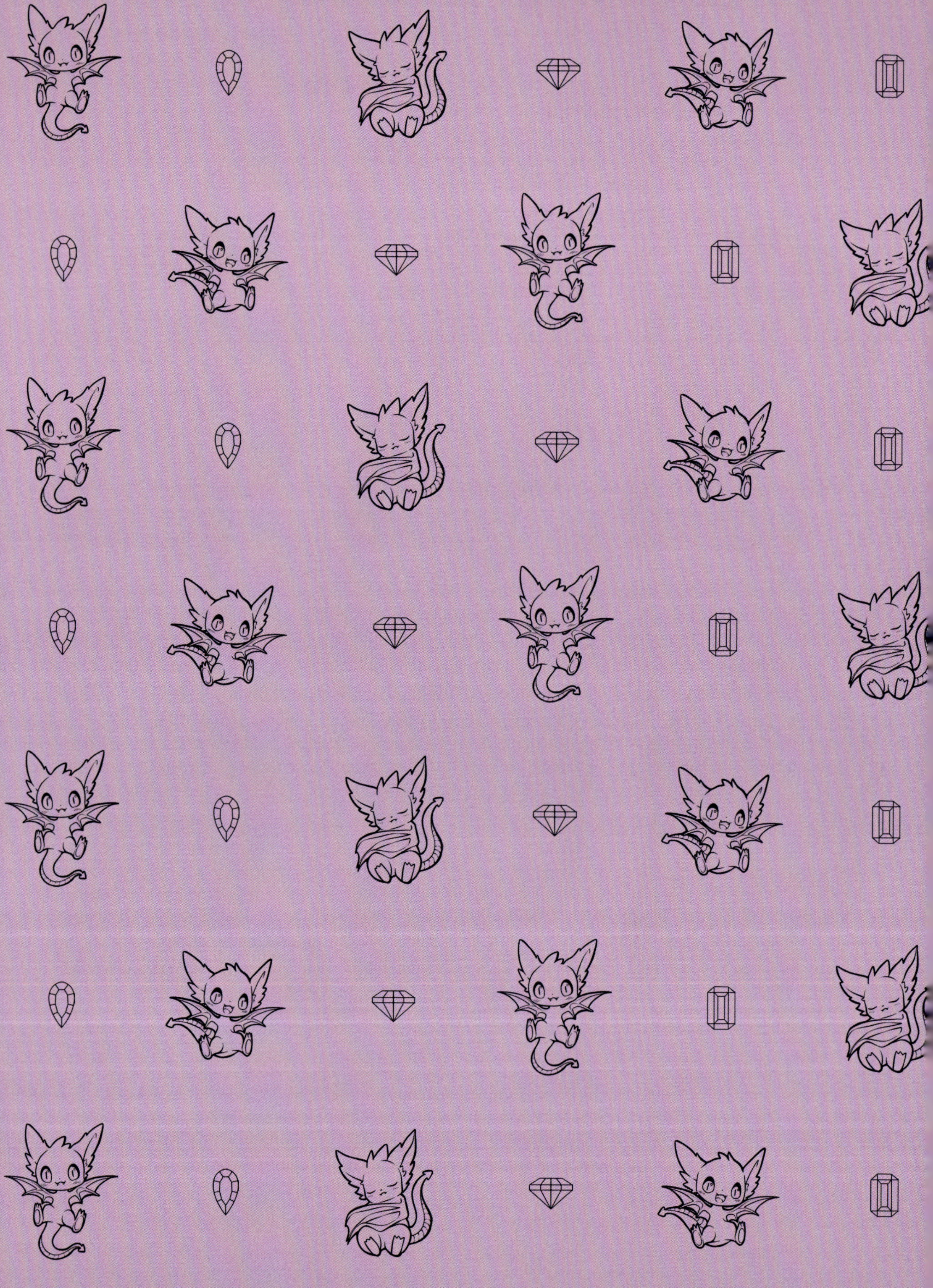

5. FANTASTISCHE WELTEN

In diesem Kapitel werden wir in die Kunst des Erschaffens fantastischer Welten eintauchen. Hier dreht sich alles darum, einzigartige und in sich stimmige Universen zu gestalten, die die Vorstellungskraft beflügeln und Geschichten zum Leben erwecken. Wir werden die Kunst der Bildkomposition erkunden, um diese einzigartigen Kreationen in ihren atemberaubendsten Momenten festzuhalten.

Konzeptentwicklung & Ideenfindung

Die Konzeptentwicklung und Ideenfindung sind entscheidende Schritte beim Erschaffen fantastischer Welten und Hintergründe. Hier sind einige Tipps und Ansätze, um deinen kreativen Prozess zu unterstützen:

Beginne damit, Inspirationen aus verschiedenen Quellen zu sammeln. Das können Bücher, Filme, Kunstwerke, Natur, Mythologie und sogar Träume sein. Notiere, was dich besonders anspricht, sei es eine spezielle Atmosphäre, ein Charakterdesign oder eine bestimmte Landschaft. Es können auch Farbpaletten oder Emotionen sein. Denke daran, dass die Konzeptentwicklung und Ideenfindung kreative Prozesse sind. Es ist in Ordnung, Änderungen vorzunehmen und neue Ideen zu integrieren, während deine fantastische Welt wächst und sich entwickelt.

Ich gehe in diesem Kapitel hauptsächlich auf die Entwicklung passender Hintergründe für deine eigenen Charaktere ein. Die Weltgestaltung im Hintergrund eines Charakterdesigns sollte dazu dienen, die Geschichte und Persönlichkeit des Charakters zu bereichern, ohne zu komplex oder ablenkend zu sein. Es geht darum, eine ausgewogene und stimmige Kulisse zu schaffen, die den Charakter in den Mittelpunkt stellt.

Hier ein paar weitere Tipps, die dir bei der Entwicklung geeigneter Hintergründe helfen können:

Betonung des Charakters Bei der Gestaltung eines Charakterdesigns sollte der Fokus immer auf dem Charakter selbst liegen. Die Welt, in welcher der Charakter lebt, dient als Kulisse und Hintergrund, um seine Geschichte und Persönlichkeit zu unterstützen. Stelle sicher, dass die Welt die Eigenschaften und Merkmale des Charakters unterstreicht, anstatt sie zu überwältigen.

Minimalismus Halte die Weltgestaltung minimalistisch, um deinem Charakter in den Vordergrund zu stellen. Weniger kann manchmal mehr sein, wenn es darum geht, die Aufmerksamkeit auf die Hauptfigur zu lenken.

Symbolische Elemente Betrachte, wie die Weltsymbolik oder bestimmte Elemente in der Umgebung des Charakters seine Geschichte oder Identität reflektieren können. Diese subtilen symbolischen Elemente können deinem Charakter mehr Tiefe verleihen.

Farbpalette und Atmosphäre Achte auf die Farbpalette und die Atmosphäre der Welt, um sicherzustellen, dass sie zur Stimmung deines Charakterdesigns passt. Die Farben und die Atmosphäre der Umgebung können die Gefühle und Emotionen des Charakters verstärken.

Kohärenz Stelle sicher, dass die Welt und der Charakter in einem gewissen Maß kohärent sind. Die Welt sollte zur Geschichte deines Charakters passen und keine inkonsistenten oder widersprüchlichen Elemente enthalten.

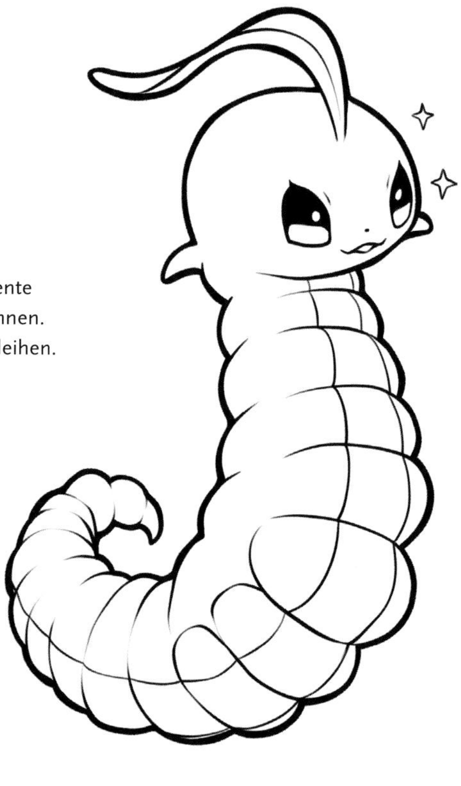

Stimmungsvolle Hintergründe

Stimmungsvolle Hintergründe sind entscheidend, um die Atmosphäre und Emotionen in deinen Zeichnungen zu transportieren. Hier sind einige Tipps, wie du stimmungsvolle Hintergründe gestalten kannst:

1 Farbwahl
Die Wahl der richtigen Farben ist für die Stimmung entscheidend. Warme Farbtöne wie Rot, Orange und Gelb erzeugen eine gemütliche und einladende Atmosphäre, während kühle Farbtöne wie Blau und Grün eine ruhige oder melancholische Stimmung schaffen können.

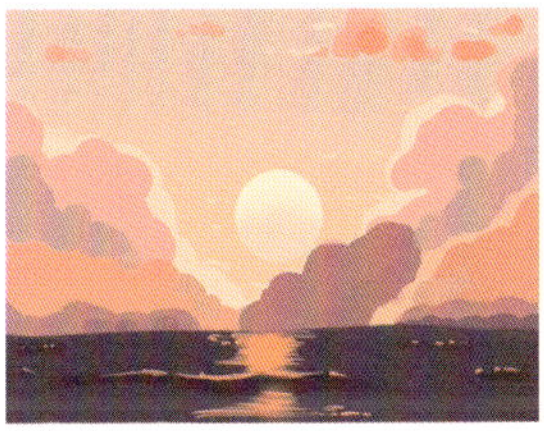

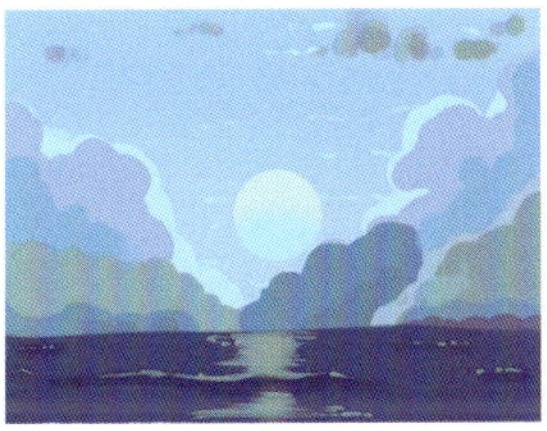

2 Licht und Schatten
Die Platzierung von Licht und Schatten kann die Stimmung erheblich beeinflussen. Dunkle Schatten können Geheimnis und Drama vermitteln, während helles Licht eine fröhliche und helle Atmosphäre schafft.

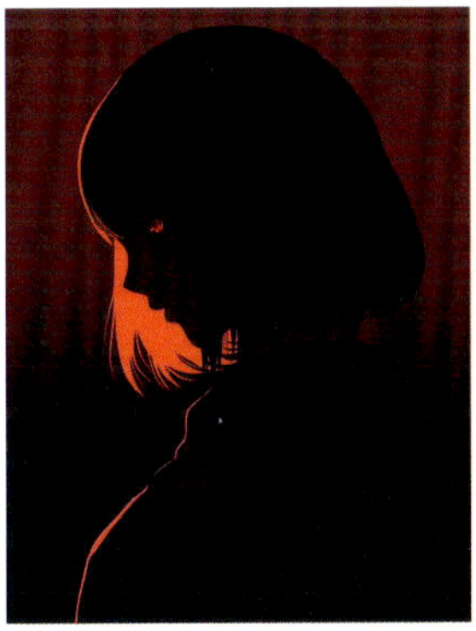

3 Atmosphärische Effekte
Hintergründe können durch atmosphärische Effekte wie Nebel, Rauch oder Regen eine besondere Stimmung erhalten. Diese Effekte können die Tiefe erhöhen und eine geheimnisvolle oder romantische Atmosphäre schaffen.

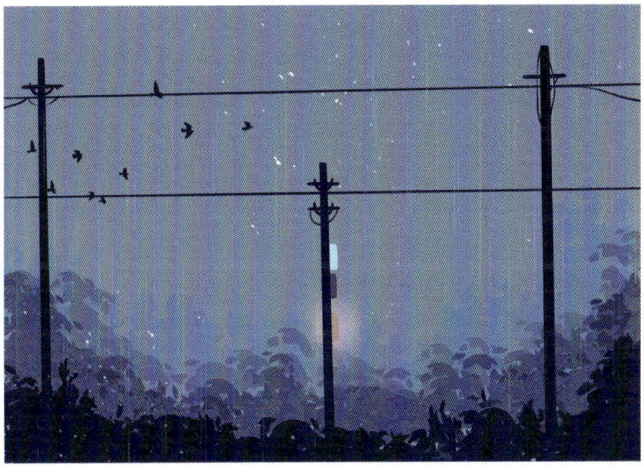

5 Perspektive Die Wahl der richtigen Perspektive kann die Stimmung im Hintergrund beeinflussen. Eine niedrige Froschperspektive kann ein Gefühl von Größe und Macht erzeugen, während eine hohe Vogelperspektive die Weite und Freiheit betonen kann.

6 Kontext Der Hintergrund sollte die Handlung und die Emotionen der Figuren unterstützen.

Betrachte Fotografien, Kunstwerke oder Filme, die eine ähnliche Stimmung erzeugen, um Inspiration für deine eigenen Hintergründe zu finden. Scheue dich nicht davor, verschiedene Techniken und Stile auszuprobieren, um herauszufinden, welcher Ansatz am besten zur gewünschten Stimmung passt.

Bildkompositionen

Die Komposition in Zeichnungen bezieht sich auf die Anordnung von Elementen, Objekten und Charakteren auf einer Zeichenfläche, um eine ästhetisch ansprechende und aussagekräftige Darstellung zu erreichen. Eine gelungene Komposition hilft dabei, den Fokus des Betrachters zu lenken, eine Geschichte zu erzählen und eine bestimmte Stimmung zu vermitteln.
Hier ein paar Beispiele:

1 Goldener Schnitt
Der Goldene Schnitt ist ein ästhetisches Prinzip in der Kunst, das auf harmonischen Proportionen und einer ausgewogenen Bildkomposition basiert. Er wird oft als das „goldene Maß" bezeichnet und entspricht etwa dem Verhältnis 1,618. Dabei wird das Bild in Abschnitte unterteilt, wobei das Verhältnis zwischen den Teilen dem Goldenen Schnitt entspricht. Dies führt zu einer natürlichen und harmonischen Anordnung und kann das Auge des Betrachters auf eine bestimmte Stelle lenken.

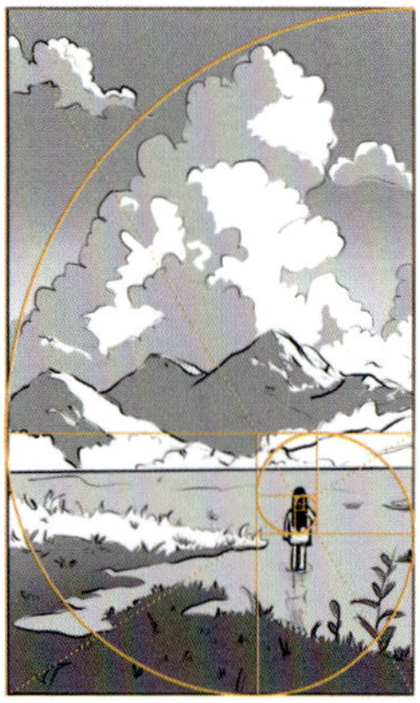

3 Symmetrische Komposition
Symmetrische Kompositionen sind ausgewogen und spiegeln sich entlang einer Achse. Sie erzeugen oft ein Gefühl von Ruhe und Stabilität.

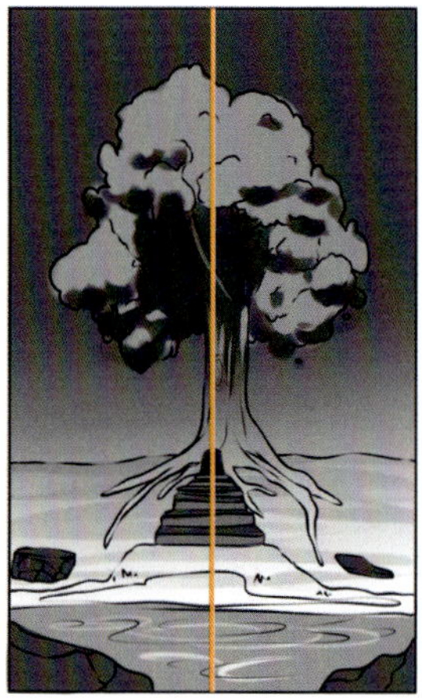

2 Drittelregel
Die Drittelregel unterteilt die Fläche in neun gleichgroße Teile, indem sie sowohl horizontale als auch vertikale Linien zieht. Elemente werden entlang dieser Linien oder an den Schnittpunkten platziert, um eine ausgewogene Komposition zu erzielen.

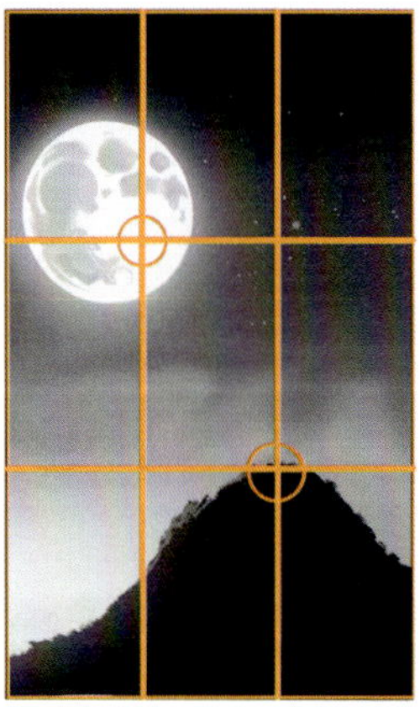

4 Asymmetrische Komposition
Asymmetrische Kompositionen sind ungleichmäßig und erzeugen spannende Dynamik.

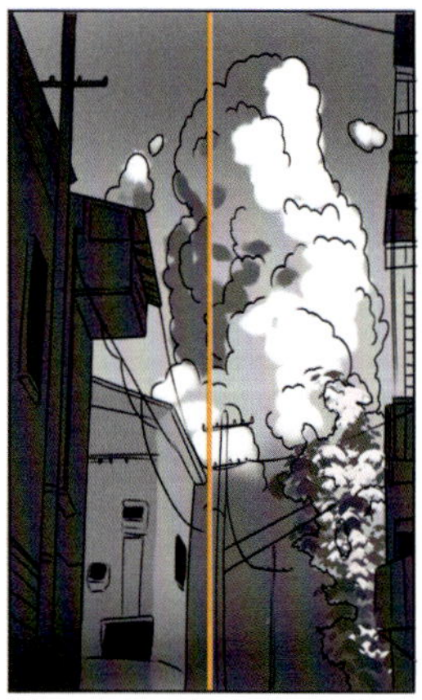

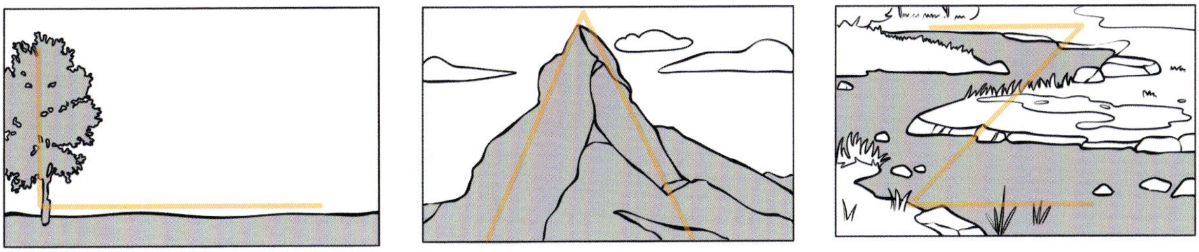

5 Formen

Die „L“-Form, die durch einen rechten Winkel entsteht, kann Stabilität und Ruhe vermitteln. Die „V“-Form (auch umgedreht möglich) kann auf Spannung und Dynamik hinweisen, indem sie den Blick des Betrachters auf einen zentralen Punkt lenkt. Eine Diagonale hingegen erzeugt oft Bewegung und Spannung, während die „Z“-Form den Blick des Betrachters auf eine Reise durch das Bild lenken kann. Jede Form hat ihre eigene emotionale Wirkung und kann gezielt eingesetzt werden, um bestimmte Stimmungen und Erzählungen zu unterstützen.

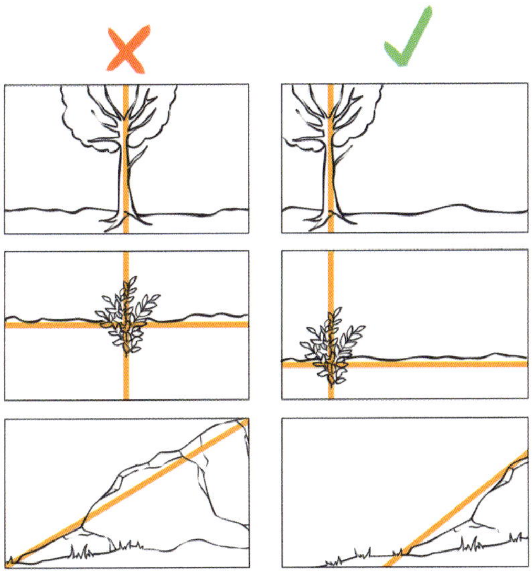

6 Beschnitt

„Cropping“ ist eine wichtige Technik in der Bildkomposition, bei der du den Bildausschnitt gezielt wählst, indem du Teile des Bildes abschneidest oder vergrößerst. Dies ermöglicht es dir, die Komposition zu verbessern und den Fokus auf das Wesentliche zu legen.

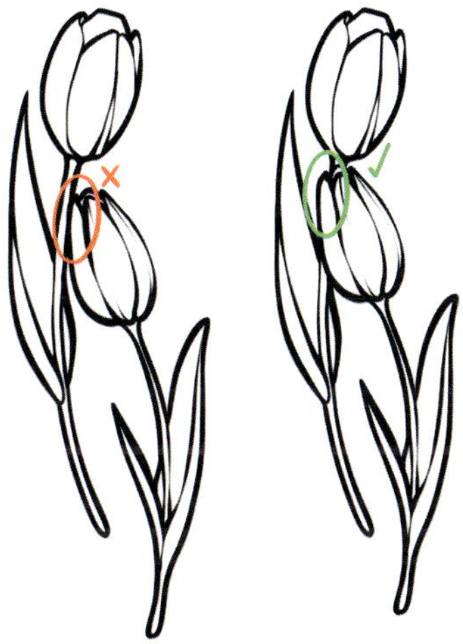

7 Berührungen

Tangenten entstehen, wenn die Kanten von zwei oder mehr Elementen in deinem Bild perfekt aufeinandertreffen, sich jedoch nicht überlappen. Dies kann zu visuellen Störungen führen und die Aufmerksamkeit der Betrachter von deinem Hauptmotiv ablenken.

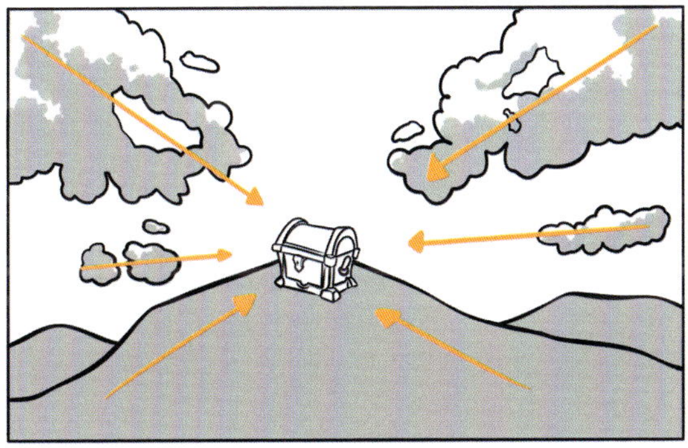

8 Fokuspunkt und Blickführung

Ein Fokuspunkt ist ein zentrales Element oder eine Hauptfigur in der Zeichnung, auf das die Aufmerksamkeit gelenkt wird. Blickführungselemente wie Linien, Formen oder die Blickrichtung von Charakteren können den Betrachter dazu verleiten, den Fokuspunkt zu betrachten und durch das Bild zu lenken.

Fantasy-Landschaften

In der Welt der Fantasy gibt es eine schier endlose Vielfalt von faszinierenden Landschaften, die als Hintergrund für deine Kunstwerke dienen können. Ich präsentiere dir zu jeder dieser Welten ein kleines Beispiel für den Hintergrund mit einer passenden Farbpalette, inspiriert von den charakteristischen Elementen des jeweiligen Ortes.

1 Elfenwald
Ein zauberhafter Wald, in dem hohe Bäume von Ranken und Glühwürmchen beleuchtet werden. Elfen, Feen und magische Kreaturen können in dieser Umgebung leben. Hier erstrecken sich majestätische Bäume mit frischen Blättern, der Boden ist übersät mit leuchtenden Blumen und schimmerndem Moos. Du kannst hier eine Palette von lebhaften, natürlichen Farben verwenden, um die Harmonie und den Zauber des Elfenwaldes einzufangen.

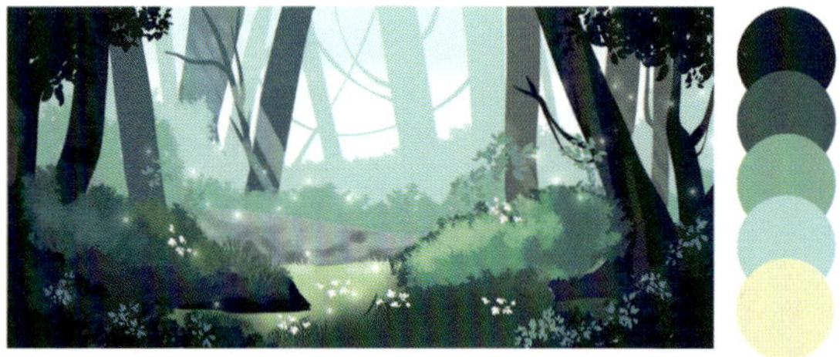

2 Unterwasserwelt
Eine fantastische Unterwasserlandschaft mit leuchtenden Korallenriffen und exotischen Meeresbewohnern. Das Spiel von Licht und Schatten erzeugt eine einmalige Atmosphäre. Du kannst hier eine Palette mit leuchtenden Blau- und Grüntönen verwenden, um die kühle, beruhigende Aura der Unterwasserwelt einzufangen. Organische Formen wie Algen und Meerespflanzen werden in fließenden Linien und sanften Bewegungen dargestellt, während Lichtstrahlen durch das Wasser brechen.

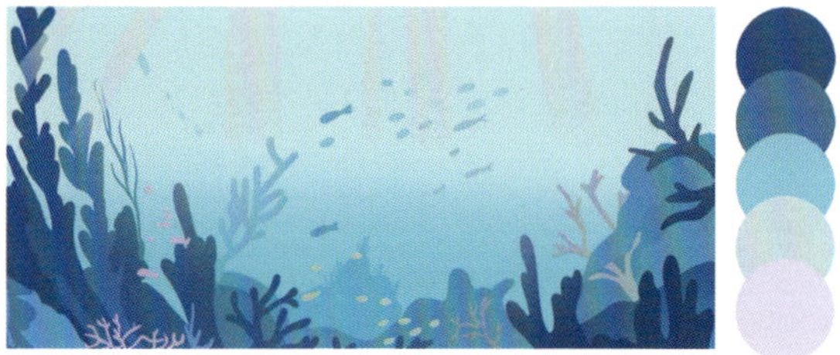

3 Wüstenlandschaft
Die Wüstenlandschaft, eine endlose, leblose Weite, geprägt von brennendem Sand und glühender Hitze. Der Horizont verschwimmt in flimmernder Luft. Die Farbpalette reicht von warmen, erdigen Tönen bis zu intensivem Gold und tiefem Blau des Himmels. Hier kannst du auf kontrastreiche Schattierungen setzen, um die Hitze und Sonne zu betonen.

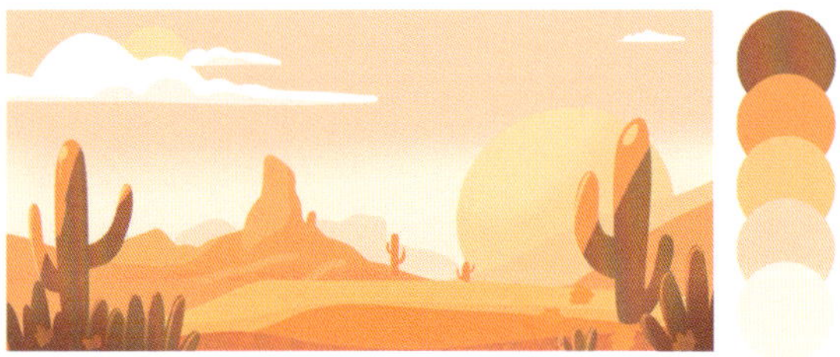

4 Fliegende Inseln
Eine Welt voller schwebender Inseln, auf denen atemberaubende Städte und Gärten in den Himmel ragen – kein Problem im Fantasy-Genre! Wolken umspielen die schwebenden Felsen, während Vögel in luftiger Höhe vorbeischweben. Die Farbpalette variiert von erdigen Tönen für die Felsen bis zu intensiven Himmelstönen. Der kreative Einsatz von Perspektive und Beleuchtung verleiht den fliegenden Inseln eine faszinierende Tiefe.

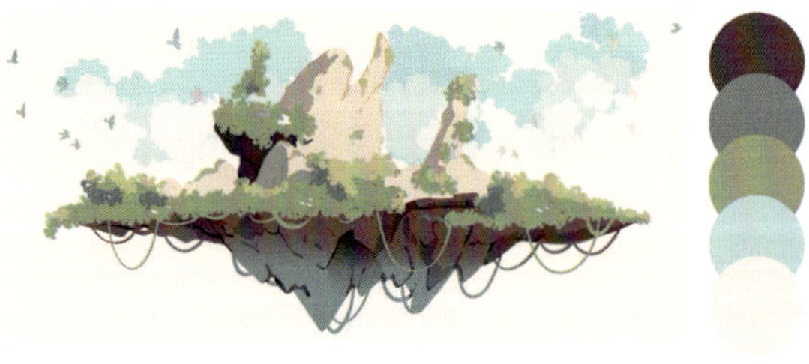

5 Eislandschaft

Eine gefrorene Welt mit eisigen Gipfeln, Eiskristallen und rätselhaften Eishöhlen. Diese Landschaft kann eine kühle und düstere Stimmung vermitteln. Die Farbpalette umfasst eisige Blautöne, kaltes Weiß und Schattierungen von Violett. Du kannst mit subtilen Farbnuancen arbeiten, um die Reflexion des Lichts auf dem Eis realistisch darzustellen. Die Eislandschaft vermittelt eine ruhige, aber unnachgiebige Schönheit, die von der eisigen Kälte und der Unberührtheit der Natur erzählt.

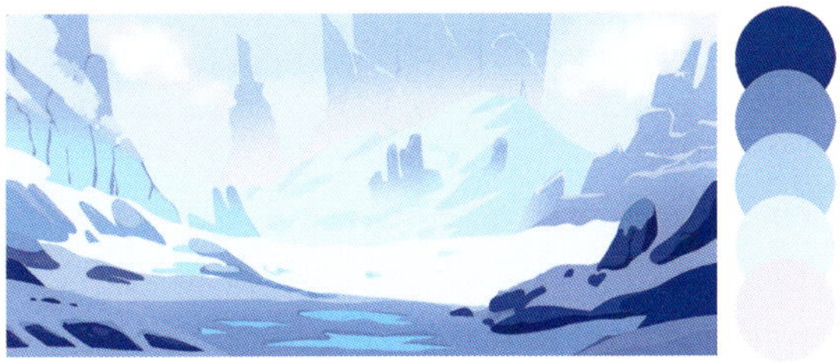

6 Himmelreich

In den himmlischen Gefilden erstreckt sich eine unendliche Weite mit Pastellfarben, die sich in Übergängen vereinen. Strahlendes Weiß und Blau färben den Himmel, während Sonnenstrahlen alles in Rosa tauchen. Zwischen den Wolken finden sich uralte Steintafel mit geheimem Wissen vergangener Zeiten. Der Hintergrund wirkt wie eine lebendige Symphonie aus himmlischen Farbtönen, von sanftem Rosa bis zu Türkis.

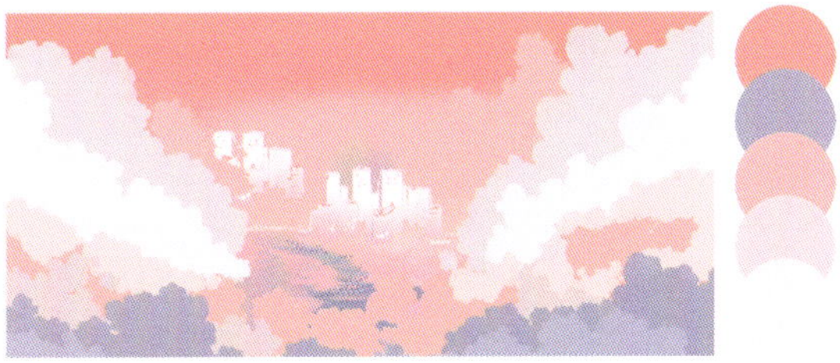

7 Hölle / Unterwelt

Die Hölle und Unterwelt sind oft geprägt von Feuer und Flammen, Dämonen, felsigen Abgründen und grotesken Architektur. Qual, verlorene Seelen und die Darstellung von Folter sind häufige Motive, die das Leiden und die Strafen betonen. Die Verwendung einer vorherrschend dunklen Farbpalette verstärkt die düstere Atmosphäre.

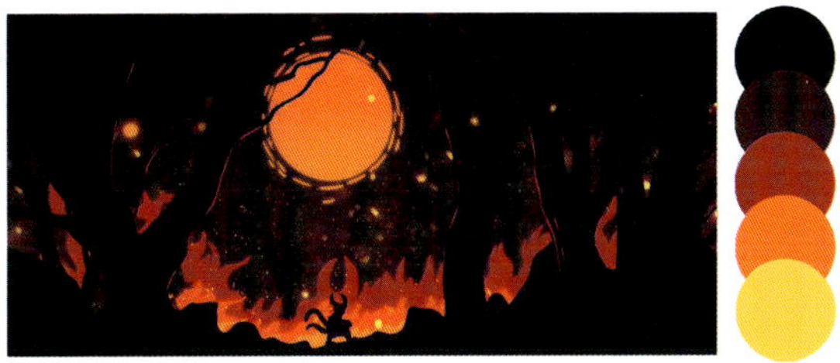

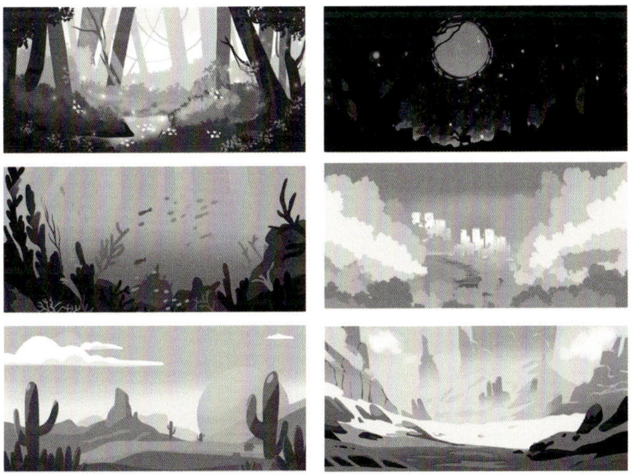

Die Technik, bei der Vordergrundelemente dunkler und Hintergrundelemente heller sind, wird als atmosphärische Perspektive bezeichnet. Die Sichtbarkeit nimmt mit zunehmendem Abstand ab, da Luftmoleküle und Feuchtigkeit in der Atmosphäre das Licht streuen. Dunkle Farben erscheinen in der Ferne weniger intensiv, und helle Farben neigen dazu, mit dem Hintergrund zu verschmelzen.

Vordergrund

Mittelgrund

Hintergrund

Flora & Fauna

Das Fantasy-Genre bietet eine endlose Vielfalt an Flora und Fauna, die kreativ und einzigartig gestaltet werden können, um fantastische Welten zum Leben zu erwecken. Von exotischen Pflanzen mit leuchtenden Blüten bis hin zu mythischen Lebewesen – die Gestaltung von Flora und Fauna ermöglicht es die Welt, in der die Charaktere agieren, zu bereichern und verleihen deinen Kunstwerken eine magische Atmosphäre.

GRÄSER, BLÄTTER & BLUMEN

In diesen Tutorials zeige ich dir verschiedene, praktische Wege, wie du Gräser, Blätter und Blüten zeichnen und ihnen magische Elemente hinzufügen kannst.

Gräser

Beginne damit, die Richtung und Bewegung des Grases festzulegen. Du kannst kurzes Gras mit sanften, wellenförmigen Linien darstellen oder hochgewachsenes Gras mit längeren Linien skizzieren. Denke daran, dass nicht jedes Gras perfekt gerade oder gleich aussehen muss. Einige Halme könnten leicht gebogen oder verdreht sein, um natürlicher zu wirken. Füge magische Elemente hinzu, indem du Glanzlichter oder schimmernde Partikel zwischen den Grasbüscheln einfügst. Kleine Blumen oder leuchtende Knospen machen das Gras noch interessanter.

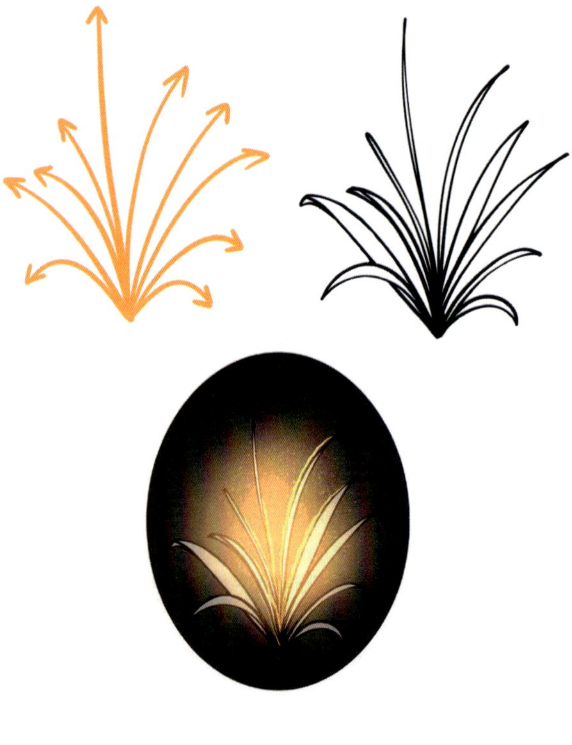

Blumen

Beginne damit, die Grundform der Blüte festzulegen. Blüten können in verschiedenen Stilen und Formen auftreten, von einfachen fünfblättrigen bis zu komplexeren, fantasievolleren Strukturen. Denke daran, dass Blüten nicht perfekt symmetrisch sein müssen. Einige Unregelmäßigkeiten verleihen der Zeichnung Natürlichkeit. Integriere Details wie zarte Linien oder Muster auf den Blütenblättern.

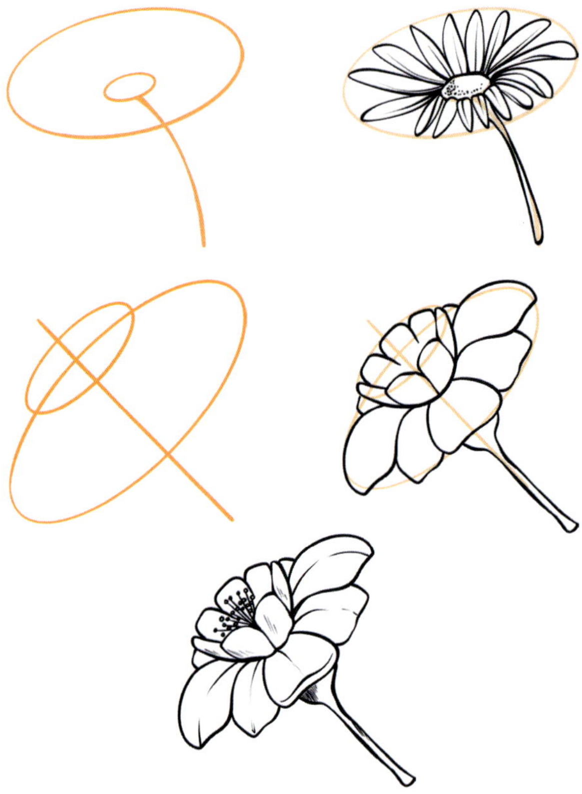

Denke beim Zeichnen einer Pflanze mit Blüten daran, dass diese ausgewogen aussieht und nicht zu gleichmäßig. Du kannst Blüten z.B. mithilfe von Kreisen und die Blätter mithilfe von Pfeilen, die in die Wuchsrichtung zeigen, darstellen und schauen, ob es dir gefällt, bevor du die Pflanze ausarbeitest.

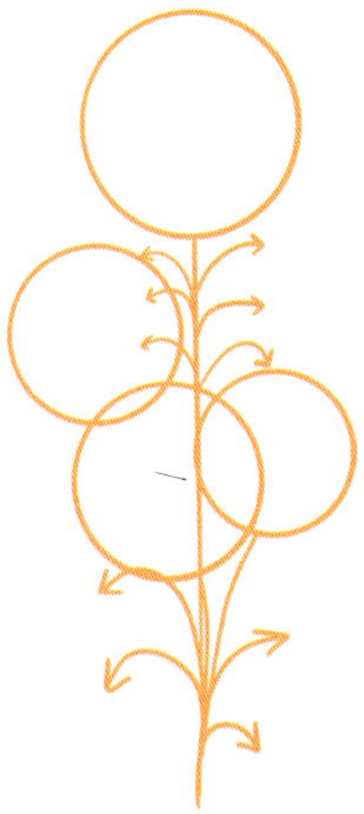

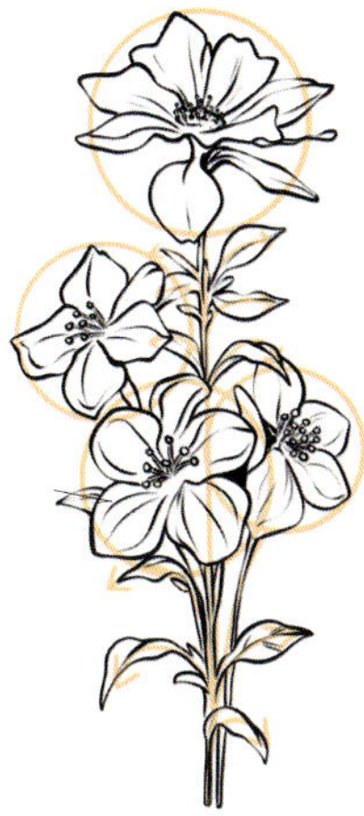

Anschließend ist es möglich, magische Elemente wie ein Leuchten oder Frost einzubinden, je nachdem, was besser in die Welt deines Charakters passt.

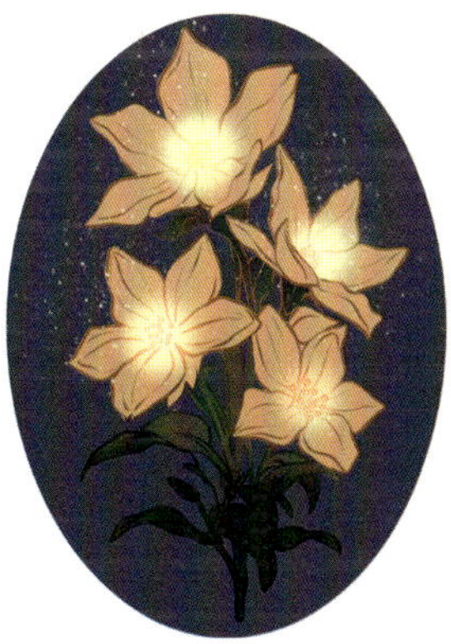

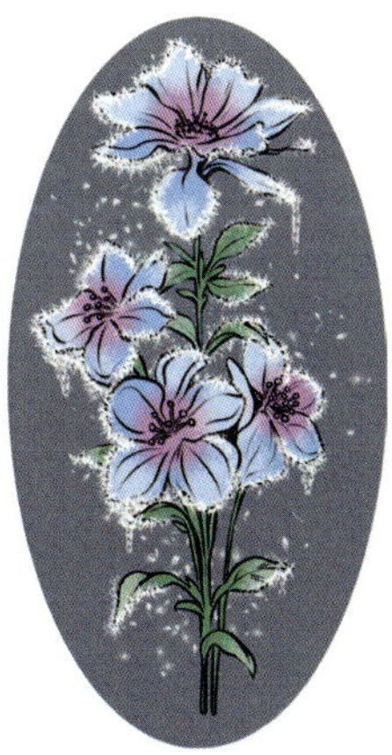

Für die Pflanze mit dem Frost-Effekt habe ich diesen Brush benutzt, damit kannst du ganz einfach am Rand der Blüten entlang eine Frostschicht einzeichnen.

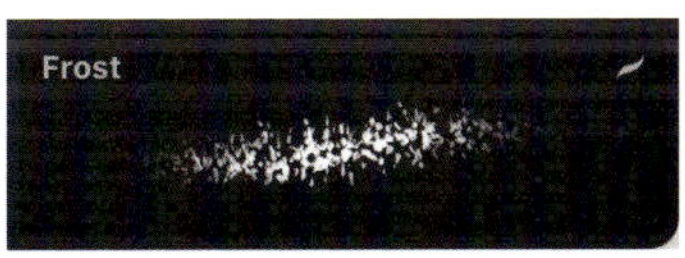

Blätter

In der Natur herrscht eine faszinierende Unregelmäßigkeit, die ihr Authentizität verleiht. Beim Zeichnen von Naturmotiven, wie Blättern und Pflanzen, ist es wichtig, diese Unregelmäßigkeiten zu berücksichtigen. Blätter sind selten perfekt symmetrisch und ihre Formen variieren stark je nach Art und Wuchsrichtung.

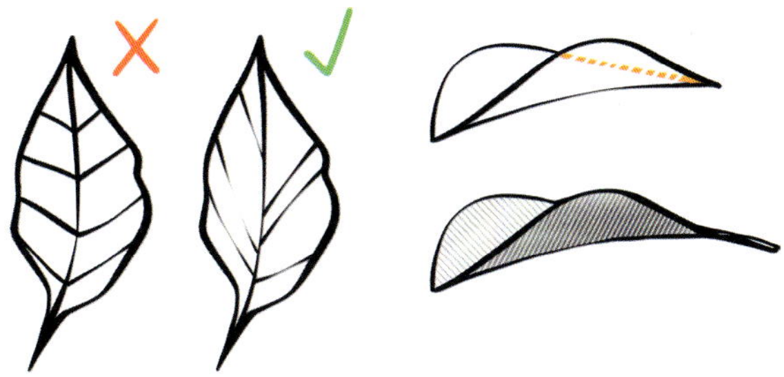

Es gibt unglaublich viele Möglichkeiten, Pflanzen wie Gräser und Blätter zu zeichnen! Such dir am besten Inspirationen direkt aus deiner Umgebung und der Natur vor deiner Haustür.

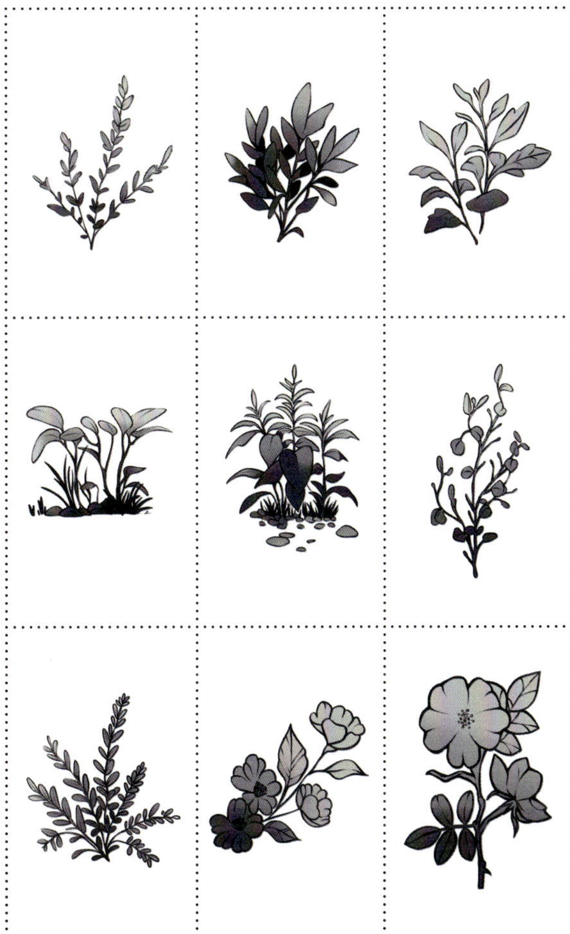

BÄUME, STEINE & PILZE

In diesen Tutorials zeige ich dir verschiedene Wege, wie du Bäume, Steine und Pilze zeichnen und ihnen Elemente wie Biolumineszenz, besondere Formen und magische Fähigkeiten hinzufügen kannst.

Bäume

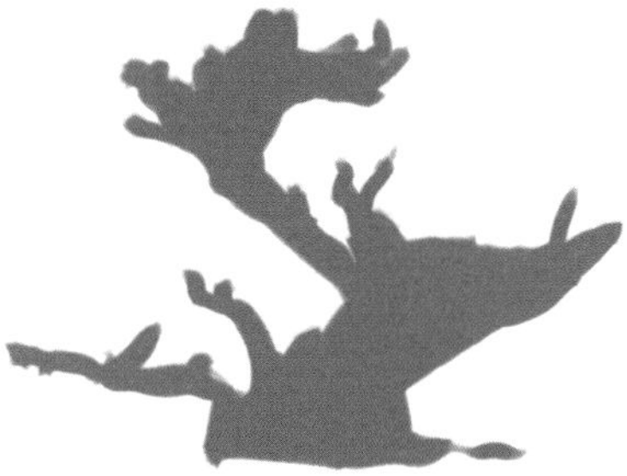

1 Beginne mit dem Stamm, zeichne dann die Hauptäste, die sich von ihm ausbreiten. Berücksichtige die Dicke des Stammes und die Verästelung. Ein kleiner Tipp von mir: Ich zeichne mit einem dicken grauen Brush den Stamm und konzentriere mich dabei nur auf die Silhouette. Alle weiteren Details können später hinzugefügt werden.

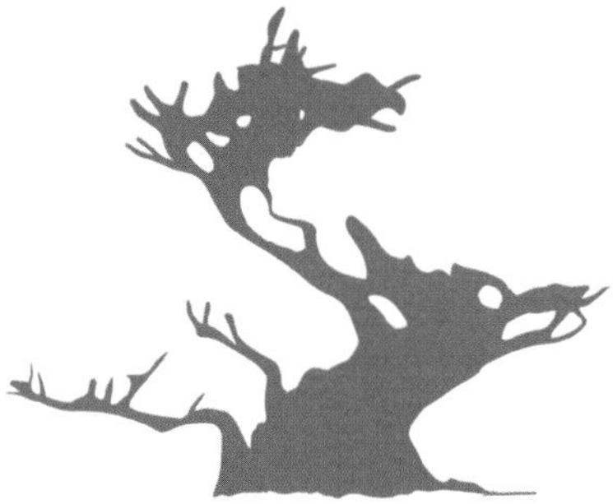

2 Die Silhouette verfeinere ich anschließend mit einem harten (Radiergummi-)Brush.

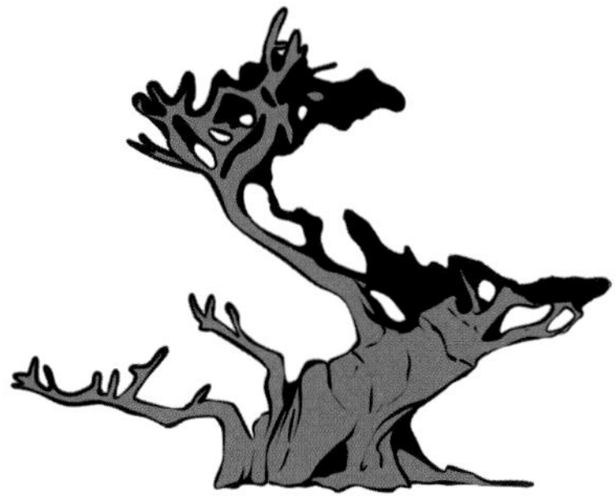

3 Als nächstes füge ich die Outlines und Schatten ein.

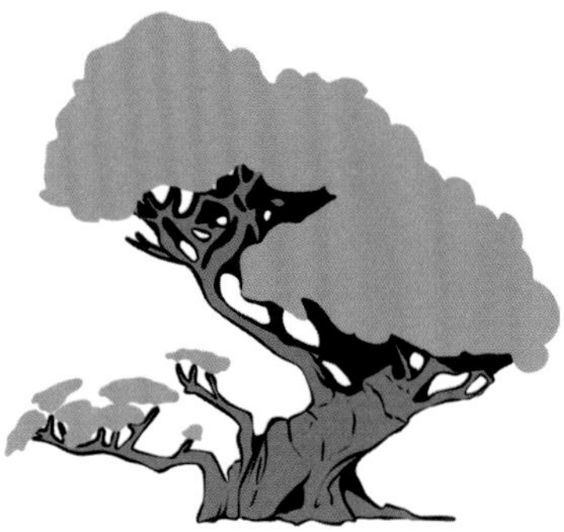

4 Gestalte die Baumkrone, indem du Zweige in verschiedenen Richtungen und Winkeln hinzufügst. Hier wende ich für die Blätter das gleiche Prinzip wie beim Baumstamm an – ich blocke zunächst mit einem grauen Brush die einzelnen „Büschel" der Baumkrone. Achte darauf, dass die Anordnung nicht zu symmetrisch ist. Außerdem solltest du dir vorab überlegen, ob dein Baum Laub oder Nadeln hat. Bei Laubbäumen kannst du die Blätter als Masse darstellen, während Nadelbäume detailliertere Nadelgruppen haben.

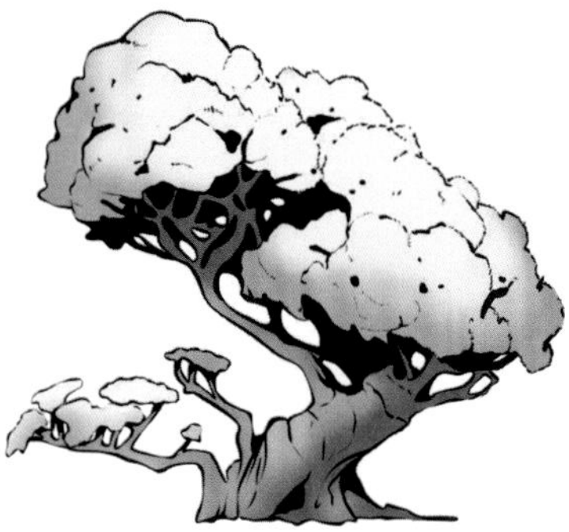

5 Füge Details wie Astlöcher, Rindenstrukturen und mögliche Verästelungen hinzu. Je nach Baumart können diese Details variieren. Berücksichtige die Lichtquelle und setze Licht- und Schatteneffekte, um den Baum plastischer wirken zu lassen. Achte auch hier darauf, dass die Blätter oder Nadeln nicht zu gleichmäßig platziert sind.

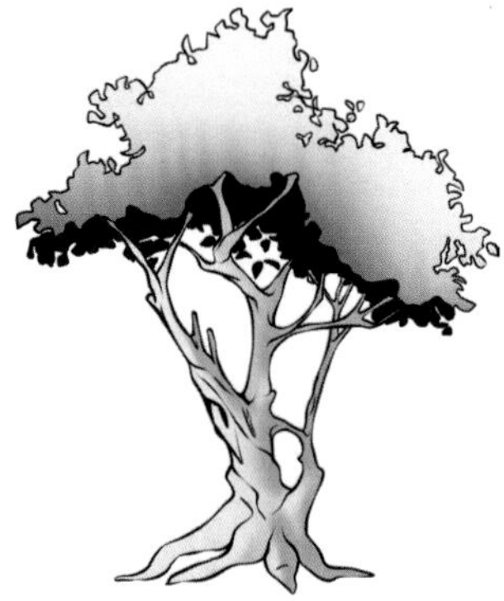

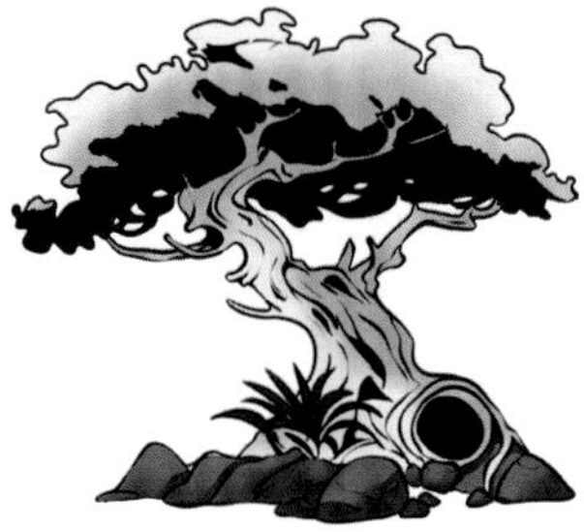

Hier siehst du zwei Variationen. Verbinde den Baum visuell mit seinem Umfeld, indem du den Boden, Gras oder andere Elemente in der Umgebung zeichnest. Dies schafft einen realistischen Kontext für deinen Baum.

Steine

Steine können rund, kantig, glatt oder uneben sein. Die Vielfalt ist groß, also entscheide dich vorab für eine Form und lass dann deiner Fantasie freien Lauf.

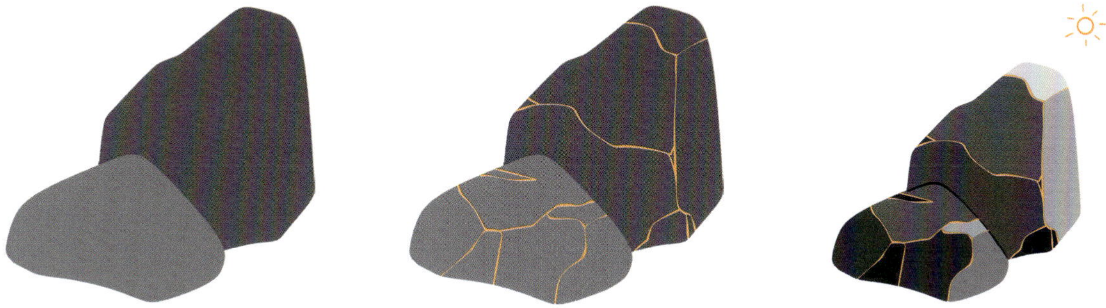

1 Skizziere die Kontur des Steins. Beachte die unterschiedlichen Ebenen und Kanten. Steine haben oft unregelmäßige Formen, also sei nicht zu perfekt.

2 Füge Texturdetails hinzu. Steine können Risse, Rillen, oder verschiedene Muster aufweisen. Diese Details verleihen dem Stein einen realistischeren Look.

3 Berücksichtige die Lichtquelle und setze Schatten. Dies hilft dabei, dem Stein eine dreidimensionale Wirkung zu verleihen.

Integriere den Stein in eine Umgebung. Steine in einem Wald können mit Moos oder Flechten bedeckt sein oder es handelt sich um schimmernde Kristalle. Wenn du mehrere Steine zeichnest, gruppiere sie am besten zu Ansammlungen oder Formationen.

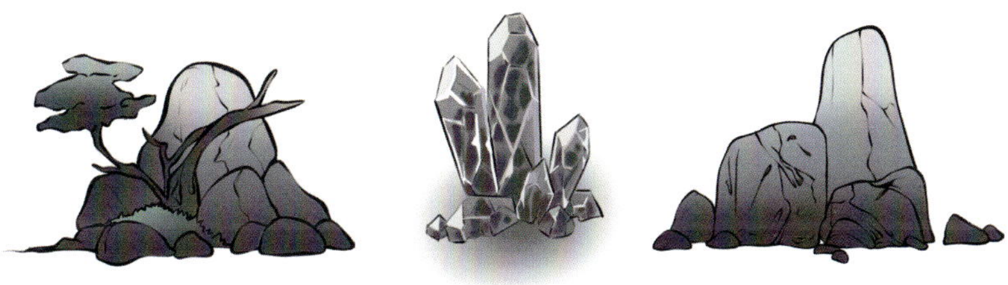

Pilze

Beginne mit der Grundform des Pilzes: Zeichne den Hut des Pilzes, dieser kann flach, konisch oder kuppelförmig sein. Füge dann einen Stiel hinzu - dieser kann dünn oder dick sein, je nach Art des Pilzes. Einige Pilze haben auch Markierungen oder Muster auf Stiel und Hut oder Lamellen unter dem Hut. Du kannst auch mit ungewöhnlicheren Formen experimentieren, je nachdem, wie fantasievoll dein Pilz sein soll. Du kannst Pilze auch zusammen mit anderen Pflanzen zeichnen oder du zeichnest direkt einen riesigen Pilz-Baum. Lass deiner Fantasie freien Lauf!

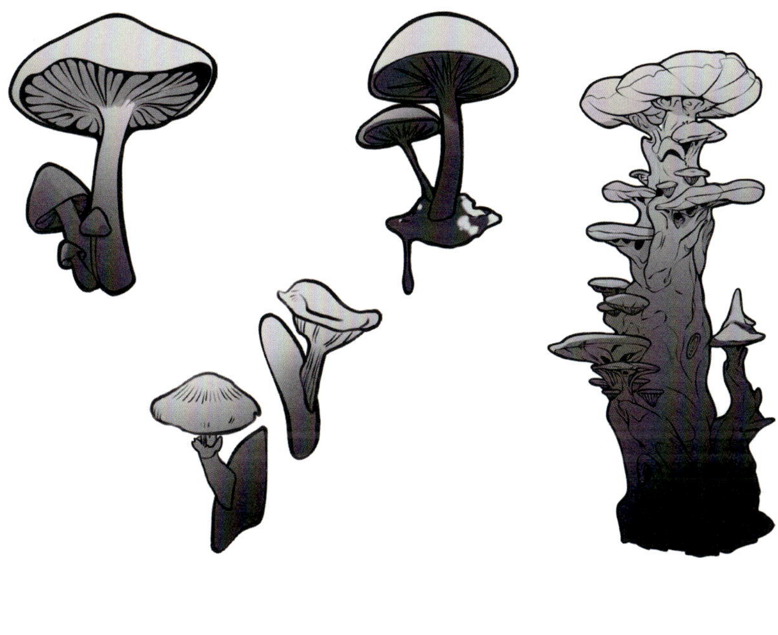

INSEKTEN & MAGISCHE KLEINSTLEBEWESEN

In diesen Tutorials zeige ich dir verschiedene Wege, wie du magische Insekten und Kleinstlebewesen zeichnen und mit ihnen deinem Hintergrund ganz einfach magisches Leben einhauchen kannst.

Glühwürmchen

Glühwürmchen faszinieren durch ihre einzigartige Biolumineszenz. Ihr länglicher, flacher Körper zeichnet sich durch leuchtende Organe am unteren Hinterleib aus, die in der Dunkelheit lebendige Lichtmuster erzeugen. Platziere sie in einer nächtlichen Umgebung, um die magische Stimmung zu verstärken. Verleihe deinen Glühwürmchen in Bewegung durch leichte, verschwommene Linien zusätzliche Lebendigkeit. In der Fantasiewelt kannst du ihrer Erscheinung magische Elemente hinzufügen, um eine einzigartige und märchenhafte Atmosphäre zu schaffen.

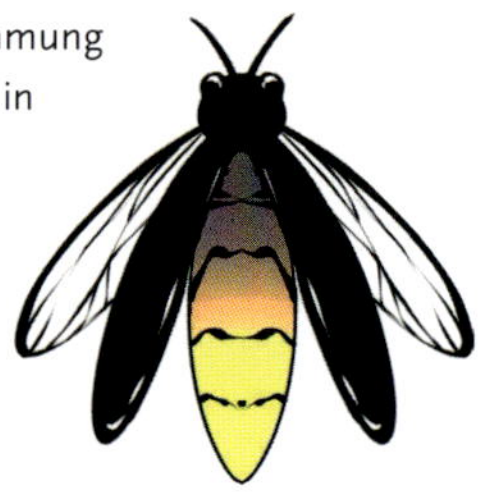

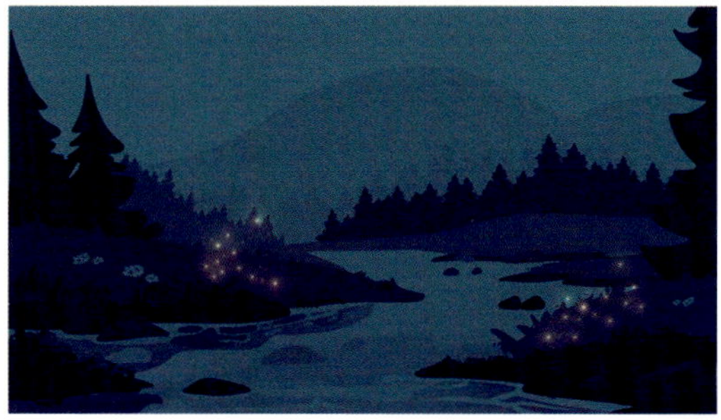

Lichtgeister

Lichtgeister sind zarte und glänzende Wesen, die oft mit einer Aura der Leuchtkraft umgeben sind. Beim Zeichnen von Lichtgeistern kannst du ihre Transparenz betonen, indem du leichte Linien und weiche Konturen verwendest. Ihre Lichtquelle sollte von innen heraus strahlen, und du kannst verschiedene Schattierungen verwenden, um den Glanz und die Tiefe zu verstärken. Experimentiere mit Lichteffekten, um die Magie und den mystischen Charakter dieser Geister einzufangen.

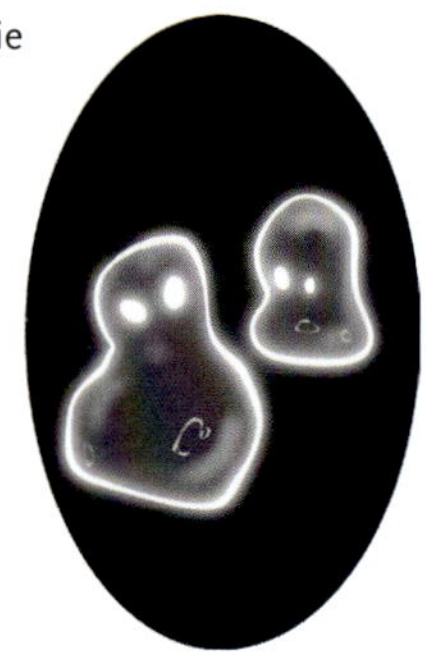

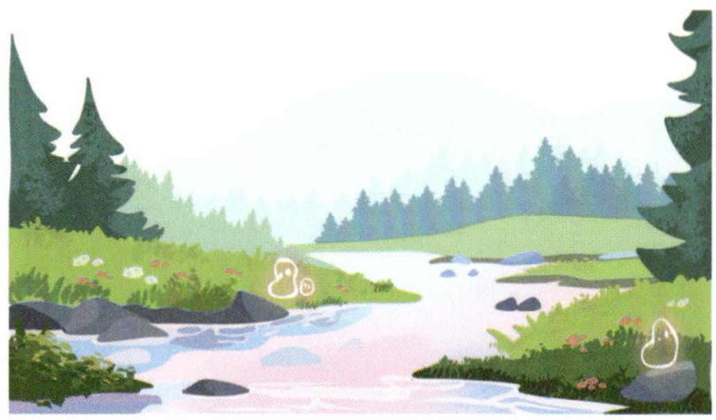

Schmetterlinge

Ihre Flügel tragen oft lebendige Muster und leuchtende Farben. Beim Zeichnen von Schmetterlingen kannst du ihre filigrane Struktur durch detaillierte Linien und sanfte Übergänge einfangen. Betone die charakteristischen Muster, aber erlaube auch Raum für Kreativität und Variation. Schmetterlinge sind Symbole der Transformation, also spiele gerne mit verschiedenen Stilen und Farbkombinationen, um deiner Fantasie freien Lauf zu lassen. Einbinden kannst du Schmetterlinge über Pflanzen und Blüten, da sie von diesen angezogen werden. Du kannst z.B. mehrere kleine, leuchtende Schmetterlinge über einen Busch zeichnen und schon enthält deine Zeichnung ein kleines bisschen Magie.

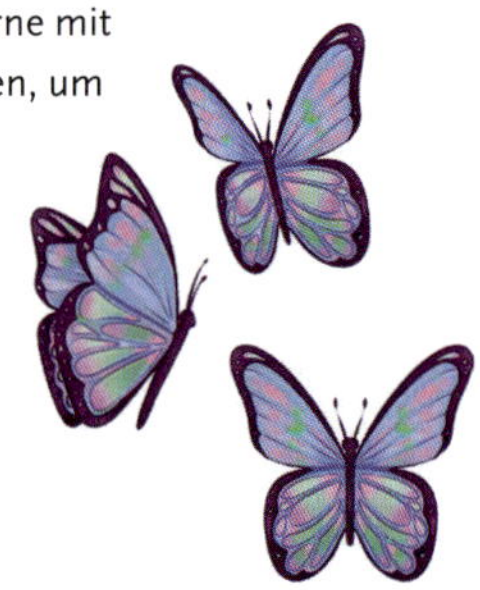

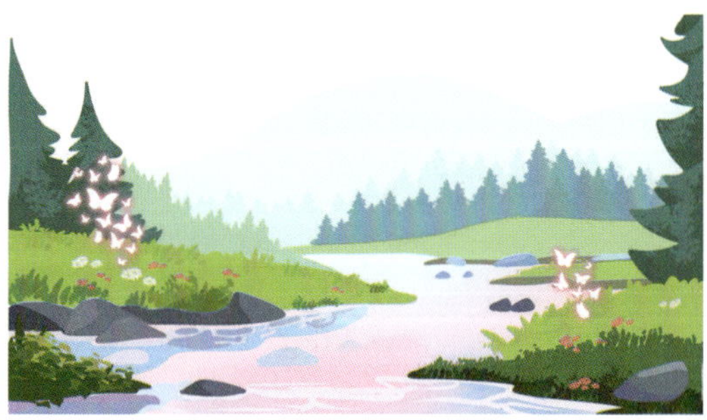

Vögel

Beim Zeichnen dieser gefiederten Wesen kannst du ihre Bewegungsfreiheit zeigen, indem du dynamische Posen und geschwungene Linien verwendest. Betone ihre lebendige Natur durch das Hinzufügen von feinen Details wie Federn und Flügelbewegungen. Du kannst verschiedene Perspektiven nutzen, um die Dynamik der Flugbewegungen einzufangen. Für eine Landschaftszeichnung eignen sich zum Beispiel Vogelschwärme: Vögel, die in einer Gruppe aufsteigen, vermitteln ein Gefühl von Bewegung und Freiheit oder Flucht und Aufbruch. Dieser visuelle Effekt kann verschiedene Emotionen hervorrufen, je nach Kontext der Zeichnung. Es könnte eine Szene des Neubeginns, des Abschieds oder sogar des Unbekannten repräsentieren.

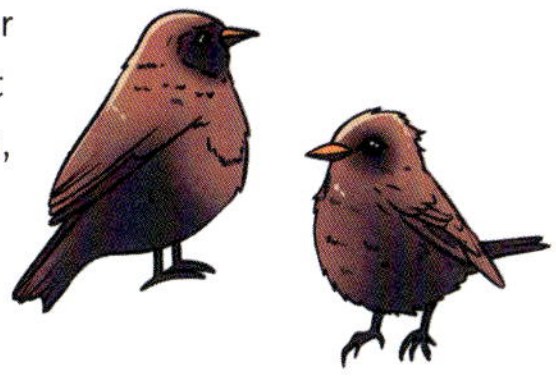

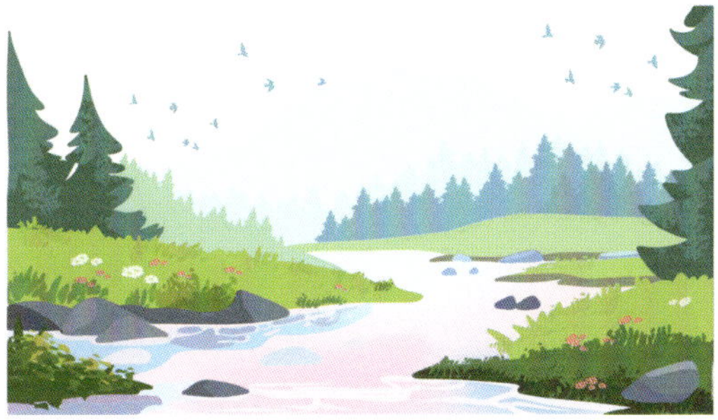

Fische

Fische, besonders im Schwarm, strahlen oft eine faszinierende Dynamik aus. Beim Zeichnen von Fischschwärmen kannst du die fließenden Bewegungen und die organische Formation der Gruppe betonen. Verwende geschwungene Linien, um die Richtung und Bewegung der Fische darzustellen, und achte darauf, unterschiedliche Größen und Positionen einzubeziehen, um Realismus zu schaffen. Betone die Schuppenstruktur der Fische, um ihre natürliche Textur hervorzuheben. Fische kannst du gut als Schwärme darstellen und ihnen sättigende Farben geben. Sie könnten in deinem Werk die Unterwasserwelt erhellen und fantastische Muster haben.

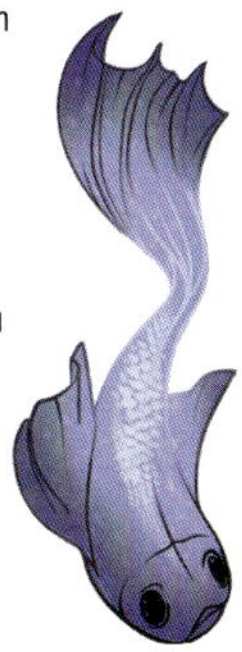

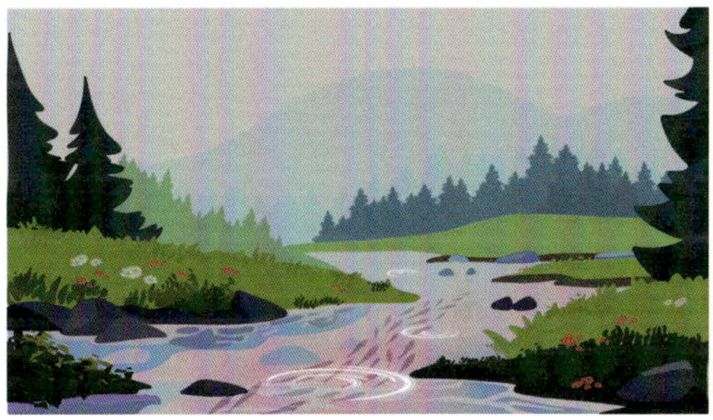

Schattenwesen

Schattenwesen, Kreaturen der Dunkelheit, zeichnen sich durch ihre Flüchtigkeit, Formwandel und die Verbindung zur Dunkelheit aus. In der Zeichnung betont man ihre Kontur mit Lichtpunkten und gestaltet die Grundform als dunkle Silhouette mit schattenhaften Linien. Die Fähigkeit zum Formwandel kann durch unterschiedliche Schattenstrukturen und leichte Unschärfeeffekte dargestellt werden. Um die mystische Aura zu unterstreichen, können zarte Lichter oder funkelnde Partikel hinzugefügt werden. Das Spiel von Licht und Schatten schafft Tiefe und verleiht den Schattenwesen eine geheimnisvolle Präsenz in der Zeichnung.

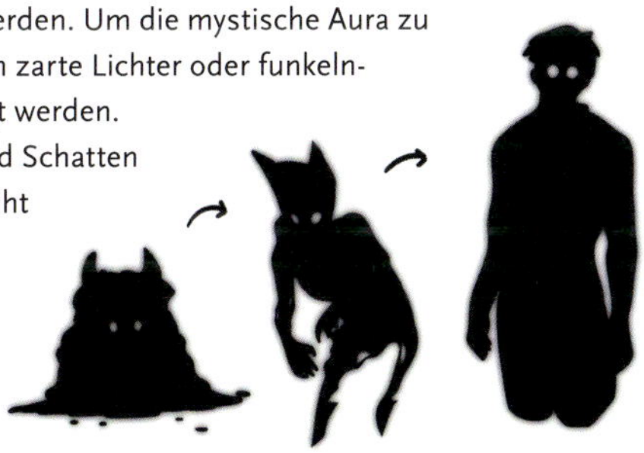

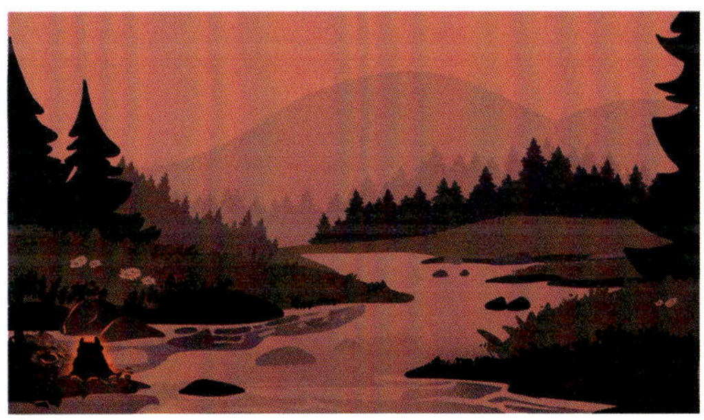

Einfache Hintergründe für deine Charaktere

Einfache Hintergründe können eine großartige Möglichkeit sein, deinen Charakter in den Fokus zu rücken und gleichzeitig eine ansprechende Atmosphäre zu schaffen, ohne zu viel vom Gesamtbild abzulenken. Zudem erleichtern einfach gestaltete Hintergründe oft den kreativen Prozess, da sie weniger Zeit für die Ausarbeitung erfordern. Hier sind einige Ideen am Beispiel des Covermotivs:

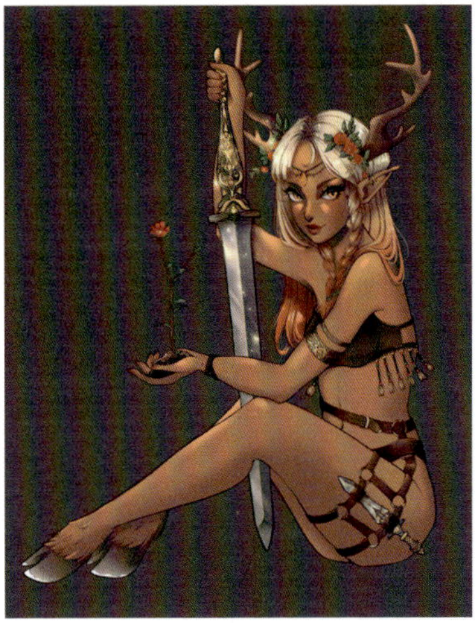

1 Einfarbiger Hintergrund
Ein einfacher einfarbiger Hintergrund, sei es eine neutrale Farbe oder etwas, das zur Stimmung deines Charakters passt, kann die Aufmerksamkeit auf den Charakter selbst lenken.

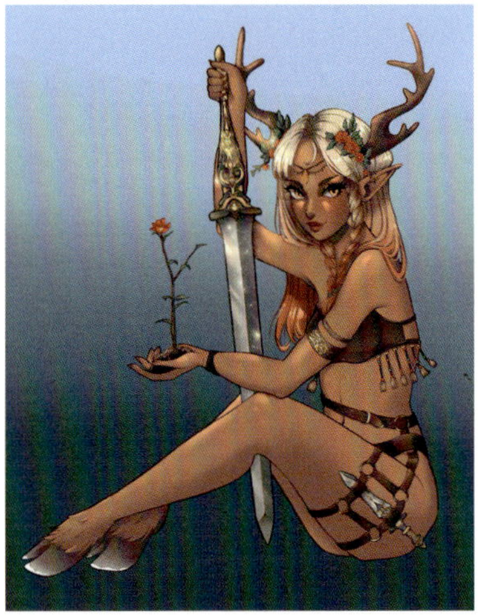

2 Verlauf
Ein Farbverlauf im Hintergrund kann eine subtile, aber wirkungsvolle Dynamik in das Kunstwerk einbringen. Durch die sanfte Überblendung von Farben entstehen fließende Übergänge, die Tiefe verleihen.

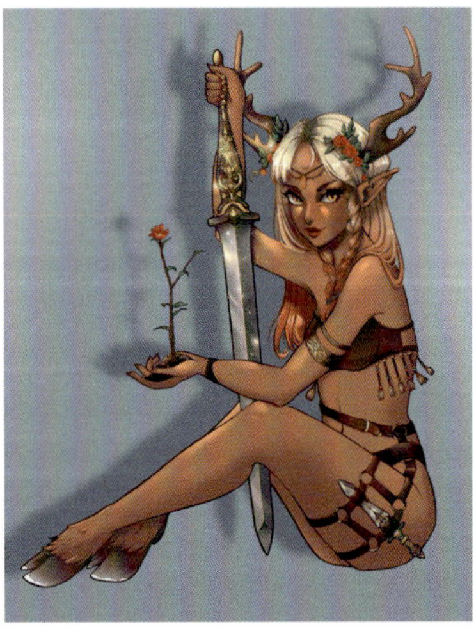

3 Schatten
Die Darstellung des Charakter-Schattens ist eine einfache Möglichkeit, den Hintergrund ein wenig aufzuwerten.

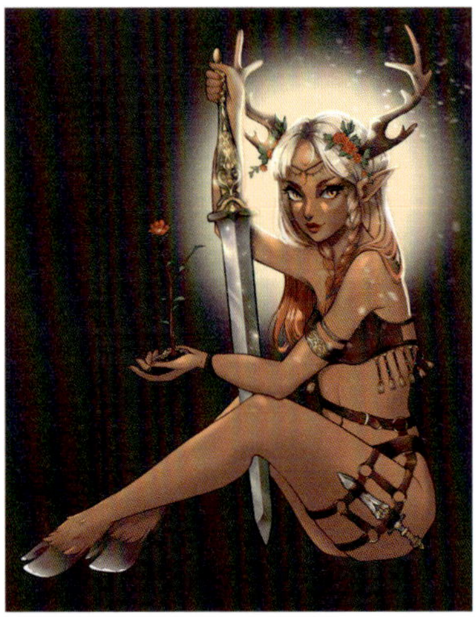

4 Licht
Ein Hintergrund, in dem Licht erstrahlt und der von leichten Lichtpartikeln durchzogen ist, erzeugt eine stimmungsvolle Szenerie und verleiht eine magische Note.

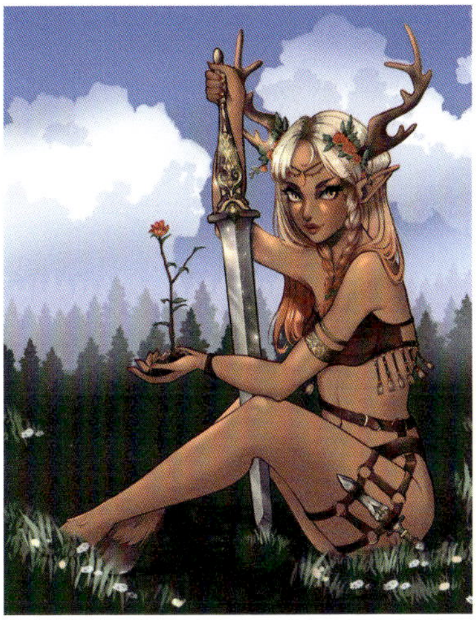

5 Einfache Landschaft
Falls du etwas mehr Tiefe in deine Szene bringen möchtest, kannst du einige einfache Landschaftselemente hinzufügen.

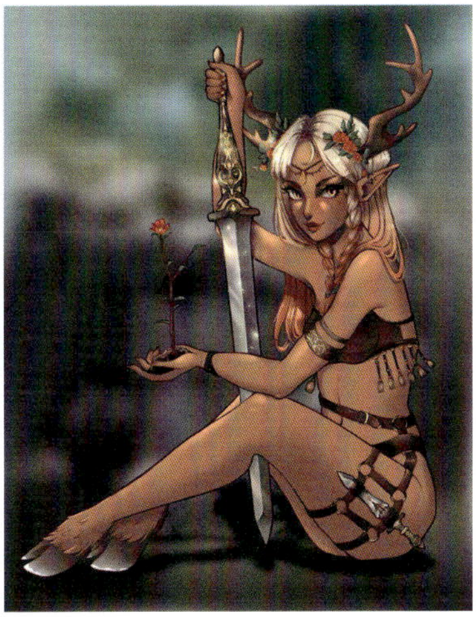

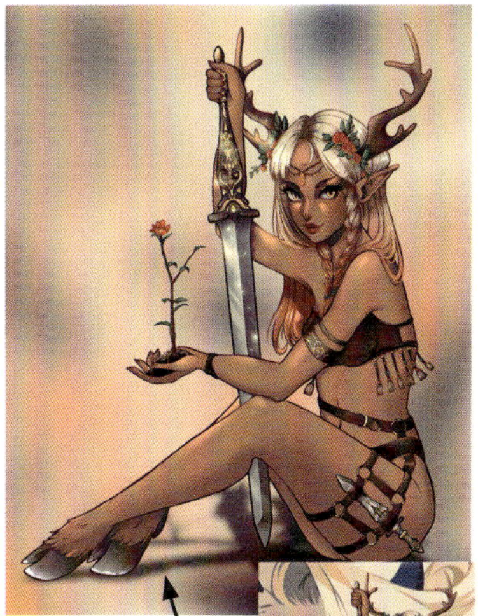

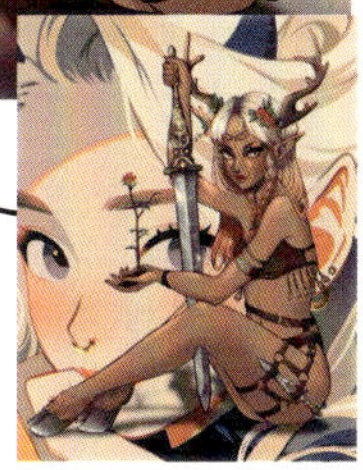

6 Unschärfe
Ein unscharfer Hintergrund kann dazu beitragen, den Fokus auf den Charakter zu lenken. Hierzu kannst du einfach ältere Zeichnungen von dir verwenden oder Fotos. Verschwommen ergeben diese einen großartigen Effekt! Achte nur darauf, dass die Farben mit deinem Charakter harmonieren.

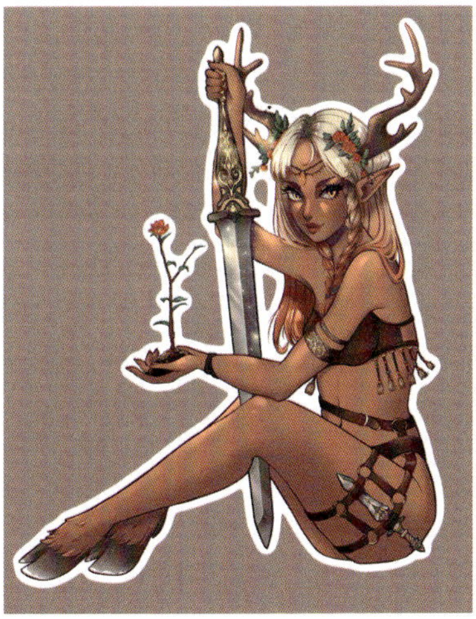

7 Outlines
Die Verwendung weißer Outlines betont den Charakter vor einem schlichten Hintergrund noch zusätzlich und erzeugt eine klare Trennung. Dein Charakter wirkt wie ein Sticker in einem Notizbuch.

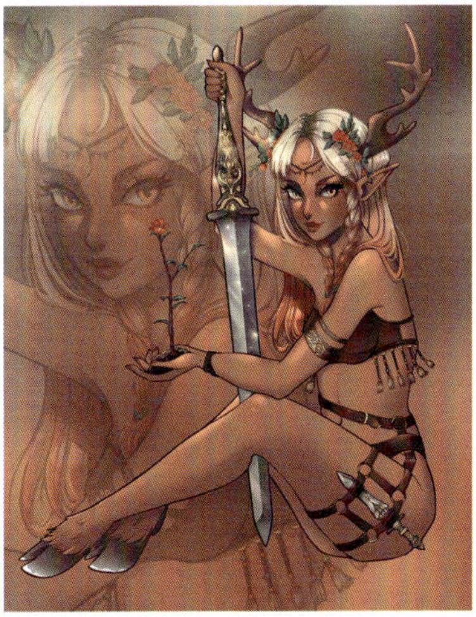

8 Vergrößern
Durch die Vergrößerung deines Charakters im Hintergrund können feine Nuancen in der Gestaltung des Charakters hervorgehoben werden.

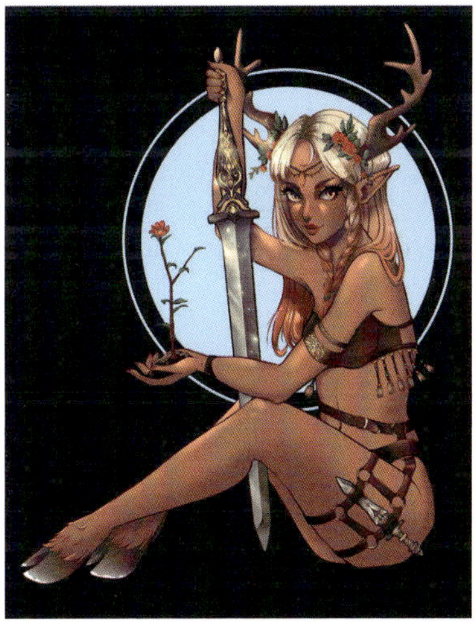

9 Formen
Ein Hintergrund, der verschiedene geometrische Formen mit lebhaften Farben hinter dem Charakter präsentiert, verleiht der Zeichnung eine moderne und künstlerische Atmosphäre.

Tipp
Du kannst auch Muster oder Texturen verwenden, um Interesse zu wecken, ohne von deinem Charakter abzulenken.

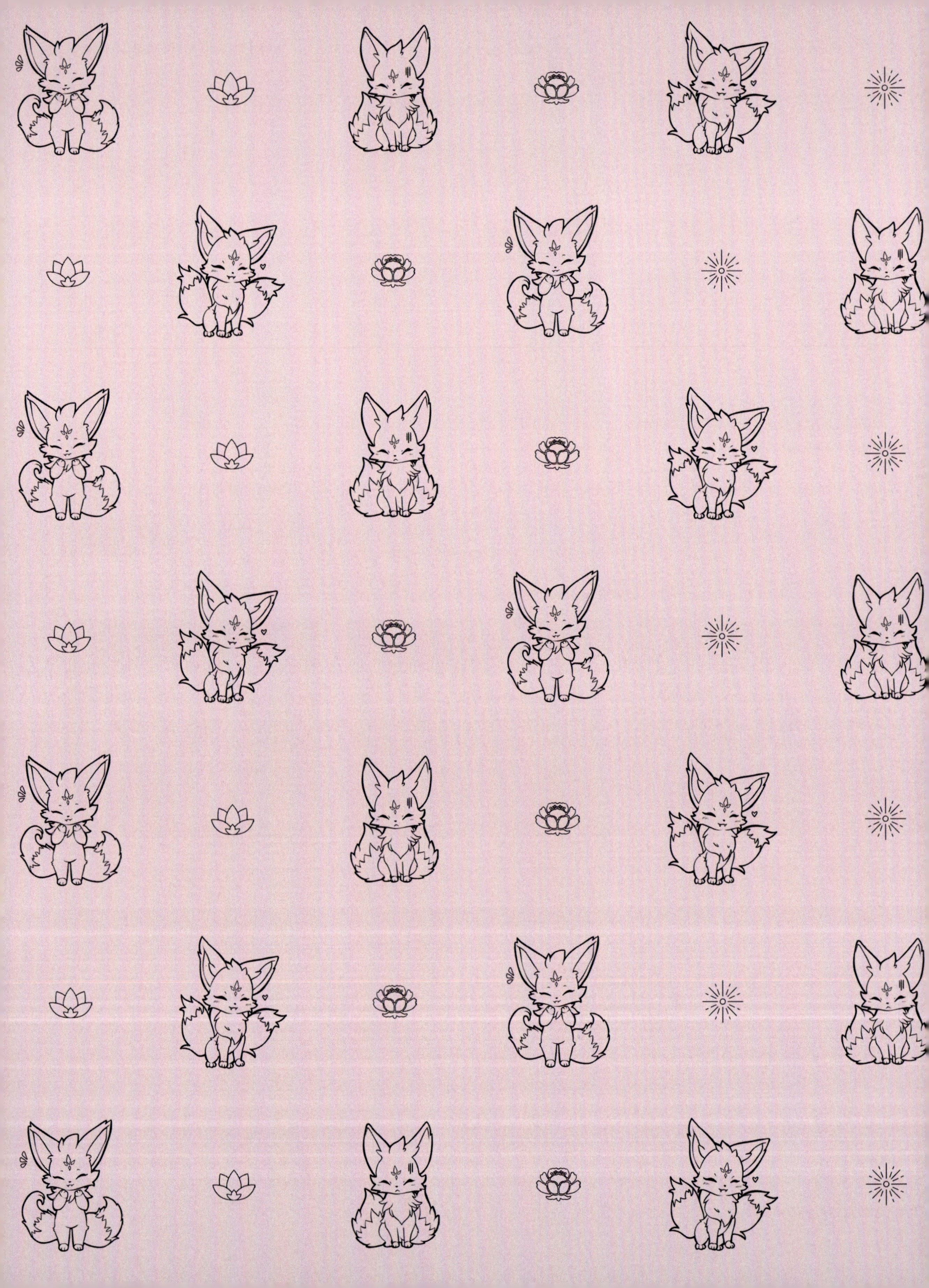

6. SCHRITT FÜR SCHRITT ZUM EIGENEN KONZEPT

Im folgenden Kapitel werden ich dich Schritt für Schritt auf eine Reise durch die Welt der Fantasy Charakterentwicklung führen. Von der Konzeptentwicklung und der ersten Skizze bis hin zur Lineart und schließlich zur Kolorierung mit einem spannenden Hintergrund. Ich werde dir jeden Schritt anhand eines Entwurfs von mir erklären, dir Tipps und Techniken zeigen, dir meine Gedanken erläutern und dich dabei unterstützen, deine eigenen kreativen Ideen zum Leben zu erwecken. Egal, ob du Anfänger oder erfahrener Künstler bist, dieses Kapitel wird dir helfen, deinen Zeichenprozess zu verfeinern und beeindruckende Kunstwerke zu schaffen.

Konzeptentwicklung und Ideenfindung

Bei der Konzeptentwicklung geht es darum, den Grundstein für deinen Fantasy-Charakter zu legen. Beginne damit, Ideen zu sammeln, die dir für deinen Charakter in den Sinn kommen. Denke über die Persönlichkeit, Hintergrundgeschichte und Fähigkeiten nach. Du könntest in diesem Schritt ein Moodboard mit Farben und Fotos erstellen. Du findest überall Inspirationen und Ideen: im Internet, in Büchern und Zeitschriften. Hast du etwas Spannendes geträumt? Wie fühlst du dich? Alles kann in dein Konzept mit einfließen.

ERSTE IDEE

Mich fasziniert schon lange Vorstellung, durch verschiedene Dimensionen zu reisen. Die Idee, dass es unzählige Realitäten geben könnte, die unsere eigene Welt umgeben, finde ich aufregend. Das ermöglicht es, unbekannte Welten zu erkunden. Nachdem ich entschieden habe, dass „Dimensionswandeln“ das Thema für mein Kunstwerk werden wird, beginne ich damit, über meinen Charakter nachzudenken, der diese außergewöhnliche Fähigkeit besitzt, stelle mir Fragen über seine Herkunft, seine Aufgaben und die Herausforderungen, die ihn erwarten würden.

ELARA – DIE DIMENSIONSWANDLERIN

Herkunft Elana wurde in einer kleinen, abgelegenen Stadt geboren. Schon in jungen Jahren war sie von den Geschichten über rätselhafte Erscheinungen fasziniert, die sie immer wieder nahe ihrer Heimatstadt hörte.

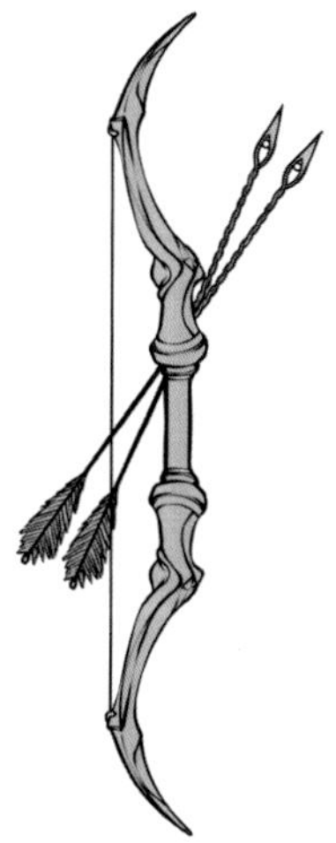

Hintergrundgeschichte An einem sonnigen Nachmittag, als Elara in den Wäldern nahe ihrer Heimatstadt das Bogenschießen übte, stieß sie auf eine versteckte Höhle. In der Mitte dieser Höhle befand sich ein mysteriöses Schwert, das in einem schimmernden Licht erstrahlte. Als sie dieses Schwert berührte, zersplitterte es und Elara fand sich plötzlich in einer anderen Dimension wieder, die parallel zu ihrer existierte. Verstört und verängstigt, wie sie war, versuchte sie alles, um in ihre Heimatdimension zurückzukehren, schaffte es aber nicht. Das Schwert war zerstört.

Worldbuilding Elara lebte jahrelang in dieser fremden Welt mit wundersamen Kreaturen, in der sie sich langsam an ihre neue Realität gewöhnte. Während ihrer Zeit in dieser Dimension traf sie auf einen ungewöhnlichen Begleiter – ein schimmerndes,

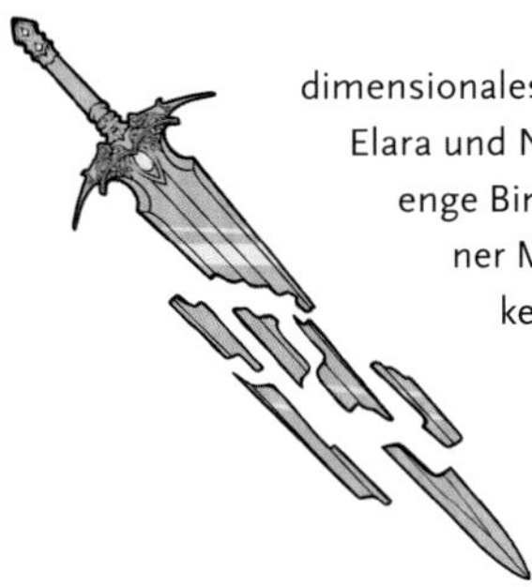

dimensionales Wesen namens Nebelstern. Elara und Nebelstern entwickelten eine enge Bindung und begannen, nach einer Möglichkeit für Elaras Rückkehr in ihre eigene Dimension zu suchen. Sie erforschten antike Schriften und Artefakte und schließlich schaffte es Elara, einen Handschmuck zu erschaffen, der es ihr ermöglichte, zwischen den Dimensionen zu reisen. Dieser besondere Handschmuck erlaubte es ihr, Portale zwischen den Realitäten zu öffnen und auch in ihre Heimat zurückzukehren. Doch diese war bei ihrer Ankunft völlig zerstört.

Fähigkeiten So entstand Elara, die Dimensionswanderin, eine Heldin, die die Grenzen des Raums überwindet, um sich dem Bösen entgegenzustellen, das Gleichgewicht zwischen den Dimensionen zu bewahren und Abweichungen zu korrigieren, die drohen, die Realitäten zu verschmelzen oder zu zerreißen.

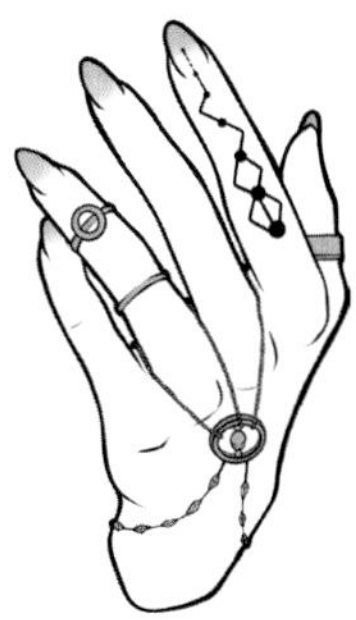

THUMBNAILS

Als nächstes skizziere ich die Szene, die ich zeichnen möchte: Elara, während sie mit Nebelstern durch das Dimensionsportal schreitet und die Zerstörung ihrer Heimatwelt sieht. Dazu fertige ich mehrere Thumbnails an.

Thumbnails zeichnen
Das Zeichnen von Thumbnails, auch Miniaturen oder kleine Skizzen genannt, ist ein äußerst nützlicher Schritt im kreativen Prozess: Du kannst mehrere Miniaturzeichnungen erstellen, um verschiedene Ansätze für dein Kunstwerk auszuprobieren. Du kannst mit ihnen die Proportionen deiner Figuren, Objekte oder Landschaften überprüfen und anpassen, bevor du dich an die detaillierte Ausarbeitung machst, da sie klein und schnell anzufertigen sind.

Format Zu Beginn solltest du das Format deine Zeichnung entscheiden – auch dazu ist es hilfreich, Thumbnails zu erstellen. Ich habe mich dazu entschieden, drei Thumbnails im Hochkant- und zwei Thumbnails im Querformat zu zeichnen. Wichtig war mir dabei, dass Elara mit ihrem Begleiter im Fokus steht (der Begleiter wird im Thumbnail vorerst als Kreis dargestellt), ein Teil der einen und ein Teil der anderen Dimension zu sehen ist und es eine harmonische Komposition ist.

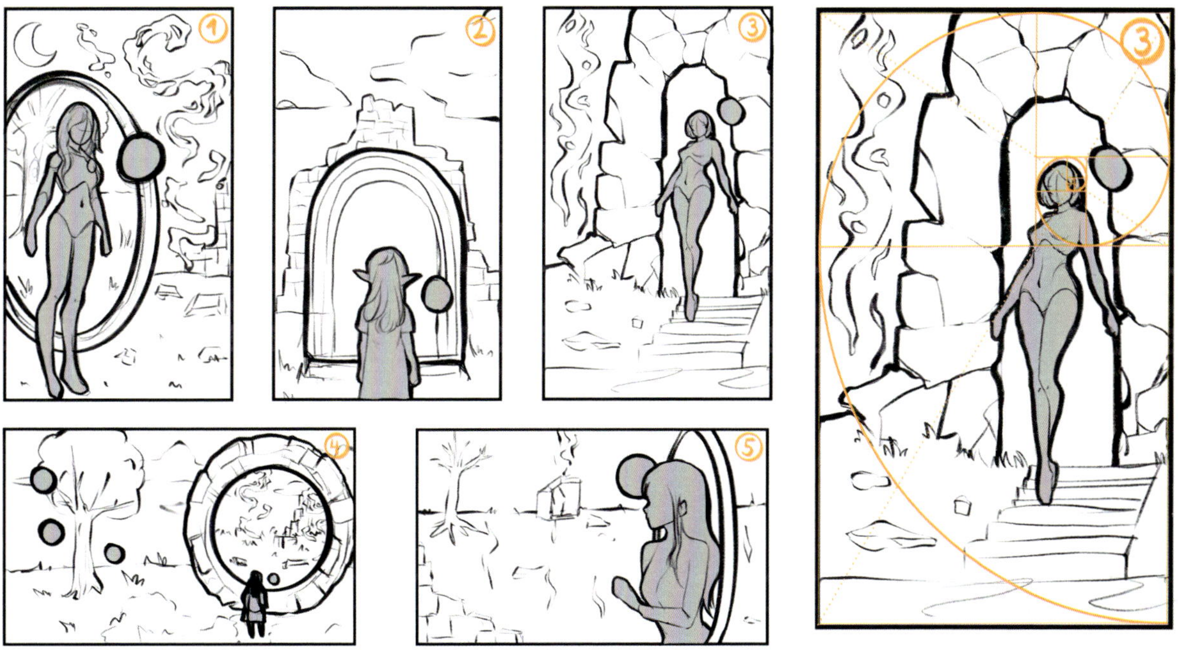

Eine Auswahl treffen Schlussendlich habe mich für Thumbnail Nummer 3 entschieden, da es meiner Meinung nach die besten Elemente für die Darstellung von Elara und ihrer Situation vereint. Hier sind die Gründe für meine Wahl im Detail: Thumbnails 2 und 4 zeigt Elara sich von hinten, was es schwierig macht, ihren Gesichtsausdruck und ihre Emotionen zu erfassen. Thumbnail 5 bietet zwar auch eine Ganzkörperansicht von Elara, aber die Umgebung in Thumbnail 5 ist sehr präsent und unruhig, was von Elara als Hauptmotiv ablenken könnte.

Szene festlegen Thumbnail 3 ermöglicht es, Elara in voller Größe darzustellen und dennoch ihren Gesichtsausdruck und ihre Gefühle zu betonen, ohne von der Umgebung abzulenken. Gleichzeitig kann der Betrachter erkennen, was sich hinter ihr im Portal befindet, was zusätzliche Spannung und Neugierde erzeugt.

Ausarbeitung der Figur

Ich beginne damit, mir den Körper und einzelne Merkmale von Elara vorzustellen. Dies beinhaltet ihre Haare, Hautfarbe, Augenfarbe und andere charakteristische Merkmale. Um diese Ideen zu konkretisieren, greife ich zunächst zur Skizze. Skizzieren ermöglicht es mir, schnell verschiedene Varianten auszuprobieren und Anpassungen vorzunehmen, bevor ich mich auf eine endgültige Version festlege.

ENTWURF KÖRPER

Elaras Körperform ist eine Kombination aus Anmut und Stärke, die zu ihrer abenteuerlichen Persönlichkeit passt. Sie hat eine schlanke, aber athletische Körperform, die auf ihre körperlichen Anstrengungen und Abenteuer hinweist. Elara hat eine gut entwickelte Muskulatur, insbesondere an den Armen und Beinen. Ihre Haltung strahlt Selbstbewusstsein und Entschlossenheit aus.

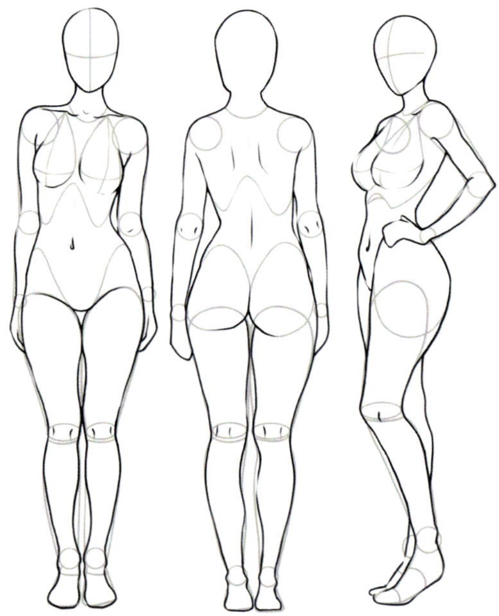

KÖRPERSPRACHE

Als nächstes überlege ich mir einige ausdrucksstarke Posen für Elara, die zu ihrer Geschichte passen. Sie könnte plötzlich stehenbleiben oder innehalten, als ob sie vom Schock überwältigt ist. Die Hände und Arme könnten in einer offenen Geste sein. Eine andere Möglichkeit wäre, dass sie die Hände vor das Gesicht oder den Mund legt, um Tränen zu verbergen oder sie könnten an die Brust gelegt werden, als ob die Person versucht, ihr Herz zu beruhigen.

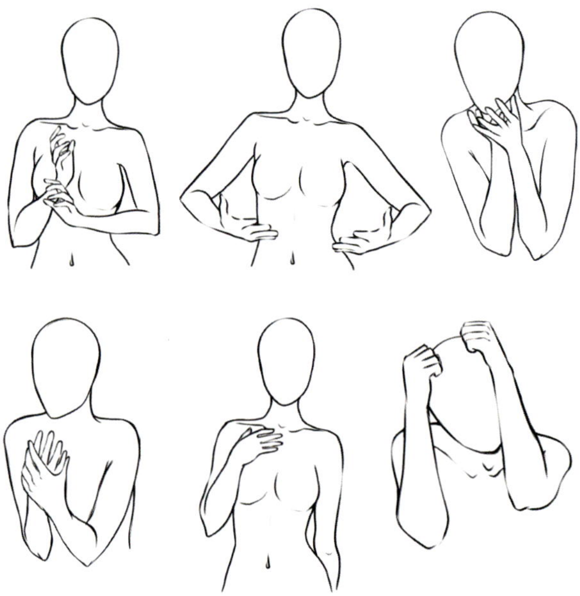

IDEEN FÜR KÖRPERLICHE BESONDERHEITEN

Elara könnte geheimnisvolle Symbole oder Tätowierungen auf ihrer Haut haben, die mit den Dimensionen und ihrer Fähigkeit zur interdimensionalen Reise in Verbindung stehen. Diese Symbole könnten auf ihrem Körper erscheinen, wenn sie ihre Kräfte einsetzt und danach wieder verblassen. Aufgrund ihrer langen Reisen durch die Parallelwelten könnte Elara auch Narben an ihrem Körper haben, die Geschichten von vergangenen Abenteuern erzählen.

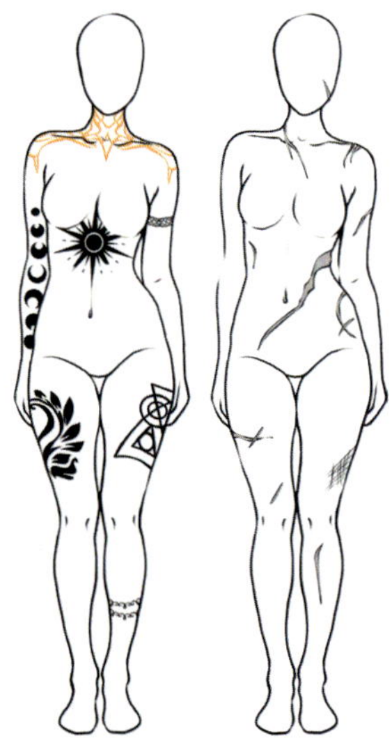

AUSARBEITUNG KOPF

ELARA – KOPF

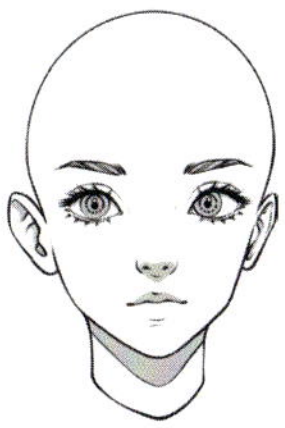

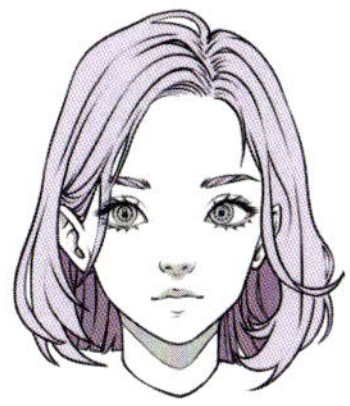

Elara soll mittellanges, seidiges Haar haben, das in einer ungewöhnlichen Farbe wie einem mysteriösen Violett, einem tiefen Blau oder einem metallischen Silber schimmert.

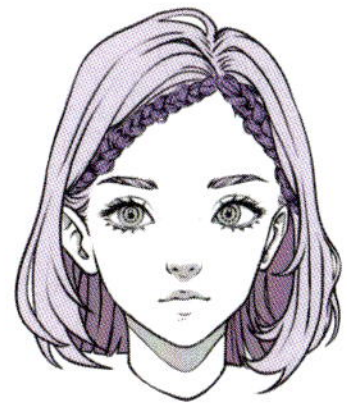

Es fällt in lockeren, leichten Wellen und mit selbst geflochtenen Zöpfen ist es eine praktische Frisur, damit ihr die Haare nicht ins Gesicht fallen und ihre Sicht stören.

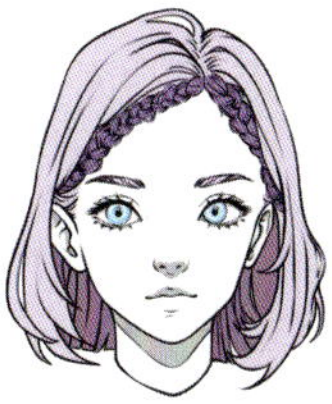

Elaras Augen haben eine faszinierende und ungewöhnliche Farbe, die auf ihre interdimensionale Begabung hinweist. Sie könnten zum Beispiel eine schimmernde türkise Farbe haben, die an ferne Welten erinnert oder ein intensives Smaragdgrün, das wie ein Portal zu anderen Dimensionen wirkt.

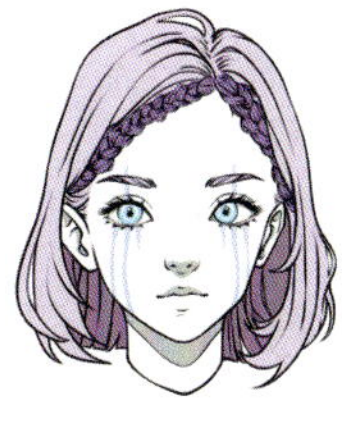

Auch auf ihrem Gesicht sind die geheimnisvollen Symbole und Tätowierungen, die sie im Laufe ihrer Reisen gesammelt hat, deutlich sichtbar. Diese Symbole könnten sich um ihre Augen, auf ihren Wangen oder an anderen Stellen ihres Gesichts erstrecken.

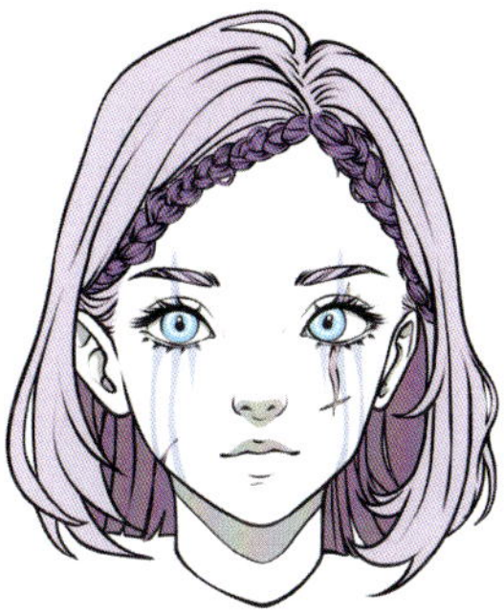

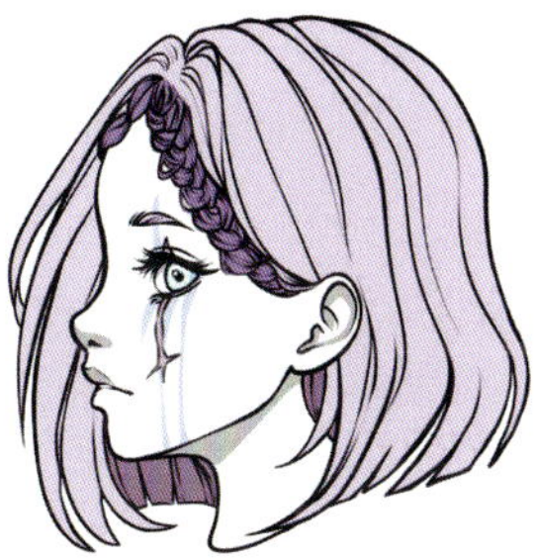

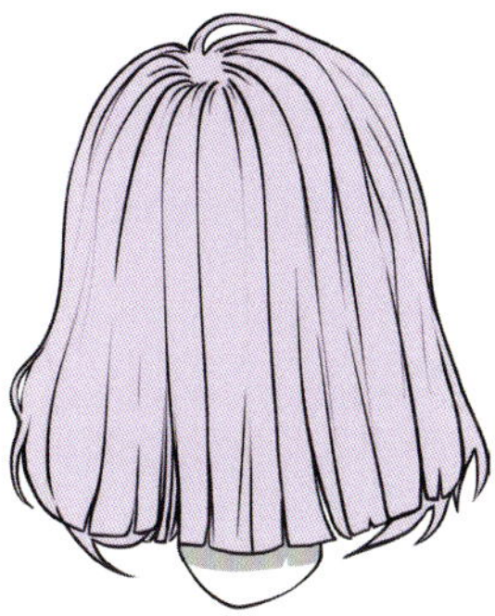

Zusätzlich hat sie im Gesicht ebenfalls Narben, die von vielen Kämpfen in der Parallelwelt zeugen.

AUSDRUCK UND EMOTIONEN

Der Ausdruck von Elaras Gesicht soll Bestürzung widerspiegeln. Ihre Augen sind weit aufgerissen, als sie durch das Portal schreitet und ihre Lippen formen stumme Worte der Trauer. Beginne mit weit geöffneten Augen, wobei die Pupillen normalerweise kleiner sind als üblich. Du kannst die Iris teilweise oder vollständig zeigen, je nachdem, wie stark die Überraschung ist. Die Augenbrauen sollten in die Höhe gezogen sein, um den Überraschungseffekt zu verstärken. Dies kann bedeuten, dass sie sich in einem hohen Bogen befinden oder sogar die Form "V" annehmen. Zeichne den Mund leicht geöffnet. Details wie Schweißperlen auf der Stirn, Tränen in den Augen oder leicht gerunzelte Stirn machen den Ausdruck noch überzeugender.

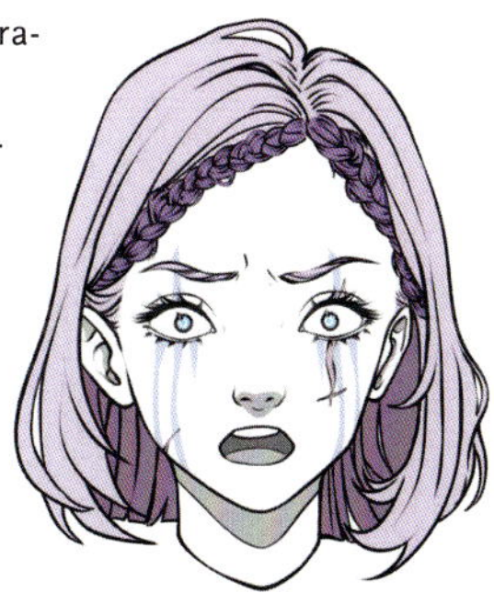

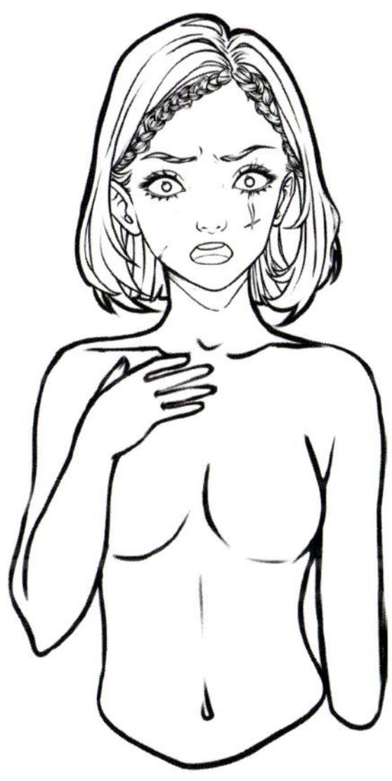

Am Ende füge ich die Skizzen, die mir am besten gefallen und am besten zur Gesamtkomposition passen, zu einer Gesamtskizze zusammen. Diese Methode ermöglicht es auch, die Kleidung und Accessoires leichter und natürlicher auf den Körper „drauf“ zu zeichnen.

Entwurf von Kleidung und Accessoires

Bei der Entwicklung von Kleidung und Accessoires für deinen Charakter gibt es einige wichtige Aspekte zu beachten, um sicherzustellen, dass das Outfit und die Accessoires zur Charakterentwicklung passen.

Wie ist die Persönlichkeit des Charakters?
Die Kleidung sollte die Geschichte und die Fähigkeiten widerspiegeln, die dein Charakter besitzt. Versuche, ein einzigartiges und unverwechselbares Design zu entwickeln, damit sie sich von anderen Charakteren abhebt und Individualität betont.

Wie bewegt sich dein Charakter fort?
Die Bewegungsfreiheit der Kleidung sollte dazu passen. Kleine Details und Verzierungen können die Kleidung und Accessoires interessanter machen. Denke an magische Symbole, Muster oder spezielle Elemente, die zu der Geschichte passen.

Passt die Kleidung zum Worldbuilding?
Stelle sicher, dass das Design von Kleidung und Accessoires im Einklang mit der Handlung und der Welt steht. Die Elemente sollten eine kohärente Geschichte erzählen und zum Gesamtbild beitragen.

ENTWURF KLEIDUNG

Die Wahl der Kleidung für Elara sollte sowohl zu ihrer Persönlichkeit als auch zu ihrer Rolle als Zeitreisende und Dimensionsspringerin passen. Hier habe ich ein paar passende Ideen gezeichnet:

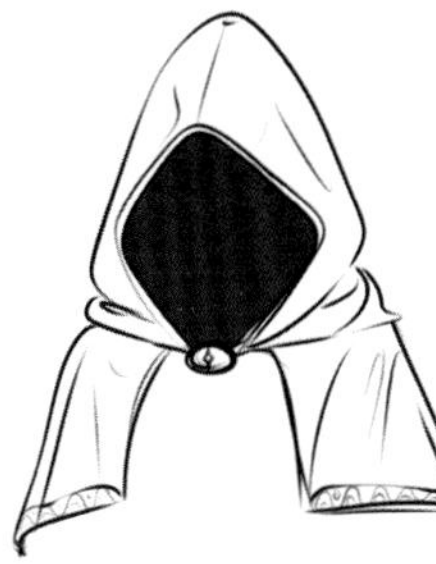

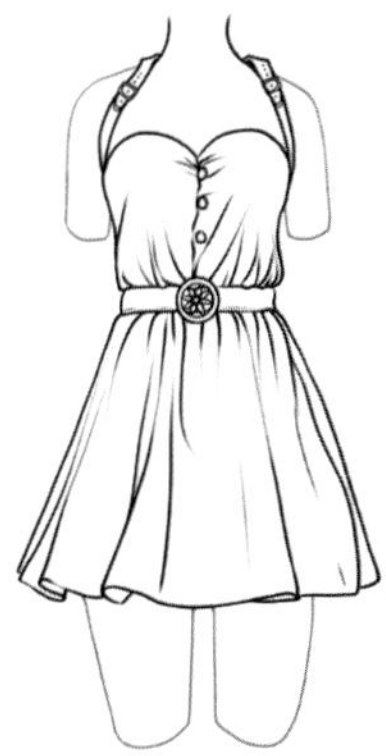

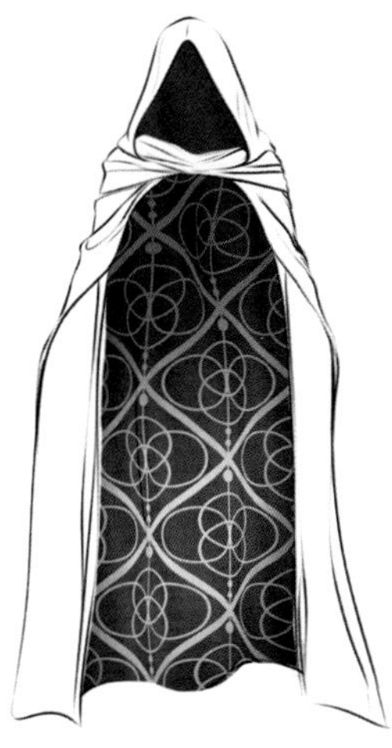

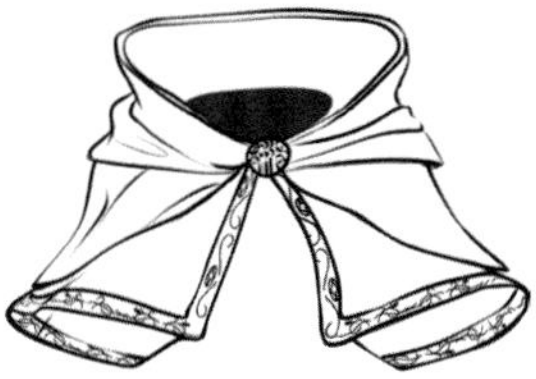

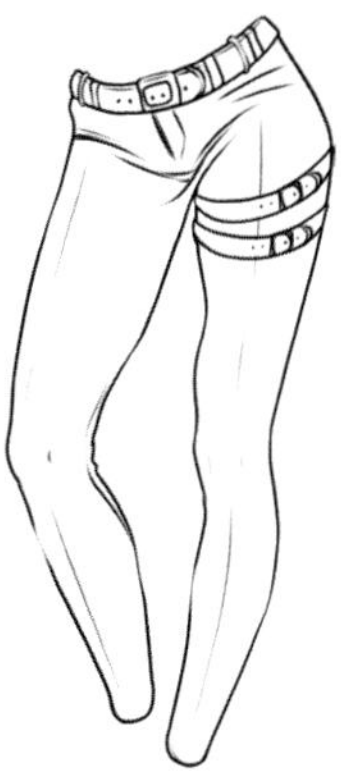

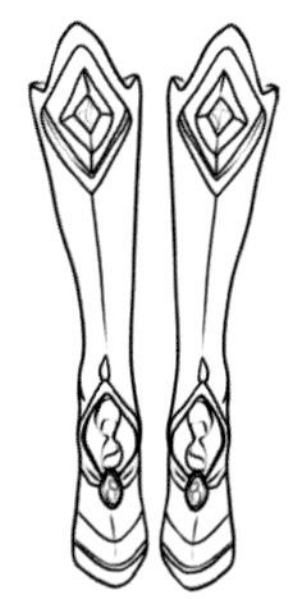

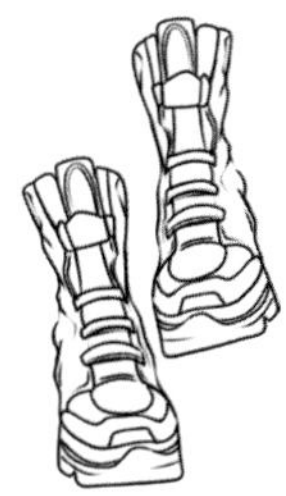

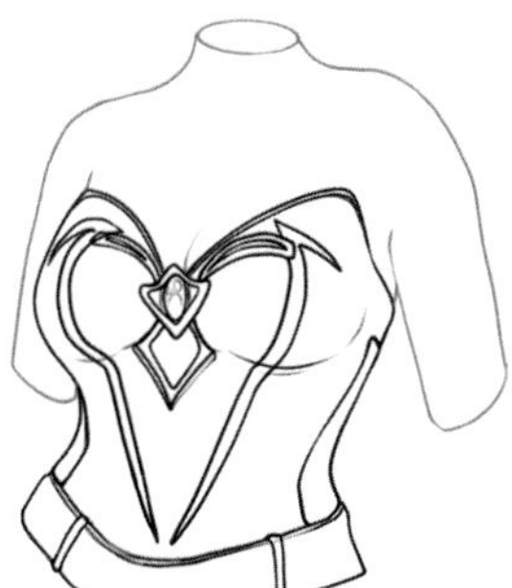

Schließlich habe ich mich für das Kleid entschieden, da es elegant wirkt und ihr am meisten Bewegungsfreiheit gibt, denn in ihrem Abenteuer durch verschiedene Dimensionen benötigt Elara Flexibilität, um sich schnell zu bewegen und geschickt auf unvorhersehbare Situationen zu reagieren. Dazu trägt sie robuste Stiefel, um Hindernisse problemlos zu überwinden.

ENTWURF ACCESSOIRES

Da Elara die Fähigkeit besitzt, durch Dimensionen zu reisen, trägt sie natürlich ihren machtvollen **Handschmuck**, mit dem sie Portale heraufbeschwören kann.

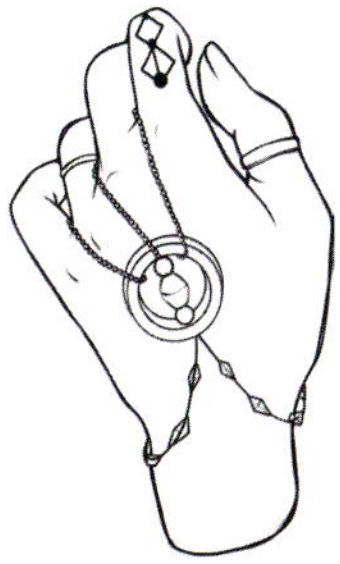

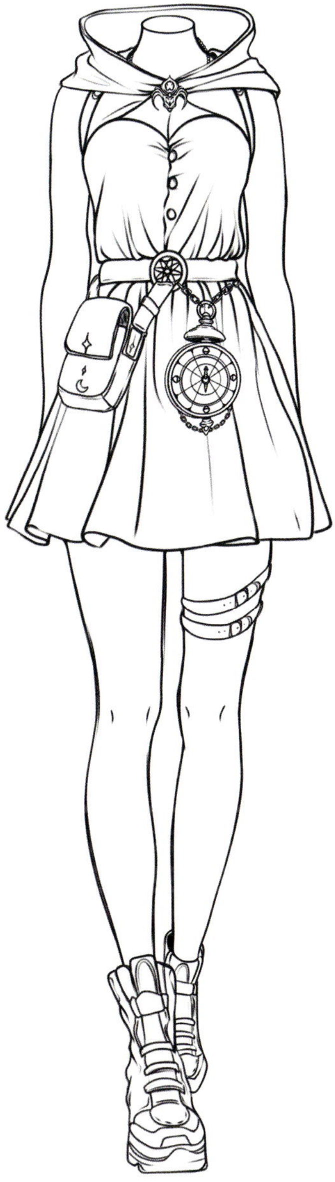

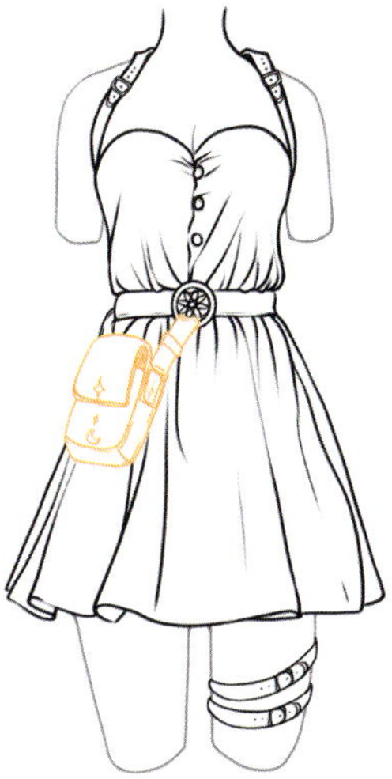

Außerdem könnte sie **Taschen oder Beutel** tragen, in denen sie magische Artefakte, Werkzeuge und Notizbücher für ihre Forschungen und Abenteuer aufbewahrt.

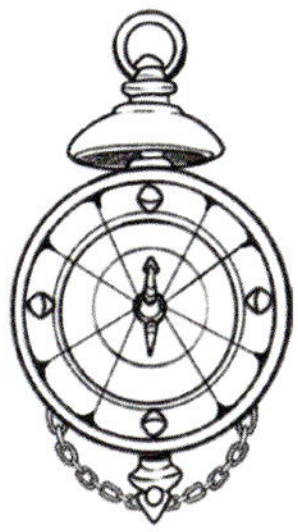

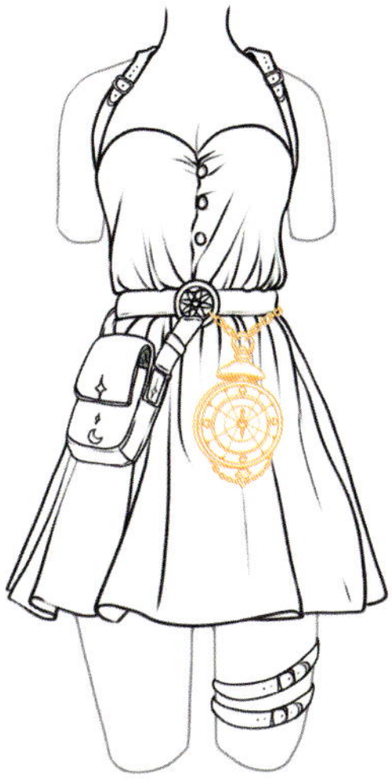

Elaras **Anhänger** ist weit mehr als nur ein schmückendes Accessoire. Dieser besondere Kompass ermöglicht es ihr nicht nur, sich in den Dimensionen zurechtzufinden, sondern auch, die Zeit in jeder einzelnen Dimension zu lesen. Denn die Zeit verläuft in den verschiedenen Dimensionen nicht gleich. Mit diesem einzigartigen Anhänger kann sie die Zeit in jeder Dimension bestimmen, die sie betritt, und so sicherstellen, dass sie immer zur richtigen Zeit am richtigen Ort ist.

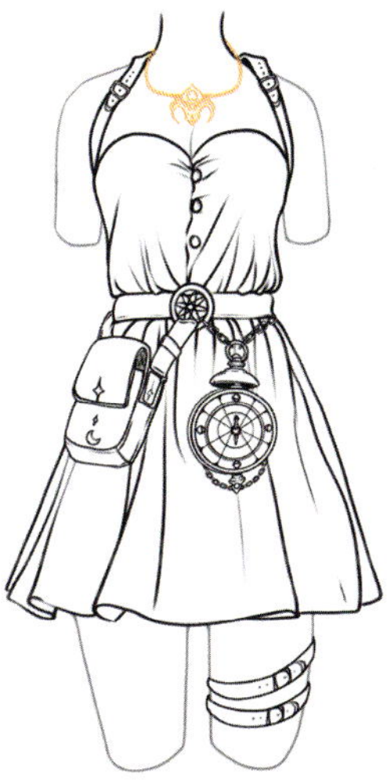

Elara könnte **magische Amulette oder Talismane** tragen, die ihre Kräfte verstärken oder sie vor Gefahren schützen.

Am Ende des Gestaltungsprozesses ist es an der Zeit, die endgültigen Entscheidungen zu treffen. Nachdem du verschiedene Ideen für Kleidung und Accessoires in Betracht gezogen und Skizzen erstellt hast, solltest du diejenigen Elemente auszuwählen, die am besten zu deinem Charakter und der Geschichte passen. Alles andere solltest du weglassen, damit das Design nicht überladen wirkt.

Waffendesign und weitere Hilfsmittel

Die Visualisierung von Waffen bei der Charakterentwicklung ist ein wichtiger Schritt, um die Fähigkeiten eines Charakters zum Ausdruck zu bringen. Es geht nicht nur darum, welche Waffen ästhetisch zum Charakter passen, sondern auch darum, wie sie in die Geschichte und die Vergangenheit des Charakters integriert werden können.

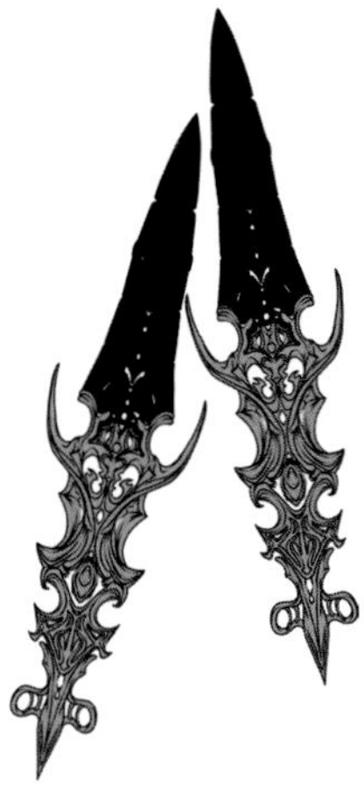

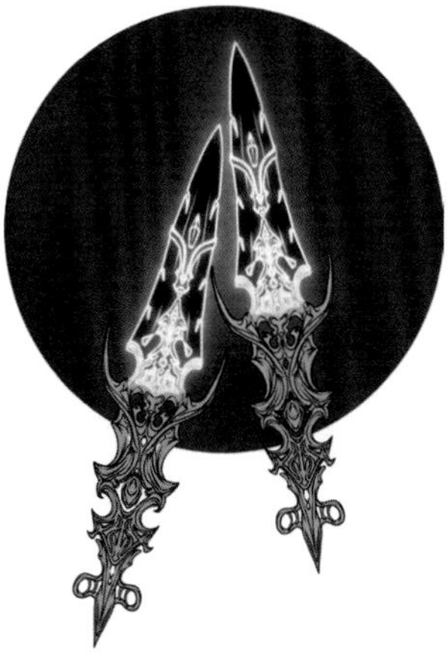

ELARAS WAFFEN

Die Waffen meines Charakters sollen nicht nur funktional sein, sondern auch die Magie ihrer Reisen in verschiedene Dimensionen widerspiegeln. Ihre einzigartige Optik und Fähigkeiten machen sie zu einem wichtigen Bestandteil Elaras.

Die **Zeitschleifen-Dolche**, die in der Lage sind, Zeitschleifen zu erzeugen und die Zeit in einem begrenzten Bereich zurückzudrehen oder voranzutreiben. Die Griffe der Dolche sind mit antiken Symbolen verziert.

HILFSMITTEL FÜR DEN KAMPF

Wissen ist Macht und kann auch eine Waffe sein. **Elaras Notizbuch** ist mit geheimnisvollen Symbolen und Runen verziert, die nur von wenigen verstanden werden. Es beinhaltet wichtige Informationen über verschiedene Dimensionen.

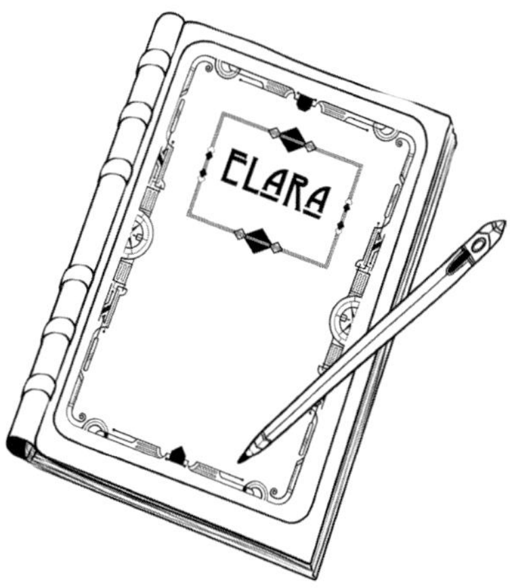

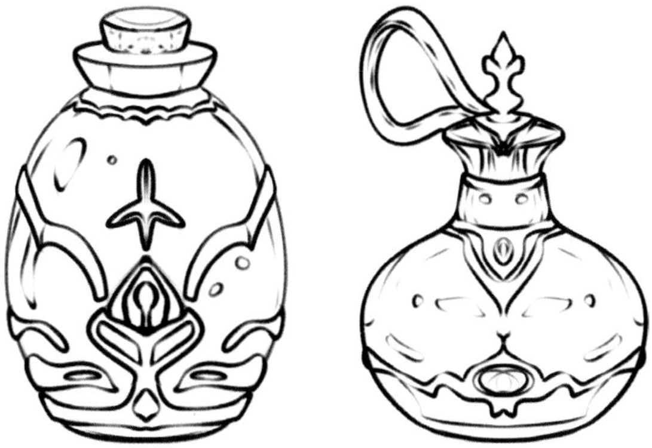

Elara trägt auch eine Vielzahl von **magischen Tränken und Elixieren** mit sich, die ihr in den verschiedenen Dimensionen nützlich sein können. Sie schützen Elara etwa vor den negativen Auswirkungen der unterschiedlichen Dimensionen, sei es extreme Temperaturen, magische Strahlung oder andere Gefahren.

Gestaltung eines magischen Begleiters

Die Erstellung eines passenden Begleiters für einen Fantasy-Charakter kann eine aufregende Möglichkeit sein, die Charakterentwicklung zu vertiefen und die Geschichte interessanter zu gestalten. Der Begleiter kann verschiedene Formen annehmen, sei es ein Tier, eine magische Kreatur, ein mechanisches Wesen oder sogar eine geisterhafte Erscheinung.

NEBELSTERN – AUSSEHEN, POSE UND AUSDRUCK

Natürlich braucht auch Elaras treuer Begleiter Nebelstern ein passendes Aussehen. Ich stelle mir vor, dass Nebelstern (wie sein Name bereits verrät) ein Schattenwesen ist, das aus schimmerndem Nebel und Lichtpartikeln besteht. Sein Körper ist transparent und besitzt mehrere Flügel an jeder Seite, mit denen er durch Dimensionen reisen kann. Nebelstern soll klein und handlich sein, damit Elara ihn als vertrauten Begleiter auf ihrer Schulter oder in ihrer Tasche tragen kann.

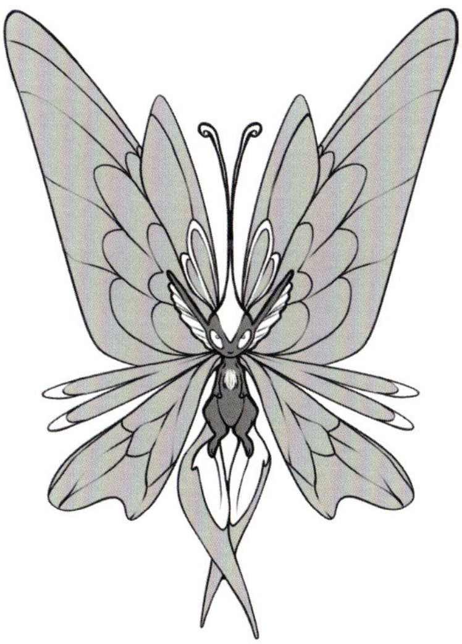

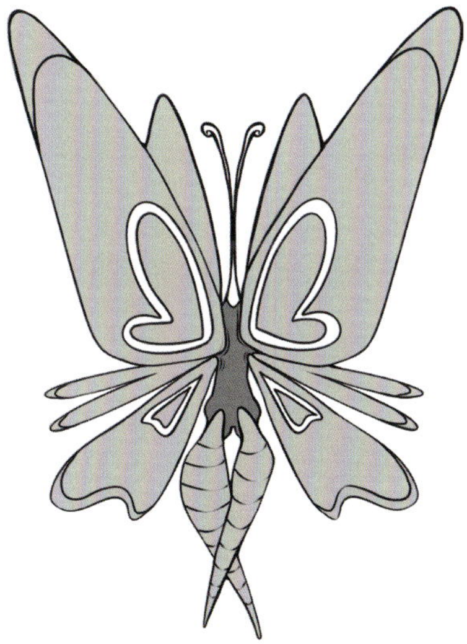

Im Laufe der Zeit sind Elara und Nebelstern zu guten Freunden geworden. Nebelstern hat Elara dabei geholfen, wieder in ihre Welt zurückkehren zu können. Aus diesem Grund ist auch Nebelsterns Ausdruck durchzogen mit Entsetzen, als er die Zerstörung erkennt, die Elaras Welt widerfahren ist.

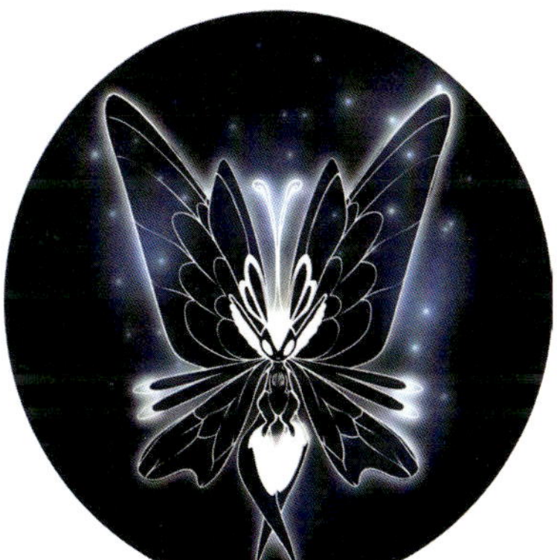

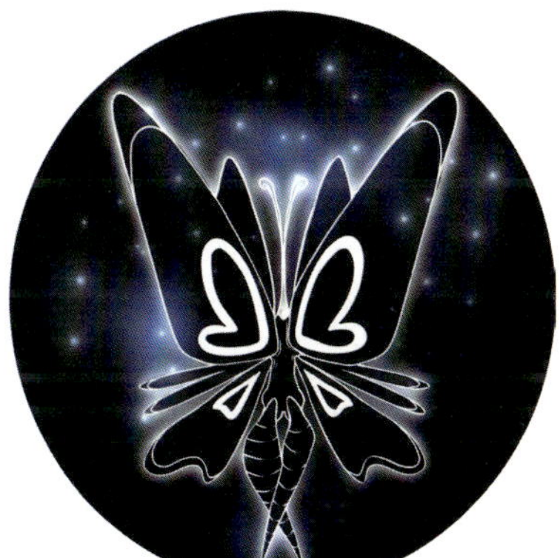

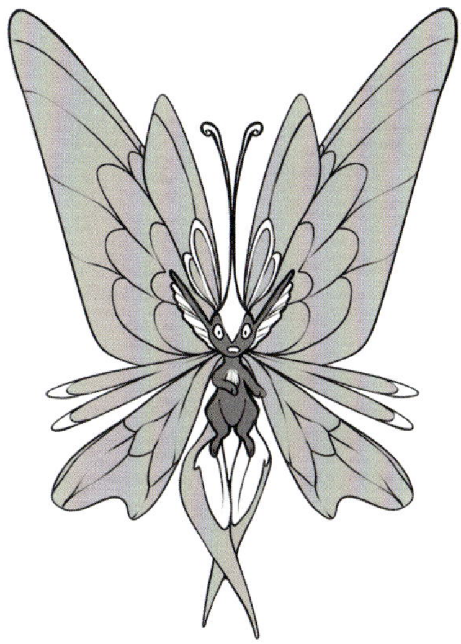

Ausarbeitung des Worldbuilding

Durch das Worldbuilding erschaffen wir eine lebendige Kulisse, die die Persönlichkeit deiner Charaktere und ihre Abenteuer widerspiegelt.

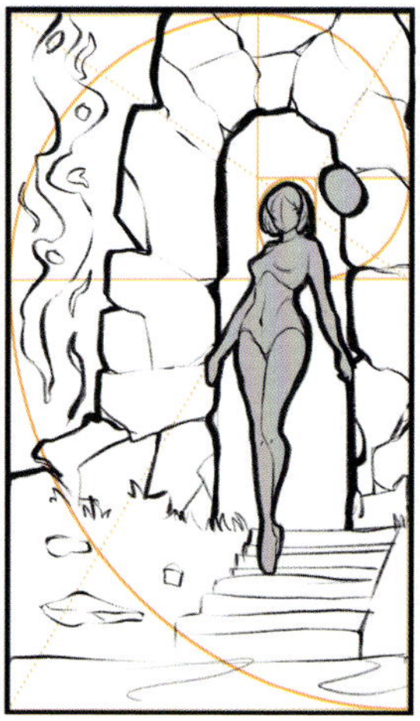

Auf der späteren endgültigen Zeichnung wird nur ein kleiner Ausschnitt von Elaras Welt zu sehen sein und doch muss dieser Ausschnitt deutlich machen, dass ihre Welt zerstört wurde, weil die Gesichtsausdrücke unserer Charaktere sonst keinen Sinn ergeben würden. Der Blick auf eine zerstörte Umgebung weckt die Neugier des Betrachters. Was ist geschehen?

Rauch zeichnen

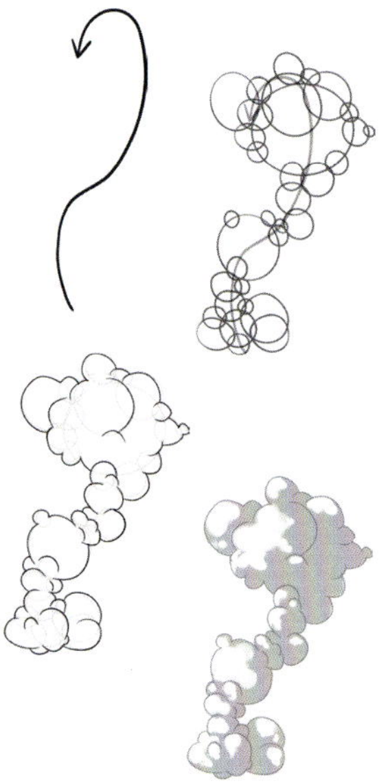

Ich starte mit einer gebogenen Linie, die nach oben steigt, oder eine lockere S-Kurve, je nachdem, wie ich den Rauch darstellen möchte.

Mithilfe vieler kleinen und großen Kreise erstelle ich die Grundform des Rauchs...

...die ich am Ende mithilfe des Nachzeichnens der Outlines fertig stelle.

Am Ende nutze ich einen weißen Brush, um Highlights auf den Rauch zu setzen.

Feuer zeichnen

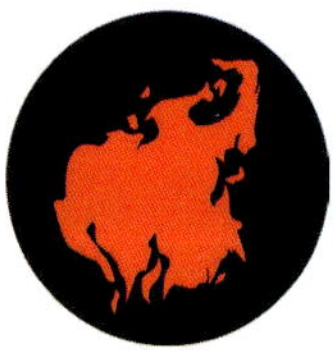

1 Zunächst zeichne ich mit einem satten Rot die Grundkontur einer Flamme.

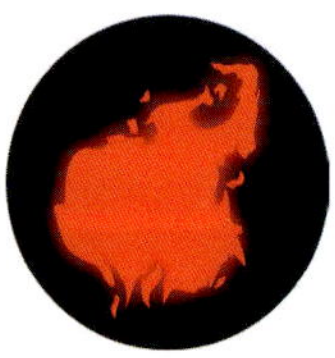

2 Auf der Ebene darunter zeichne ich mit einem weichen Pinsel und der gleichen Farbe das Leuchten der Flamme ein.

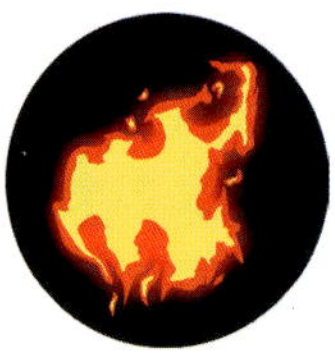

3 Im Inneren der Flamme, wo es am heißesten ist, male ich mit gelber Farbe die Umrisse der Flamme im Inneren nach.

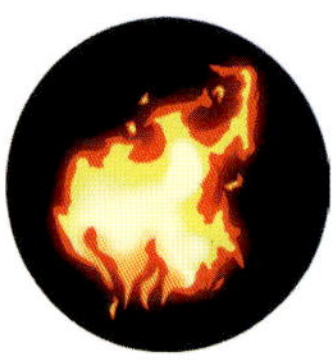

4 Anschließend bringe ich mit einer Ebene darüber und mithilfe der Einstellung „Hinzufügen" weiteres Leben in die Flamme.

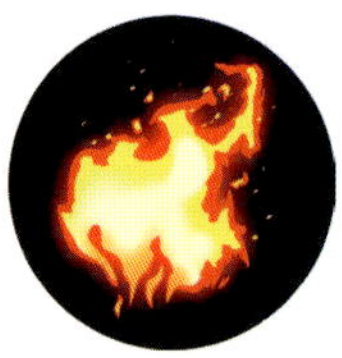

5 Glut und umherwehende Funken füge ich am Ende hinzu und gebe ihnen mithilfe der Bewegungsunschärfe einen realistischen Effekt.

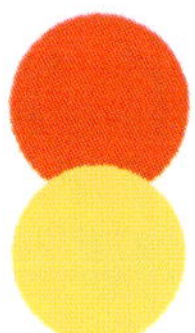

Wähle sehr gesättigte Farben für deine Flamme. In meinem Beispiel habe ich diese beiden Töne gewählt.

ELARAS HEIMATWELT

Elaras Heimatwelt dient dazu, den Kontrast zwischen Elaras früherem Leben und der Dimensionsreisen in der Fantasiewelt zu betonen. Beim Austritt aus dem Portal in ihre Heimatwelt soll völlige Zerstörung erkennbar sein, die man z.B. mithilfe von kaputten Objekten, Ruinen, abgebrannten Bäumen, verwelkten Blumen, Rauch und Feuer darstellen kann.

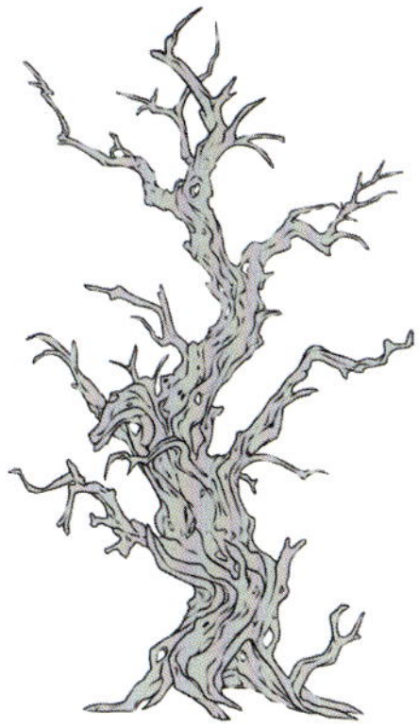

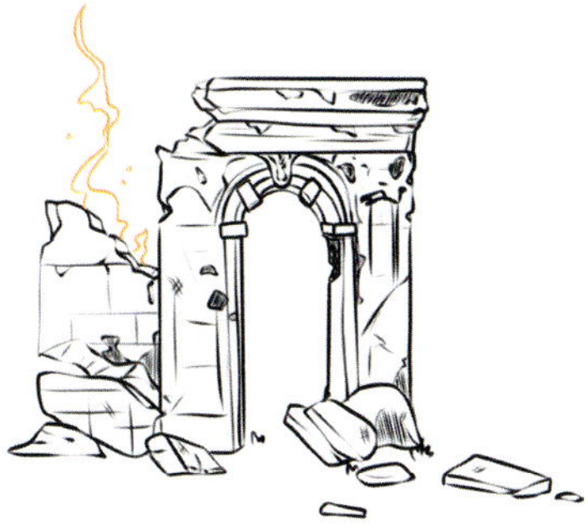

ELARAS GEFÄNGNIS-DIMENSION

Auch von der Dimension, in der Elara jahrelang gefangen war, ist nur der Ausschnitt, den man durch das Portal hinter ihrem Rücken erhaschen kann, zu erkennen. Um den Kontrast zu der Zerstörung ihrer Heimatwelt weiter zu verstärken, sind in einigen Bereichen der Dimension riesige, leuchtende Kristalle zu sehen, die das Licht reflektieren und eine magische Atmosphäre erzeugen. In der Dimension, in der Elara gefangen war, herrscht eine düstere und beklemmende Atmosphäre. Es ist eine Welt, die von Schattenwesen wie Nebelstern bewohnt wird, die Architektur besteht aus verfallenen, düsteren Gebäuden.
In der düsteren Dimension, in der Elara gefangen war, ist der Himmel von einer ständigen Dunkelheit durchzogen. Es gibt keine Sonne und keinen Mond, aber viele Sterne, die den Himmel erhellten.

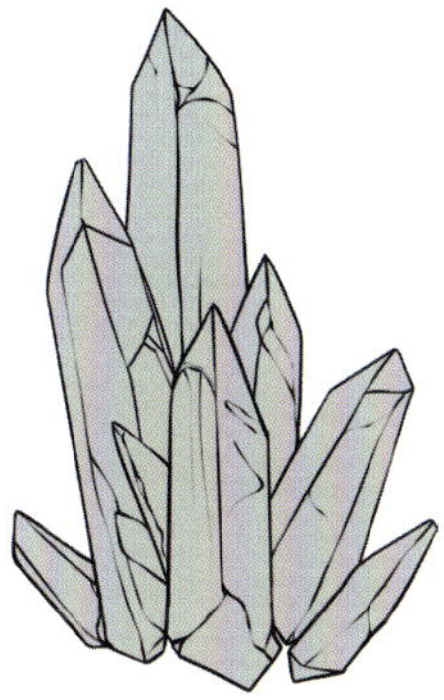

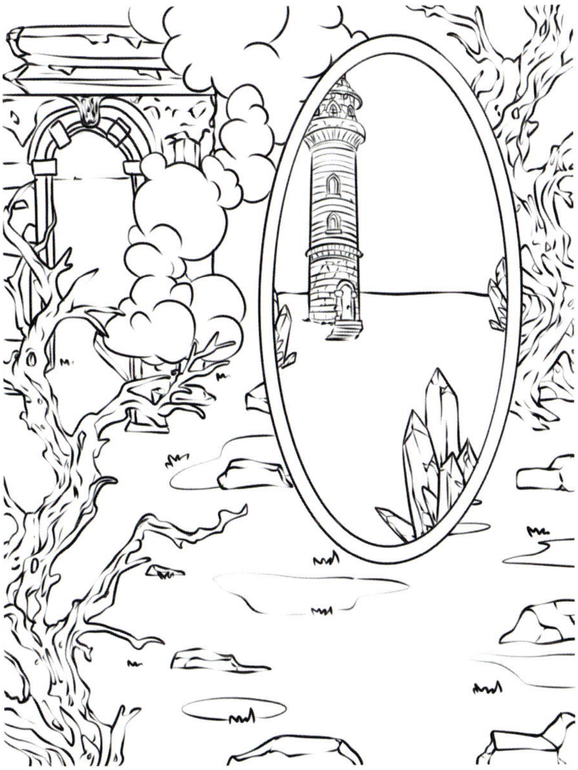

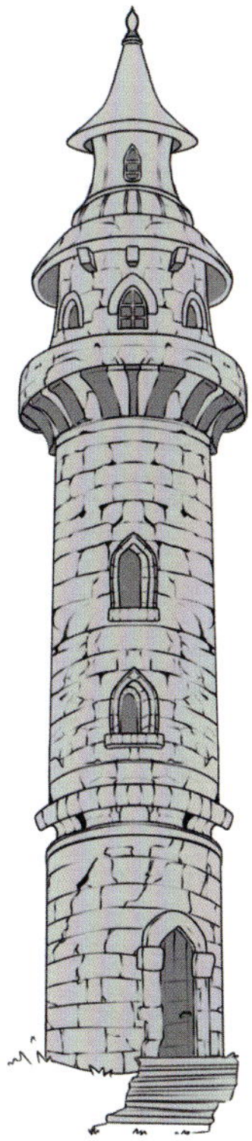

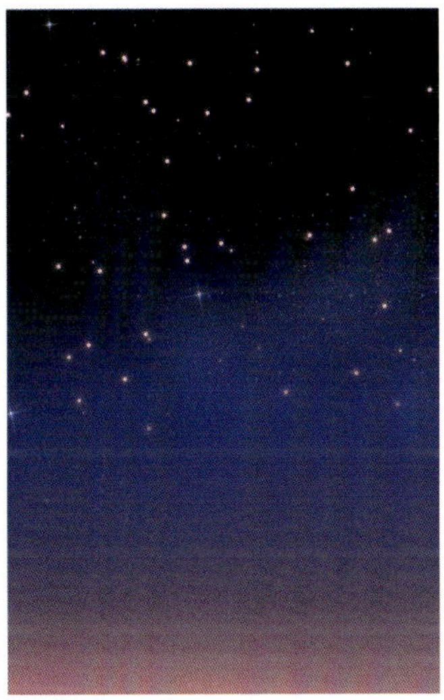

Lineart und Fertigstellung der Skizze

Jetzt ist der Zeitpunkt gekommen, in dem wir uns den Outlines widmen. Dazu fügen wir alle Ergebnisse aus den vorherigen Seiten zusammen und zeichnen Konturen und Details mit dem Lineart-Brush (oder einem Stift deiner Wahl) nach. Die Outlines verleihen unserem Charakter Leben und Definition, indem sie klare Umrisse und scharfe Linien schafft. Achte darauf, die Linienstärke bewusst einzusetzen, um bestimmte Bereiche zu betonen und Tiefe in dein Kunstwerk zu bringen.

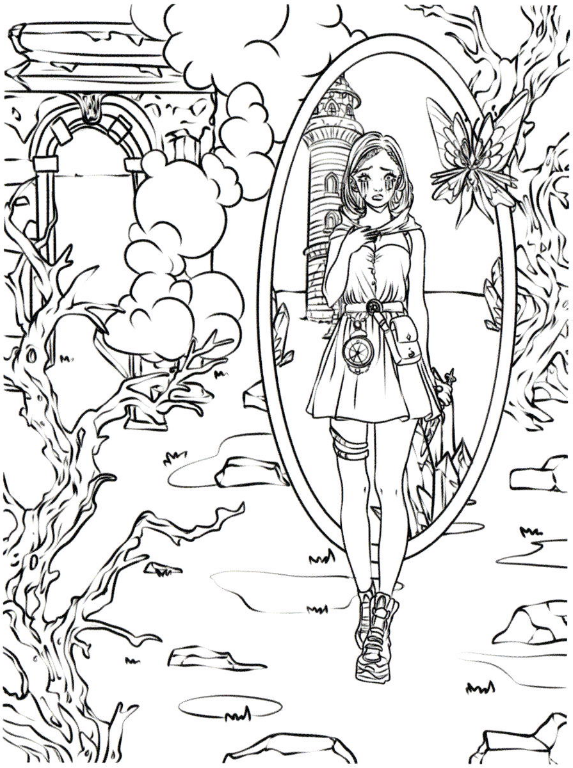

LINIENSTÄRKE

Die Linienstärke (Lineweight) bezieht sich auf die Dicke oder Stärke der Linien, die du in deinem Kunstwerk verwendest. Dickere Linienstärke kann dazu verwendet werden, den Fokus auf den Hauptcharakter oder wichtige Details zu lenken, während dünnere Linien für weniger wichtige Elemente verwendet werden können. Das trägt auch dazu bei, die Illusion von Tiefe in einem Bild zu erzeugen: In der Regel werden Linien in den Vordergrund dicker und in den Hintergrund dünner.

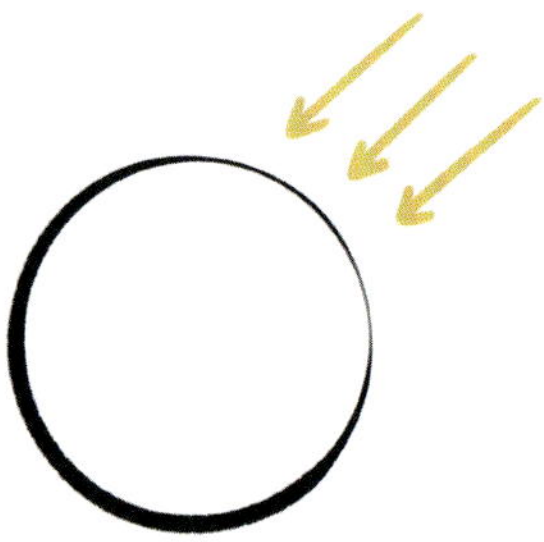

Das gleiche Prinzip kannst du bei Helligkeit und Dunkelheit anwenden. An Stellen, wo Schatten ist, sind Linien oft dicker, wohingegen Linien, die hell beleuchtet sind, eher dünner gezeichnet werden.

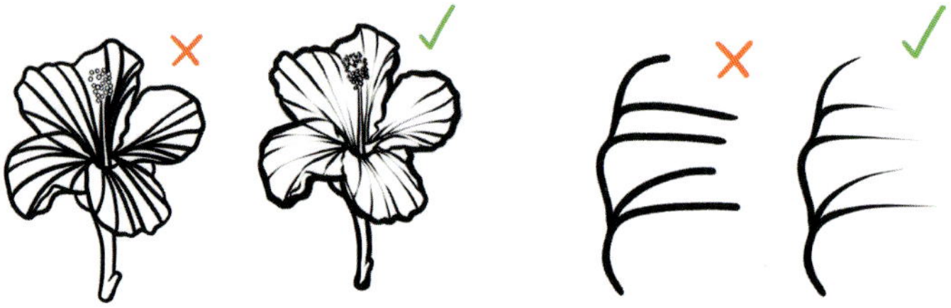

Das Hervorheben der Ecken oder Kreuzungspunkte von Linien durch eine verstärkte Linienstärke kann dazu beitragen, diese Punkte in deinem Kunstwerk zu betonen und ihnen mehr Gewicht zu verleihen. Durch das Hinzufügen von Dicke an den Ecken von Linien wird auch die Illusion von Volumen und Tiefe verstärkt. Dies kann bei der Darstellung von Objekten oder Formen dazu beitragen, dass sie plastischer und dreidimensionaler wirken.

Hier siehst du das vollständige Ergebnis meiner fertigen Lineart-Zeichnung:

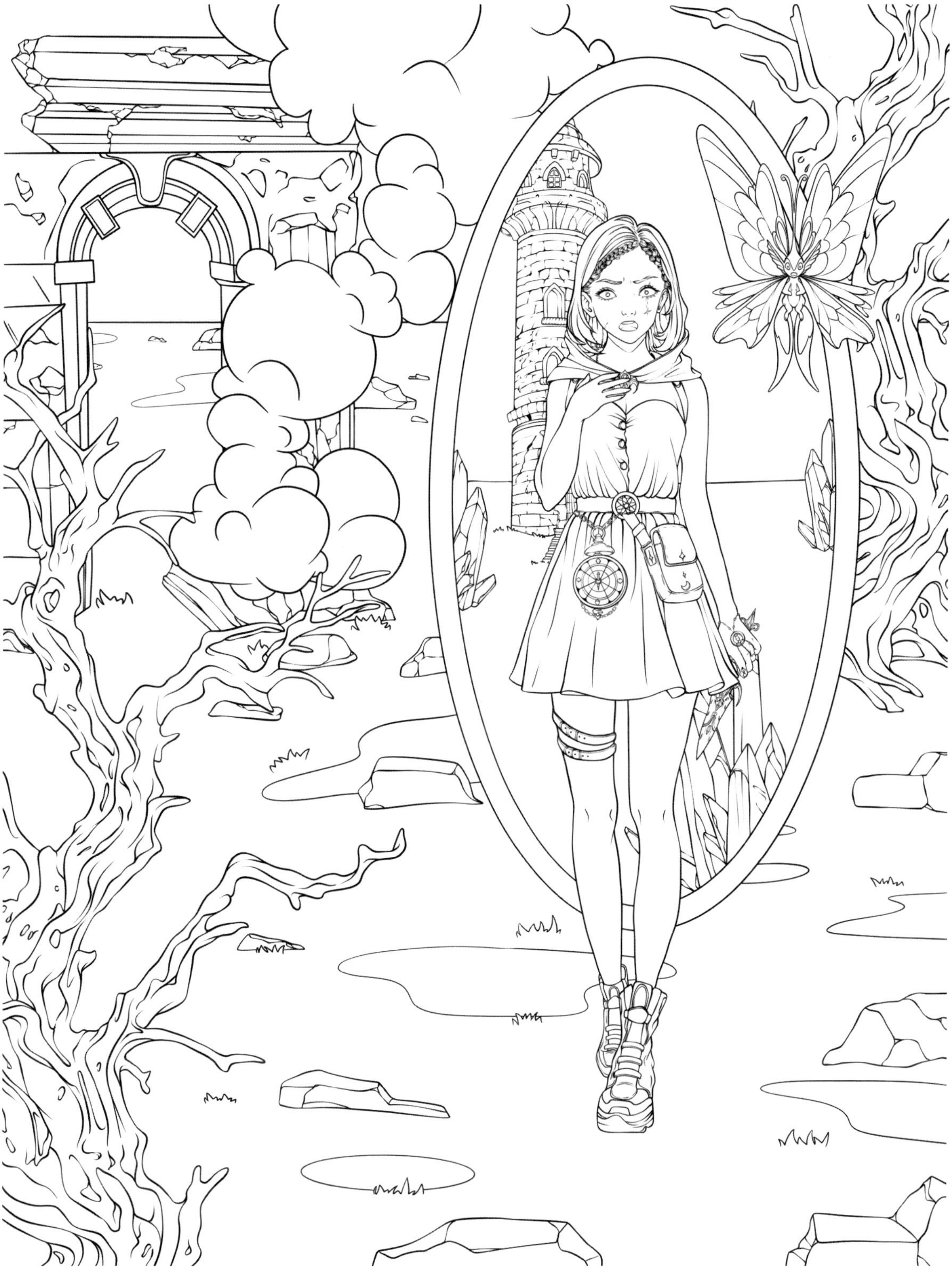

Ausarbeitung Kolorierung

Nun beginnen wir mit dem spannendsten Teil: Der Koloration! Denn durch Farben können wir dem Bild Leben einhauchen und die Wirkung verstärken.

FARBWAHL

Als erstes beginne ich damit, jede Hauptkomponente auf separate Ebenen zu blocken. Zum Beispiel erhalten Elara, Nebelstern und das Portal jeweils ihre eigene Ebene, um die Arbeit zu organisieren und es mir später einfacher zu machen. Dazu lege ich eine Ebene unter der Lineart-Ebene an.

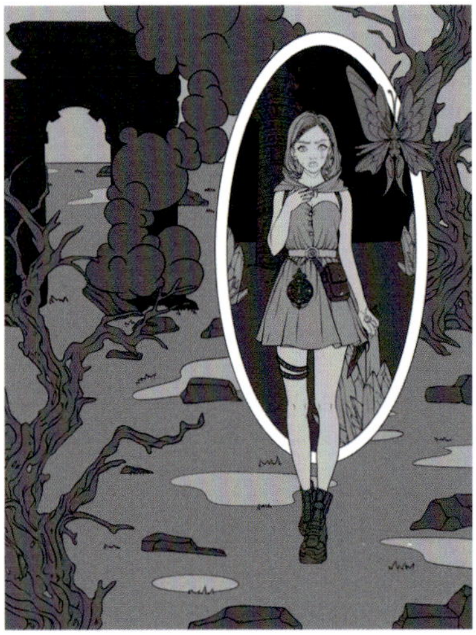

Danach füge ich grobe Farben hinzu, um die Grundfarben für jeden Bereich festzulegen. Achte darauf, eine allgemeine Farbstimmung zu entwickeln, die zur Atmosphäre der Szene passt. Bei der Entscheidung, Elaras Heimatwelt in dominierenden Rottönen zu gestalten, habe ich die Symbolik von Zerstörung berücksichtigt. Die intensiven Farben symbolisieren den Untergang und tragen dazu bei, die bedrückende Atmosphäre der zerstörten Welt zu betonen. Dagegen halte ich die Dimension, aus der Elara tritt, in dunklen Violet- und Blautönen, um einen klaren Kontrast zu schaffen. Das Dunkelblau und Violett erzeugen eine tiefe, geheimnisvolle Aura.

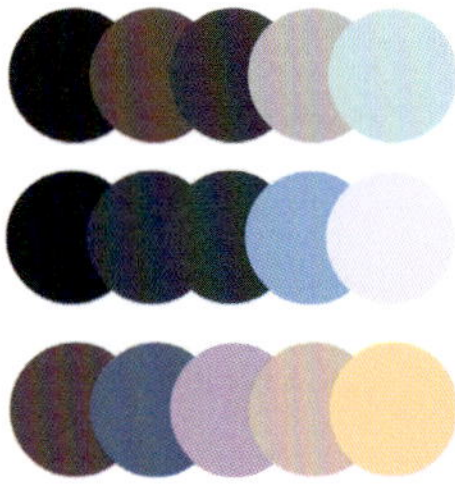

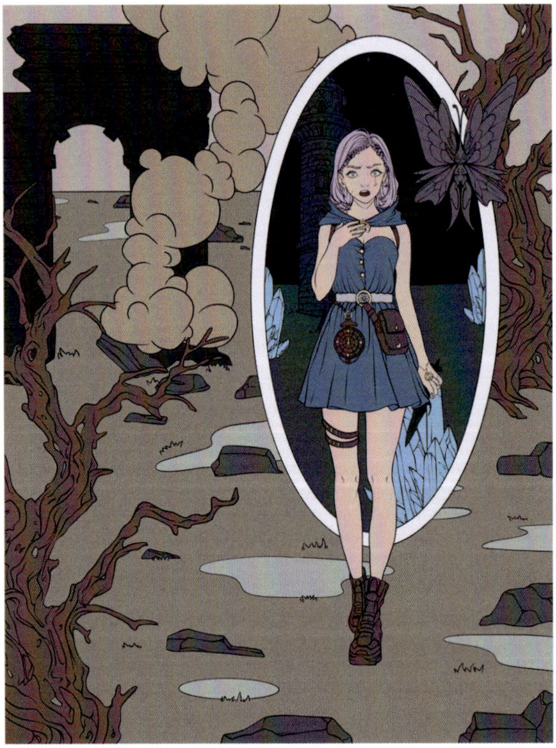

Verwende bei der Entscheidung deiner Grundfarben auch das Verlaufstool (oder in Procreate den Airbrush), so kannst du direkt Dynamik in deine Farben bringen und diese später aufgreifen.

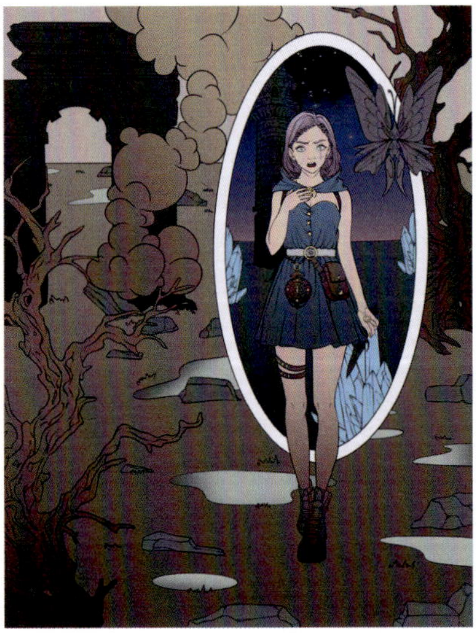

KOLORIERUNG DES HINTERGRUNDS

Es bietet mehrere Vorteile, zuerst den Hintergrund und erst danach den zentralen Charakter zu kolorieren. Zunächst ermöglicht es eine klare Vorstellung der Umgebung, die den Gesamteindruck der Szene prägt. Darüber hinaus hilft es, Licht- und Schatteneffekte im Hintergrund korrekt zu setzen, was später das Einfügen der Charaktere erleichtert. Dieser Prozess erleichtert auch die Kontrolle über den Gesamtkontrast und die Farbharmonie im Bild.

Aus den oben genannten Gründen beginne ich als erstes damit, den Hintergrund auszuarbeiten. Wir haben drei Lichtquellen in diesem Bild: das Portal, die Sonne und Nebelstern. Du kannst dir die Lichtquelle auch mithilfe einer symbolischen Lampe und Pfeilen einzeichnen, als kleine Gedankenstütze.

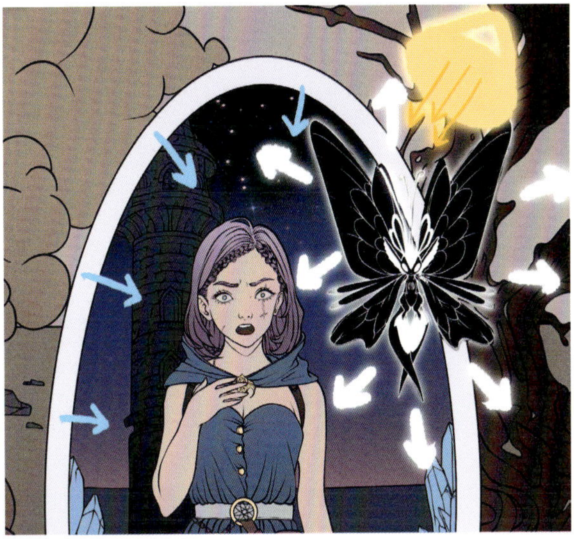

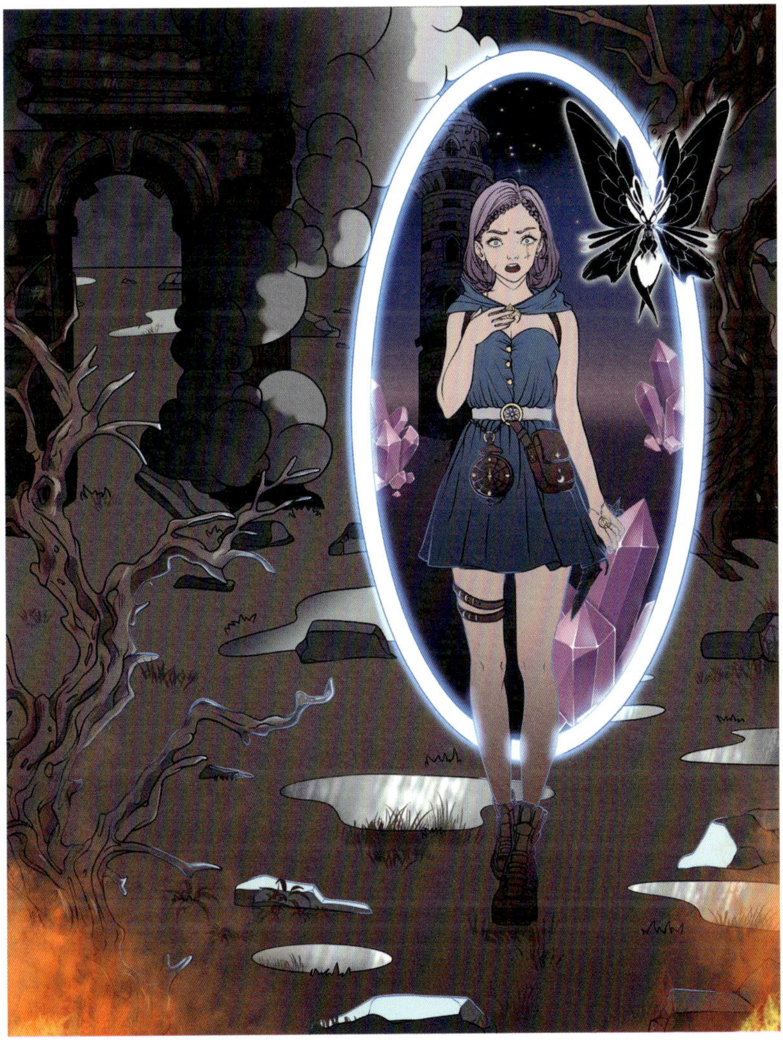

Es ist wichtig, ein ausgewogenes Verhältnis zwischen Charakter und Hintergrund zu finden, um eine klare und wirkungsvolle Komposition zu schaffen. Indem man den Charakter schärfer darstellt und seine Details betont, lenkt man den Blick des Betrachters auf ihn. Ein zu detaillierter und komplexer Hintergrund kann die Aufmerksamkeit vom Charakter ablenken oder überladen wirken. Deshalb werde ich etwa den vorderen Baum am Ende weichzeichnen, damit mehr Tiefe erzeugt wird.

KOLORIERUNG VON ELARA

Als nächstes ist Elara selbst dran: Nachdem die Grundfarben platziert sind, beginne ich mit den Details. Dazu verleihe ich Elaras Haut, Kleidung und Accessoires Tiefe, indem ich **Schatten** hinzuzufügen. Beachte dabei die Lichtquelle, um realistische Schattierungen zu erzeugen.

Schatten

Hier siehst du, wo ich die Schatten auf Elaras Gesicht eingezeichnet habe.

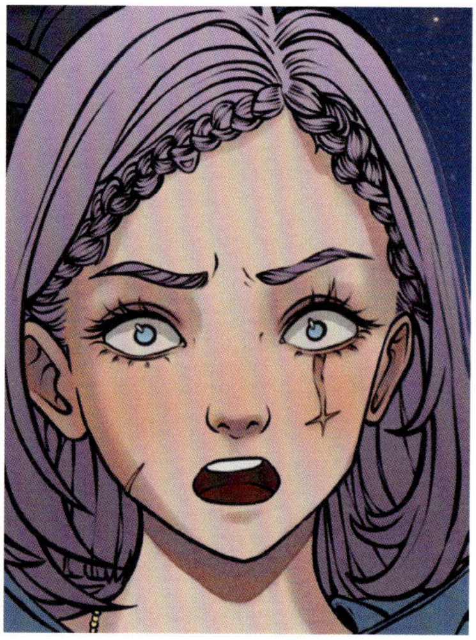

Anschließend füge ich **Details** wie ihre Tätowierung und Narben hinzu und gebe mithilfe von Texturen ihrer Kleidung und ihren Gegenständen mehr Tiefe.

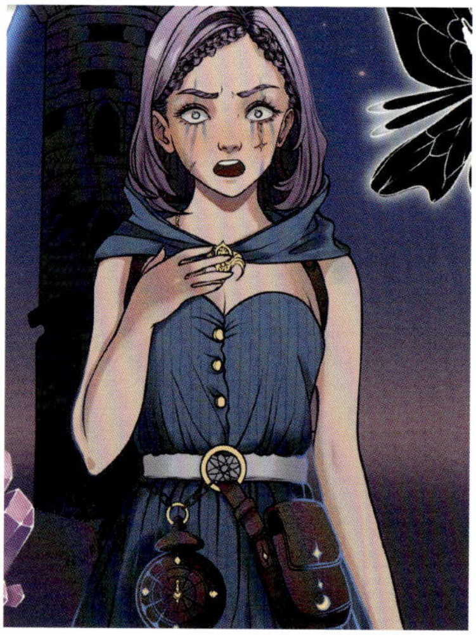

Die Schatten füge ich mithilfe einer (oder mehreren) Ebenen hinzu, die die Ebeneneinstellung „Multiplizieren" haben. Dazu nutze ich einen dunkelroten Ton.

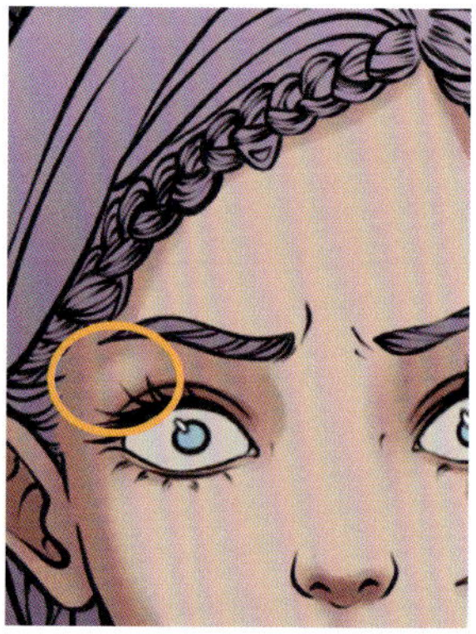

Denke beim Einzeichnen von Schatten und Licht daran, dass es Schatten gibt, die weich sind und Schatten, die hart sind. Schaue gern noch einmal im **Kapitel 4: Kolorierung** vorbei, dort habe ich dir die verschiedenen Schatten und Lichtarten erklärt.

Licht

Wie bereits erwähnt haben wir drei Lichtquellen: Die erste Lichtquelle, das Portal hinter Elara, erzeugt eine Silhouette betont ihren Körper und Kopf. Auch Nebelstern wird durch das Licht von hinten „umrandet".

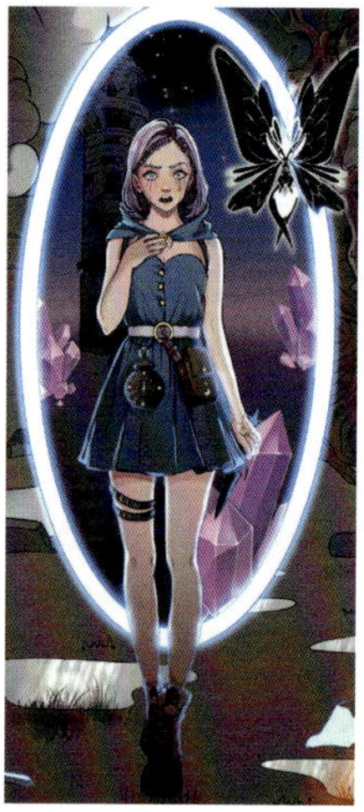

Das zweite Licht ist das Sonnenlicht, welches sanftes, warmes Licht auf ihrer Haut und ihrer Kleidung erzeugt.

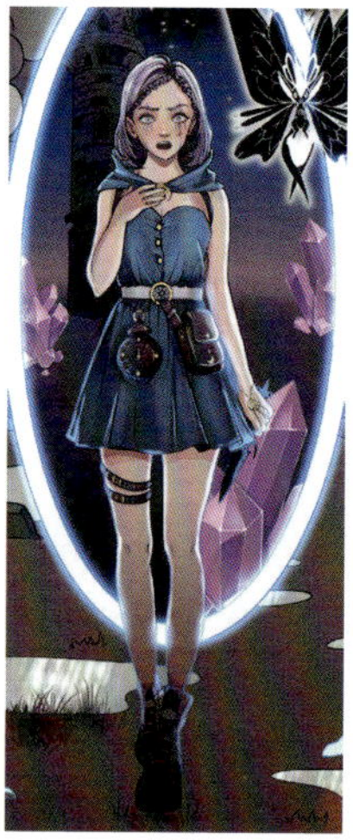

Das dritte Licht geht von Nebelstern aus. Da Nebelstern ein weißes Leuchten in sich trägt, wird Elara von der rechten Seite aus beleuchtet.

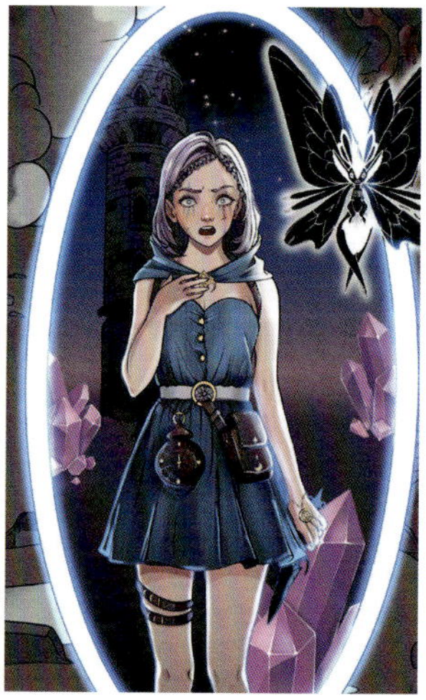

DETAILS UND EFFEKTE

Linien kolorieren

Die Lineart nicht schwarz zu lassen, sondern zu kolorieren, verleiht deinem Kunstwerk eine lebendige und organische Dimension. Schwarze Linien können manchmal zu stark und kontrastreich wirken. Durch das Kolorieren der Lineart mit den passenden Farben der Umgebung oder anderer Elemente im Bild integriert sie sich harmonischer in die Szene. Meine Lineart koloriere ich, indem ich eine neue Ebene als Clipping-Maske über die Lineart-Ebene erstelle.

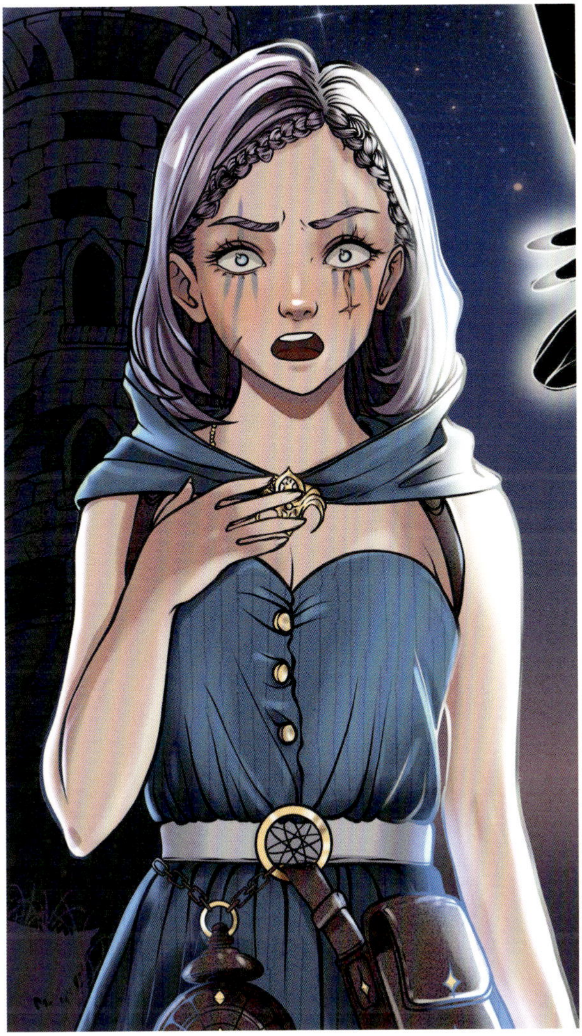

Farb-Korrekturen

Am Ende der Ausarbeitung deines Kunstwerks gibt es beim digitalen Zeichnen die Möglichkeit, die Farben durch die Anwendung von Farbbalance und Gradiationskurven feiner zu justieren. Das ermöglicht es, die Gesamtharmonie und Stimmung des Bildes zu verfeinern. Es können unerwünschte Farbstiche korrigiert und die Farben so abgestimmt werden, dass sie sich nahtlos in die gewünschte Atmosphäre einfügen. Gradiationskurven bieten die Möglichkeit, den Kontrast und die Helligkeit gezielt zu kontrollieren, um bestimmte Bereiche des Bildes hervorzuheben oder zu dämpfen.

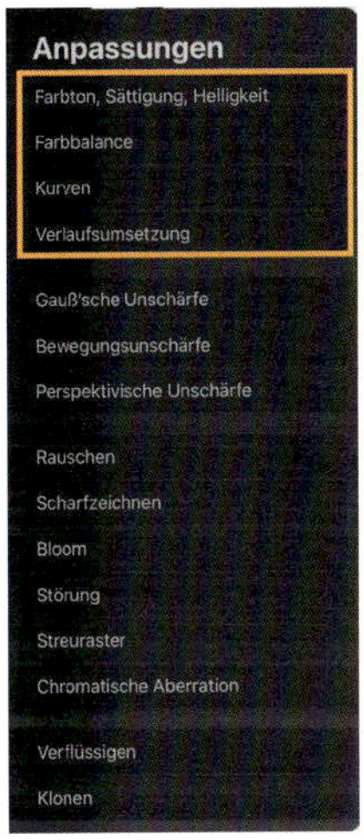

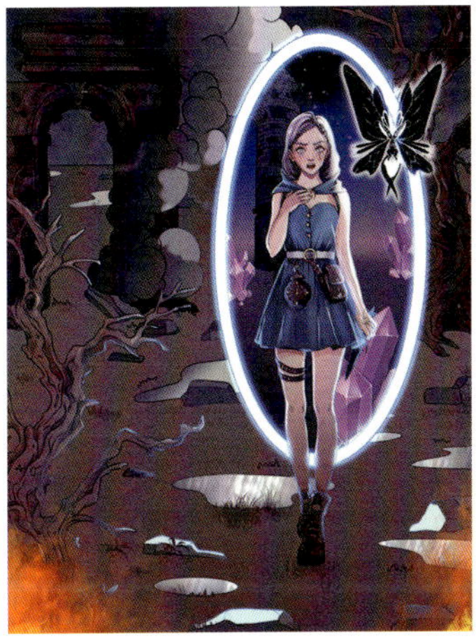

Unschärfe

Durch das bewusste Einsätzen von Unschärfe bei bestimmten Elementen, sei es im Vordergrund oder Hintergrund, entsteht eine natürliche Tiefenwirkung. Dies verstärkt nicht nur den Fokus auf das zentrale Motiv, sondern verleiht dem Gesamtbild auch eine ästhetische Qualität, die dem Betrachter ermöglicht, sich auf das Wesentliche zu konzentrieren.

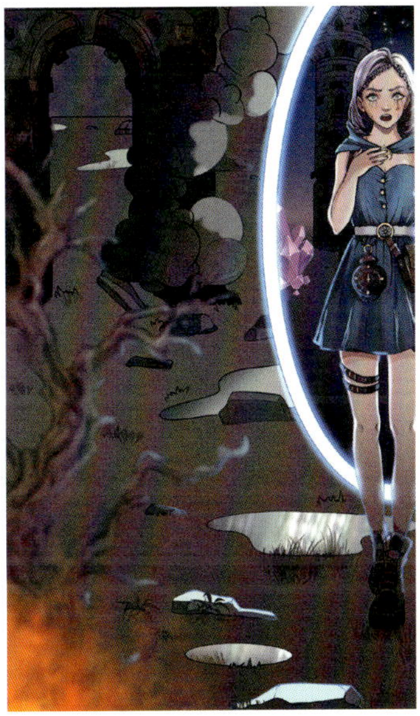

Rauschen und Textur

Der Effekt "Rauschen" macht das Bild körnig und kann subtile Unregelmäßigkeiten oder Variationen in Farben und Schattierungen erzeugen, was dem Werk eine organische Anmutung verleiht. Texturen bringen Tiefe ins Bild, indem sie Oberflächenrealismus hinzufügen. Dieser Effekt kann dazu beitragen, dass das Kunstwerk lebendig und greifbar wirkt.

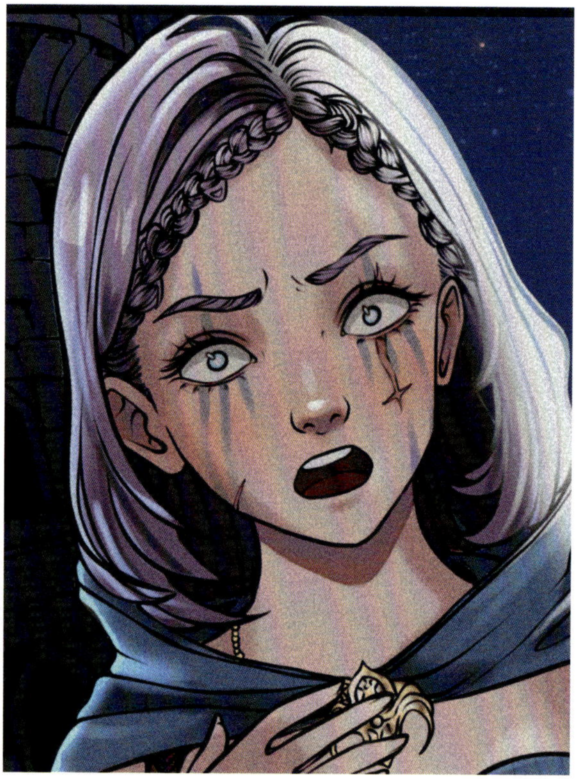

Chromatische Aberration

Die Integration von Chromatischer Aberration am Ende des Ausarbeitungsprozesses kann eine subtile, aber wirkungsvolle Möglichkeit sein, um visuelles Interesse zu wecken. Durch das gezielte Hinzufügen von Farbfehlern an den Rändern von Objekten im Bild entsteht ein leicht verschwommener, prismenartiger Effekt. Dies simuliert auf eine künstlerische Weise, wie Licht durch Linsen oder Prismen gebrochen wird. Chromatische Aberration kann dem Kunstwerk Dynamik verleihen, während gleichzeitig ein interessanter visueller Akzent gesetzt wird.

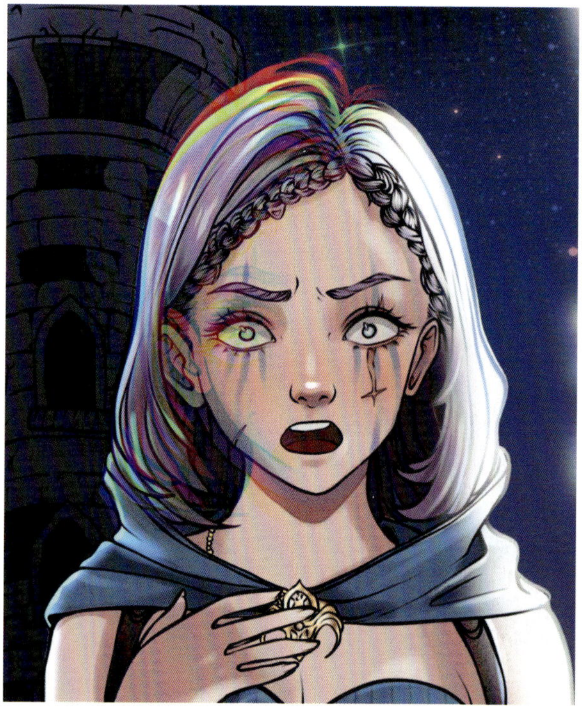

Partikel

Besonders in Szenen mit brennenden Elementen wie Feuer können kleine, fliegende Partikel den Eindruck von Funken oder Asche erzeugen, die im Luftstrom schweben. Dies trägt nicht nur zur Atmosphäre des Bildes bei, sondern verleiht auch eine gewisse Bewegung und Lebendigkeit. Die fliegenden Partikel sind wie ein zusätzliches Element, das dem Betrachter hilft, sich tiefer in die Szenerie hineinzuversetzen und die Energie des Moments zu spüren.

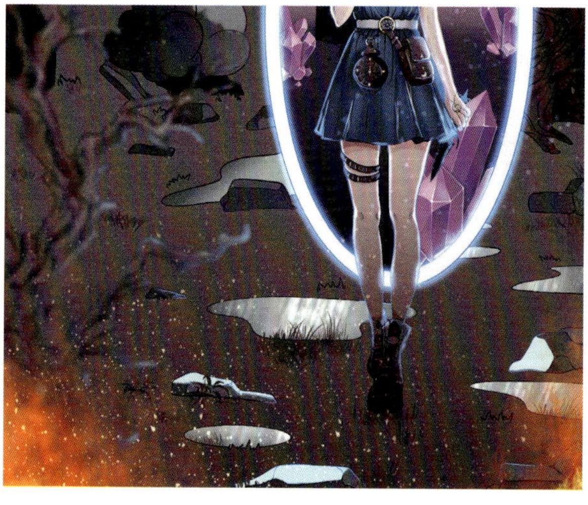

FERTIGES BILD

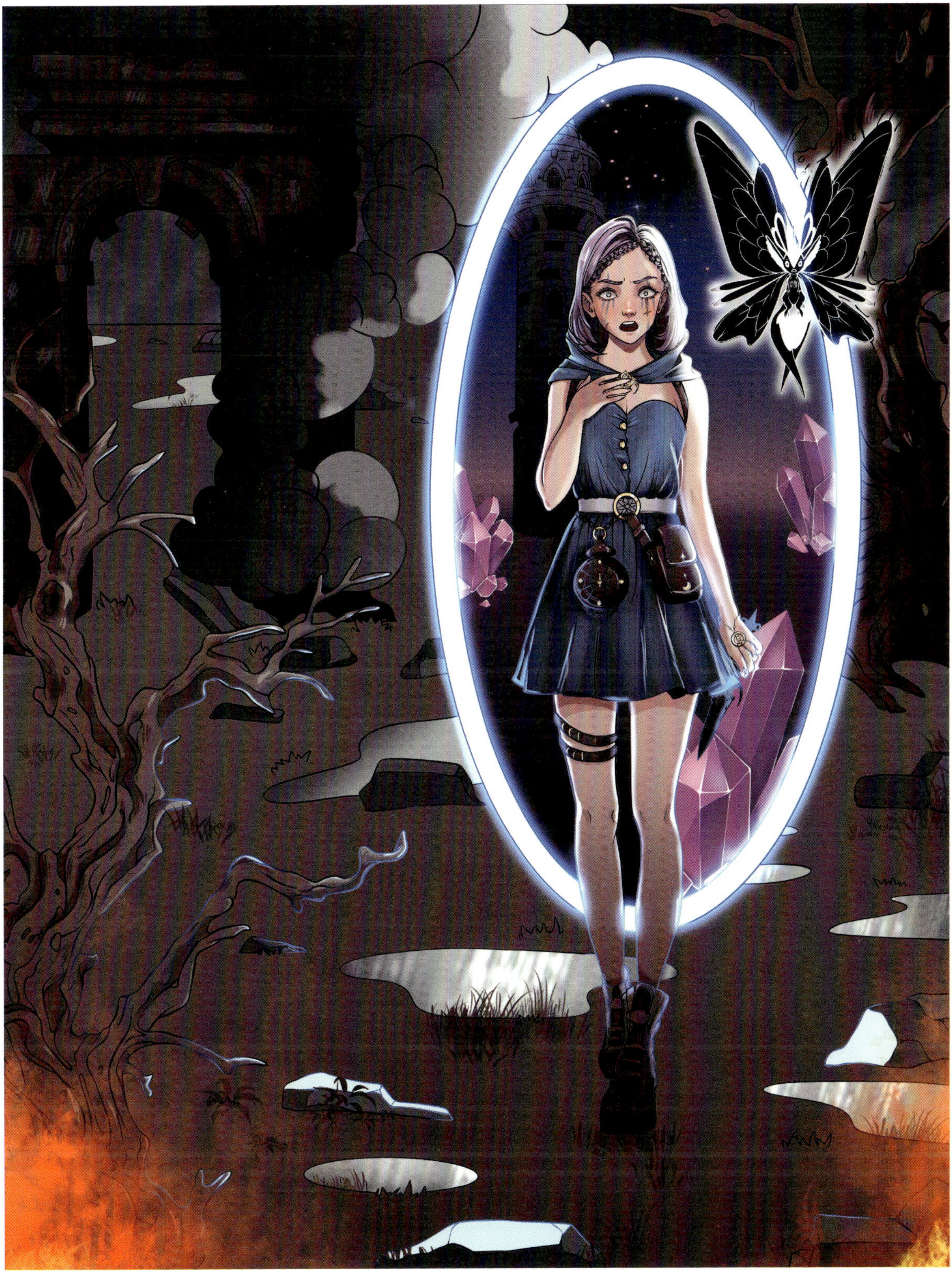

Nachwort

Hallo liebe Leser:innen,

ich bin überwältigt, dieses Buch endlich in den Händen halten zu dürfen. Die Reise durch die Seiten war für euch hoffentlich so aufregend wie für mich. Das Schreiben und Zeichnen haben unglaublichen Spaß gemacht, auch wenn es zeitlich gesehen eine richtige Herausforderung war.

Ich hoffe, ihr habt nicht nur ein paar nützliche Tipps und Tricks gefunden, sondern konntet auch eure eigene kreative Reise antreten. Fantastische Charaktere und Welten zu erschaffen, ist ebenso Arbeit wie Leidenschaft.

Dieses Buch zu schreiben war für mich die Erfüllung eines langgehegten Traums, und ich hoffe, es hat euch genauso viel Freude bereitet wie mir. Schaut auf die gezeichneten Landschaften, die Charaktere und ihre Begleiter und vergesst nie, dass Kunst nicht nur das Auge, sondern auch die Seele berühren kann.

Danke, dass ihr mich auf dieser Reise begleitet habt. ♥
Möge eure Kreativität niemals versiegen!

Eure Lilly ☾

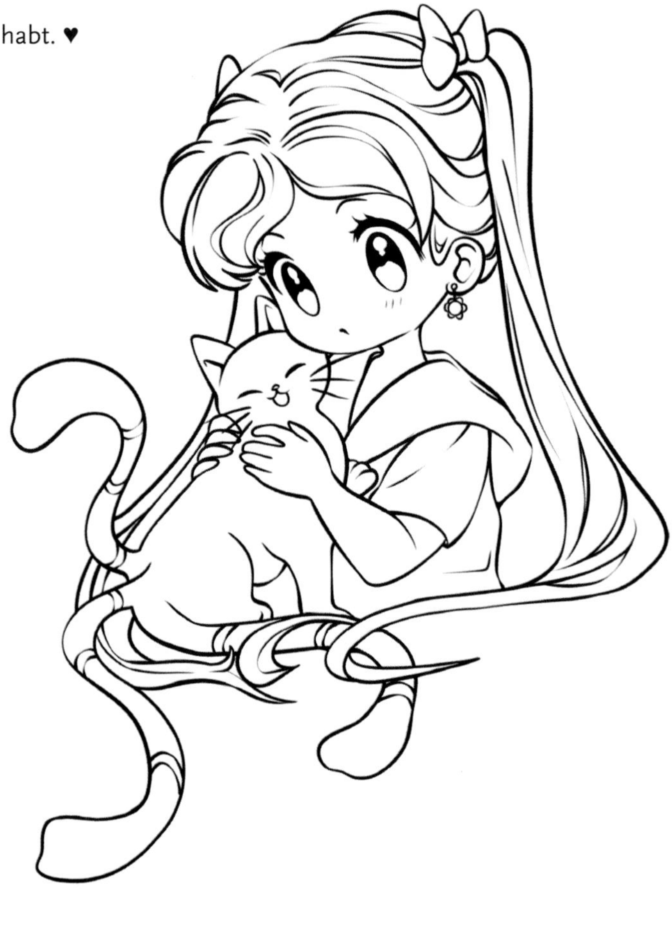

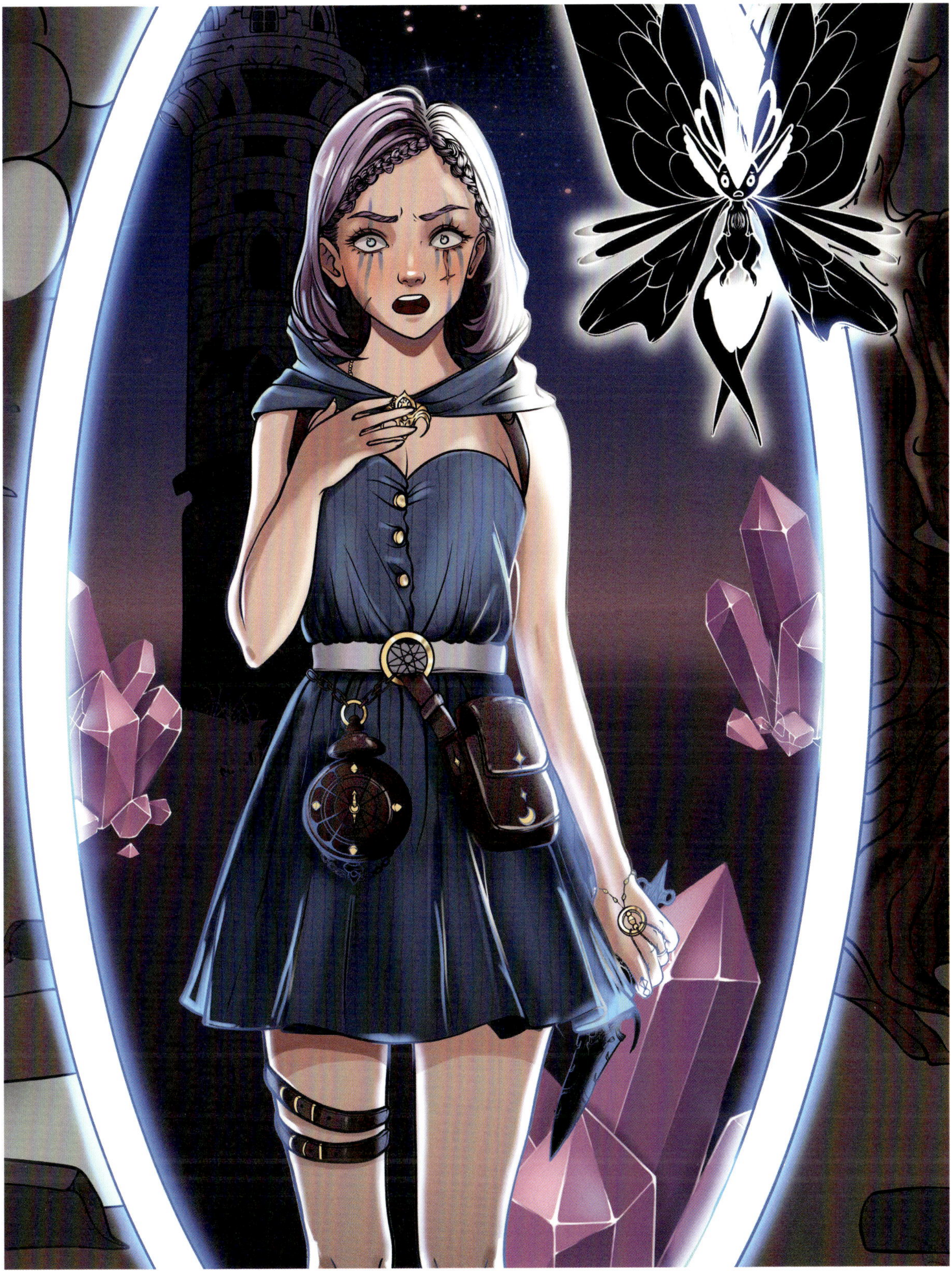

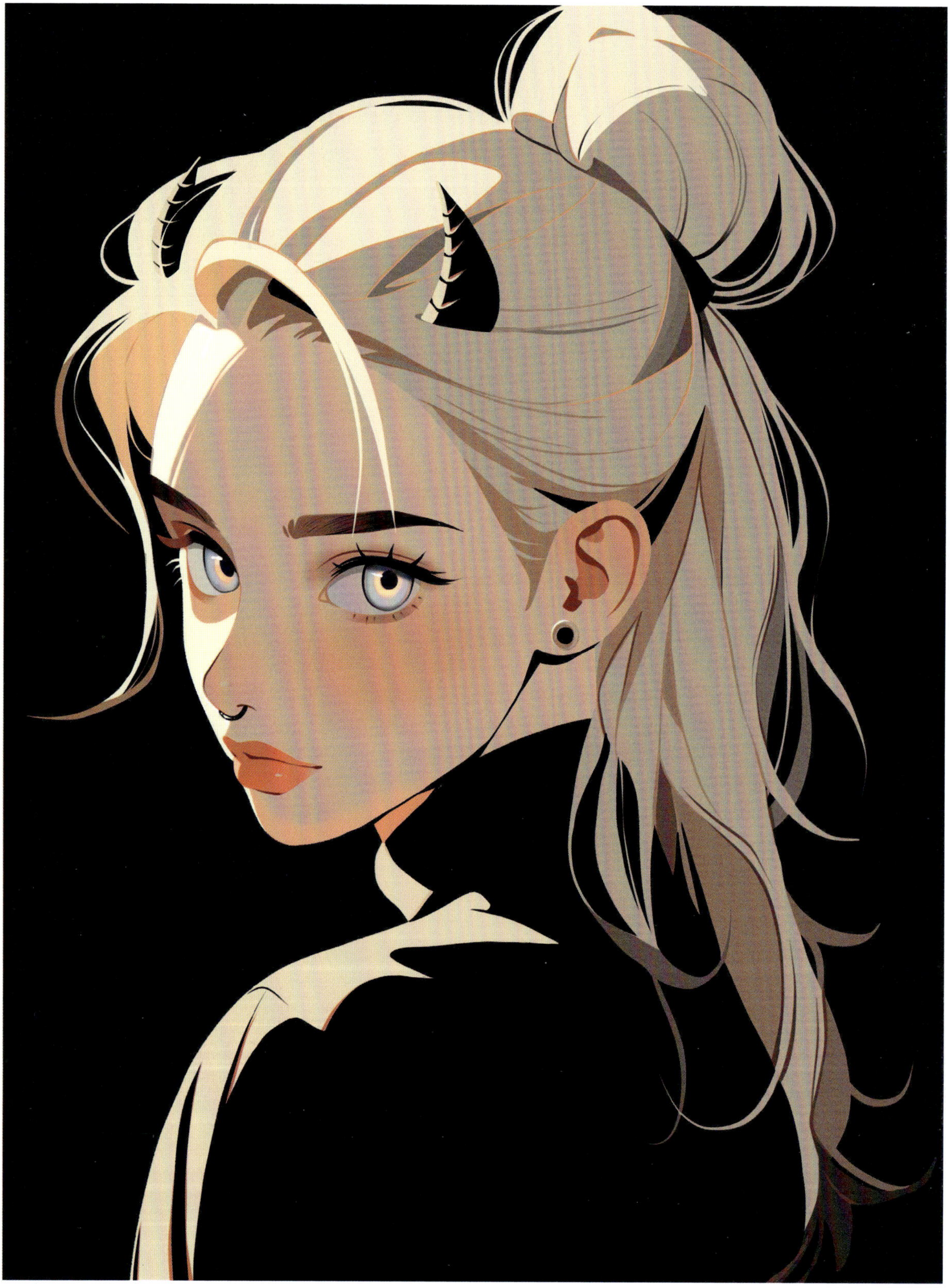

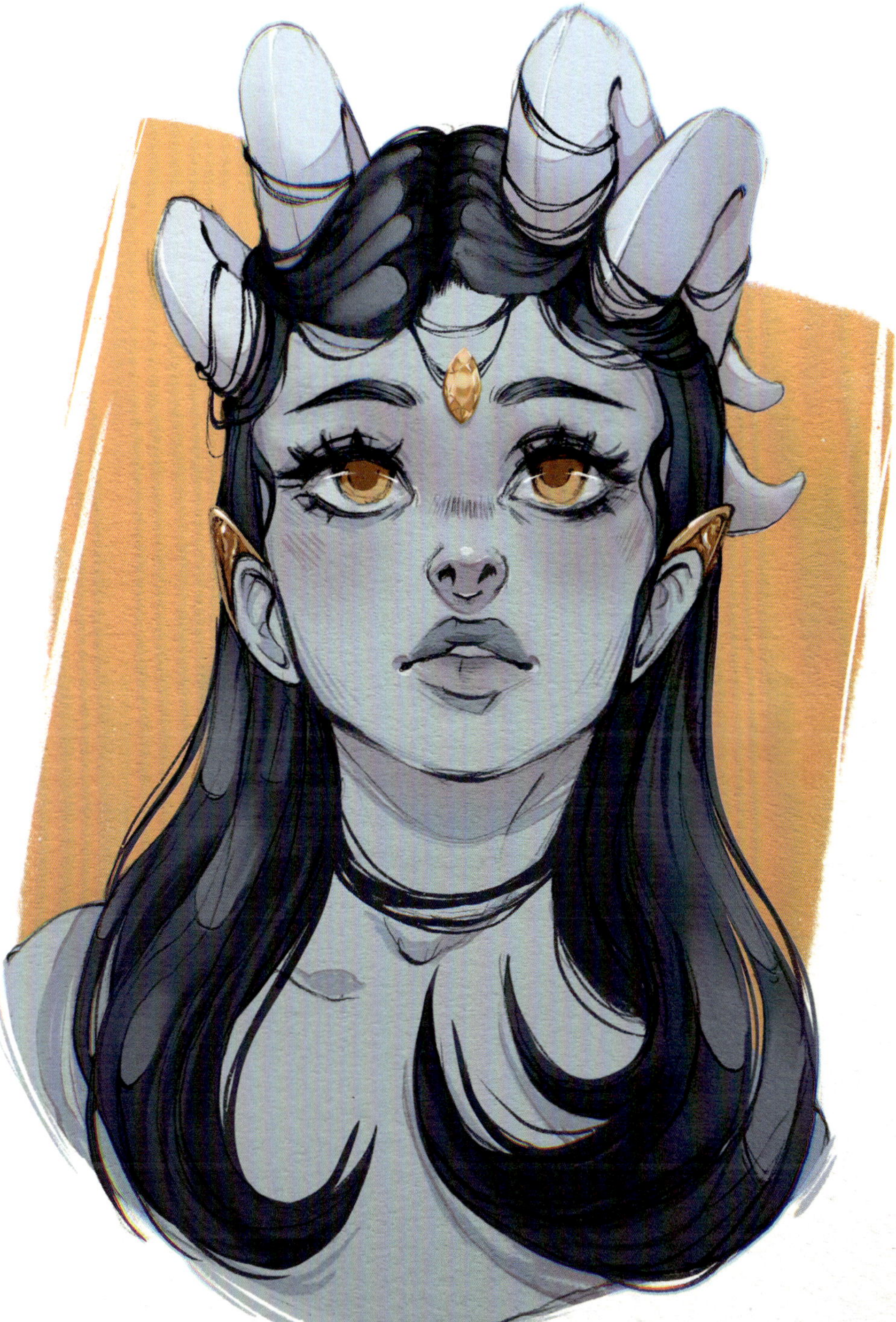

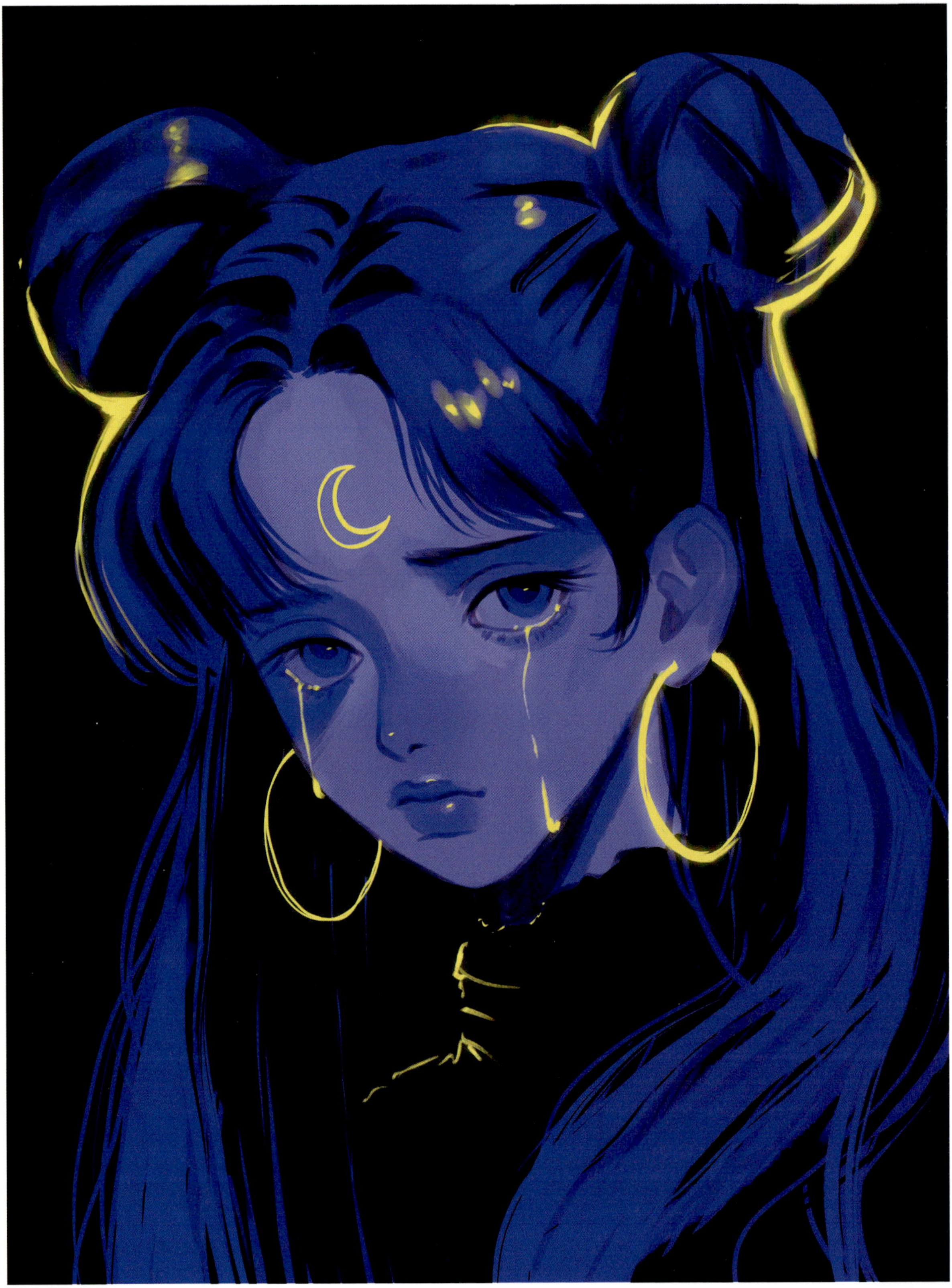

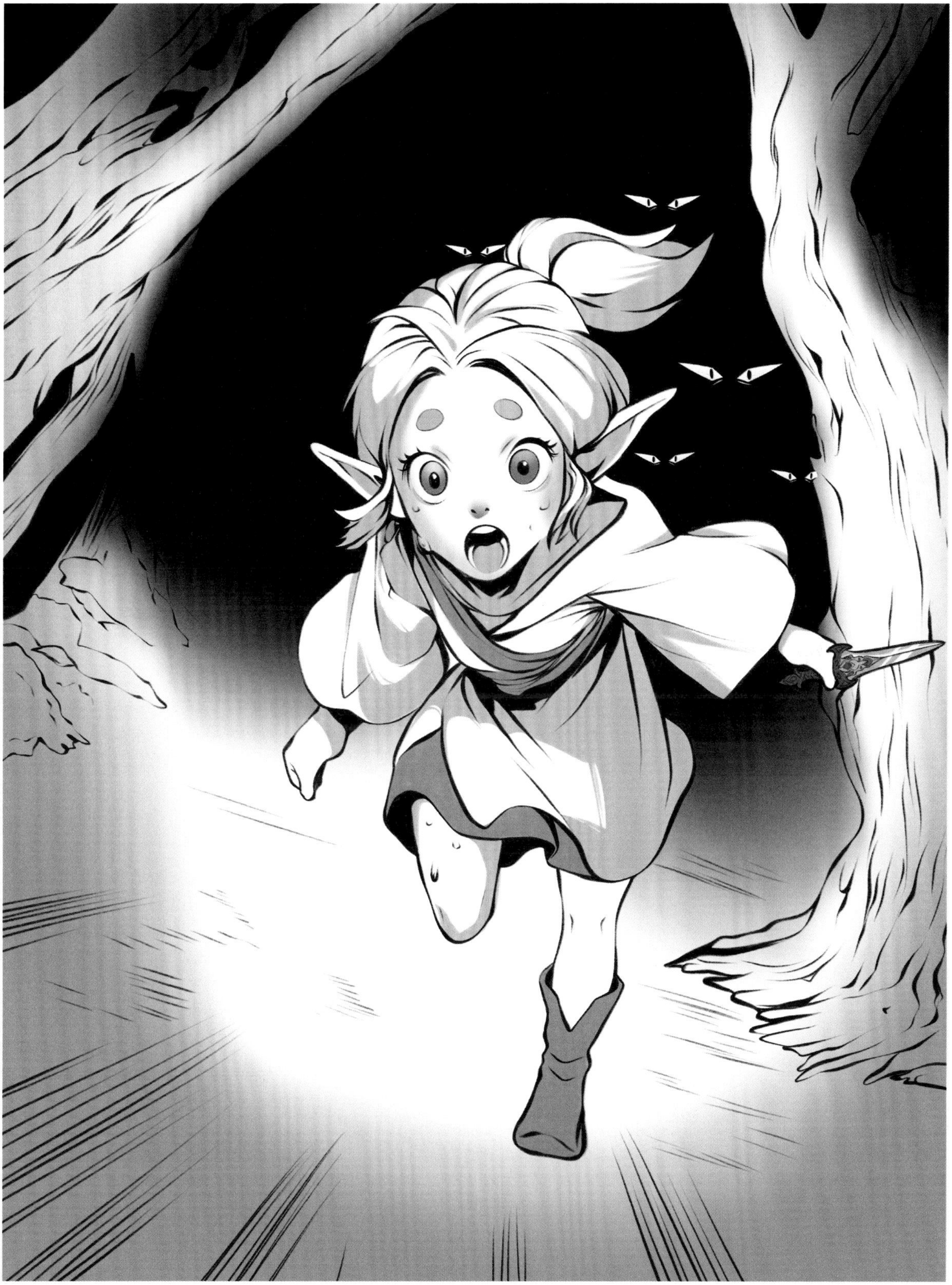

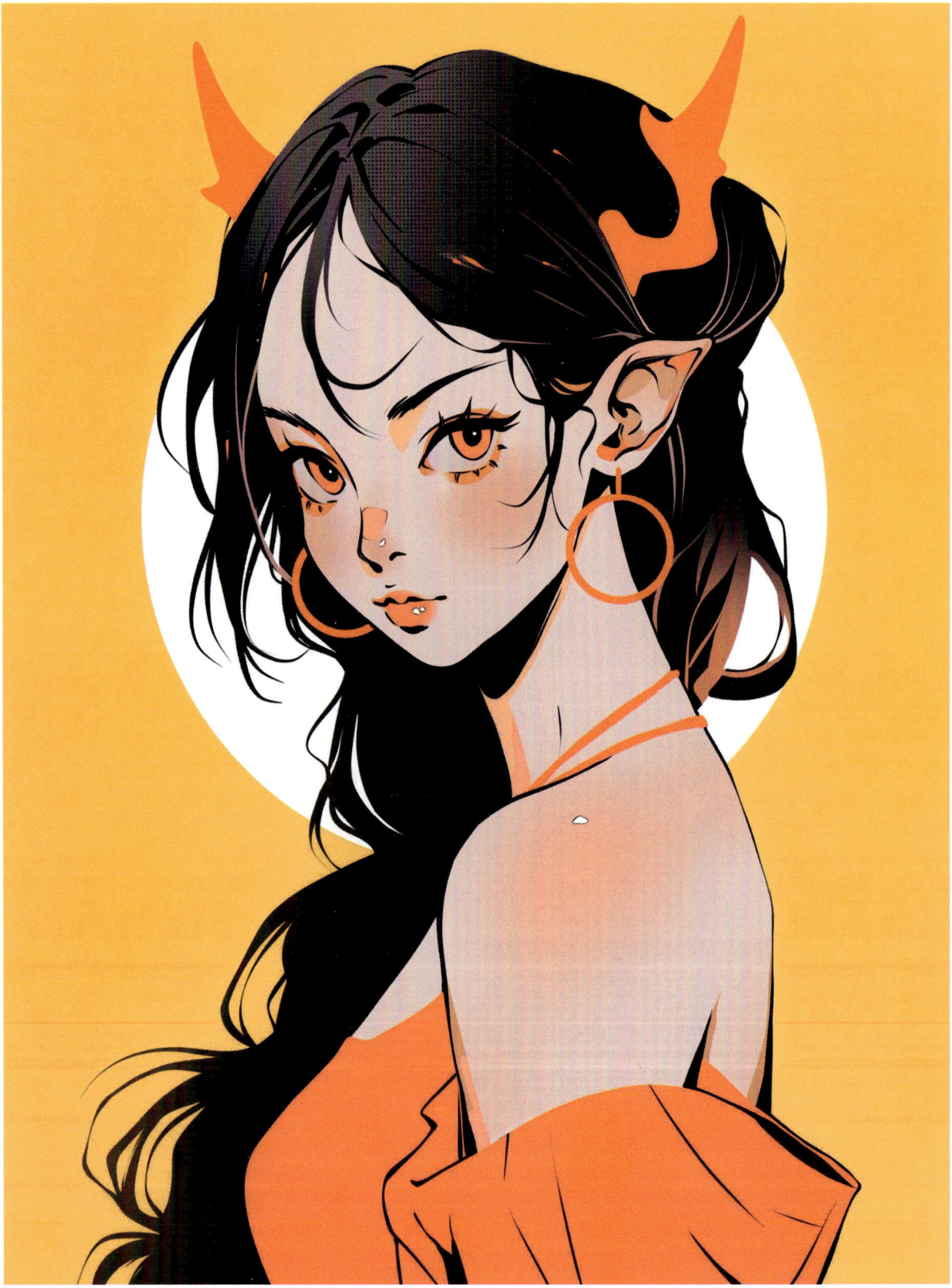

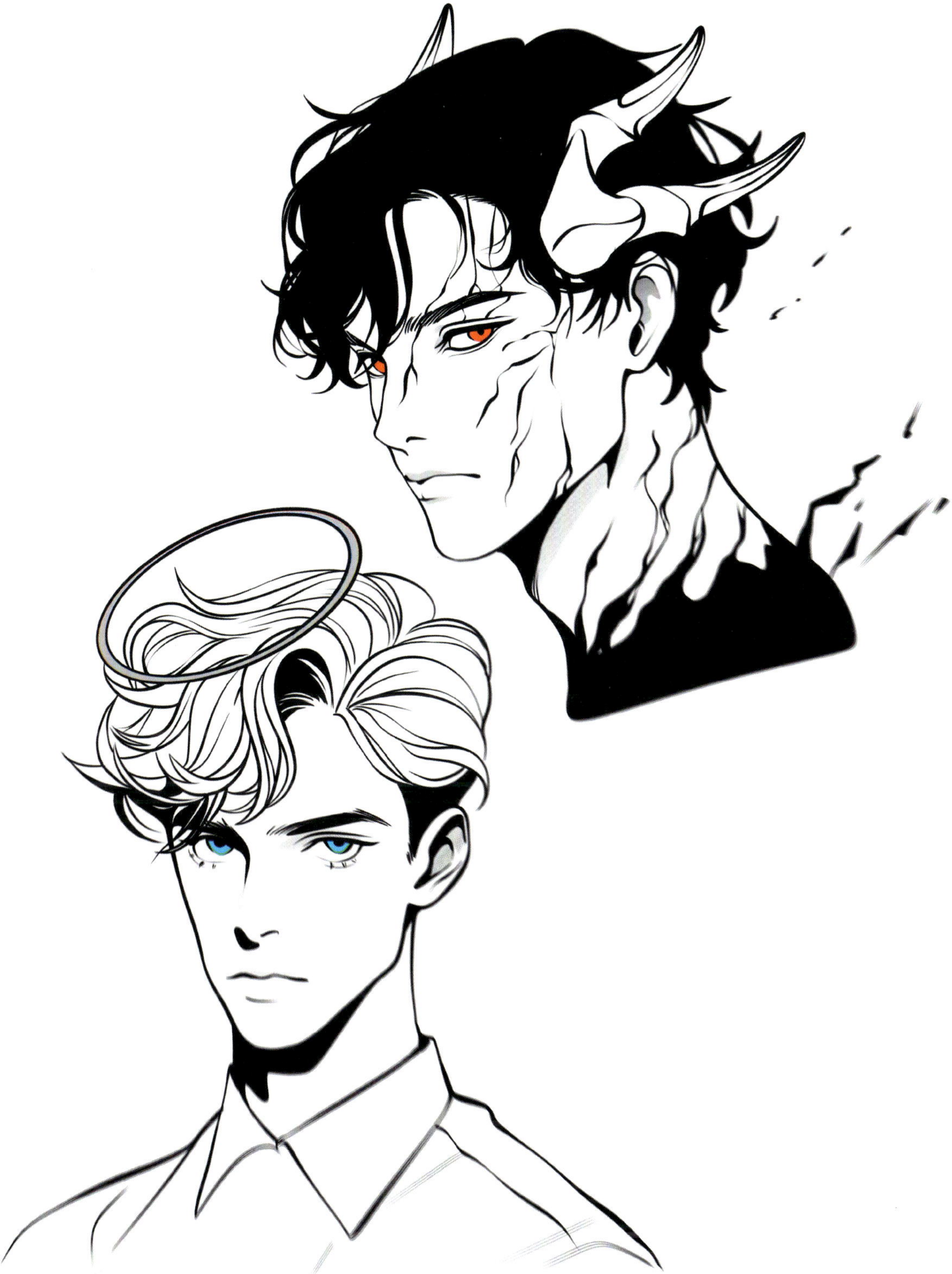

Buchempfehlungen für Dich

Noch mehr Kreativ-Bücher zum gleichen Thema gesucht?

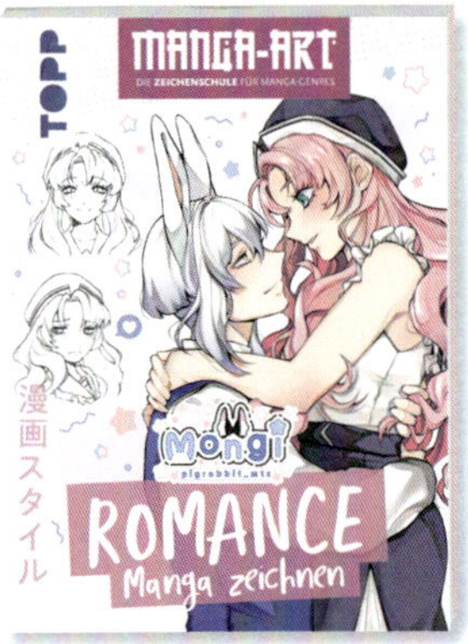

ISBN 978-3-7358-8087-1

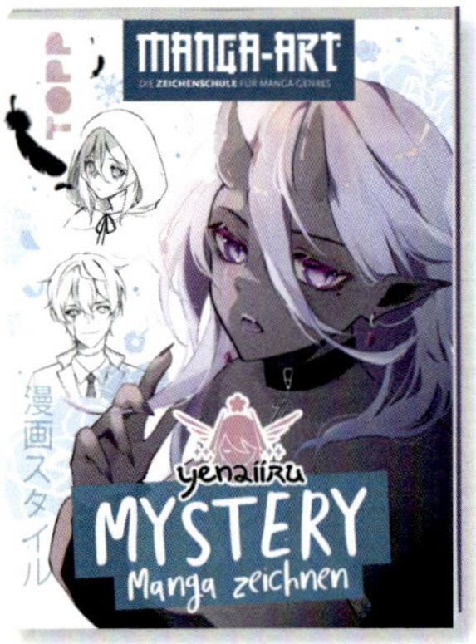

ISBN 978-3-7358-8088-8

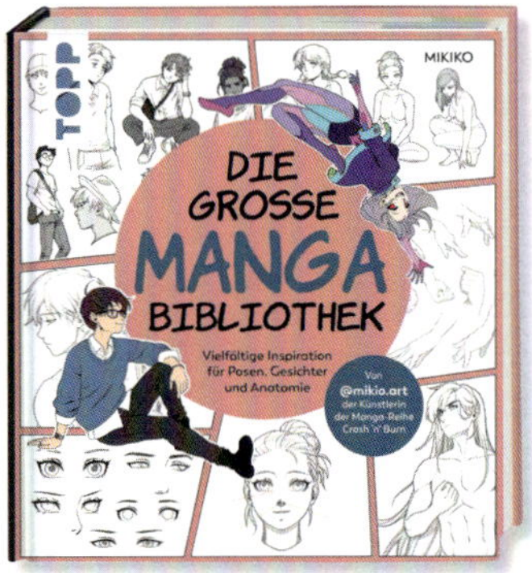

ISBN 978-3-7358-8061-1

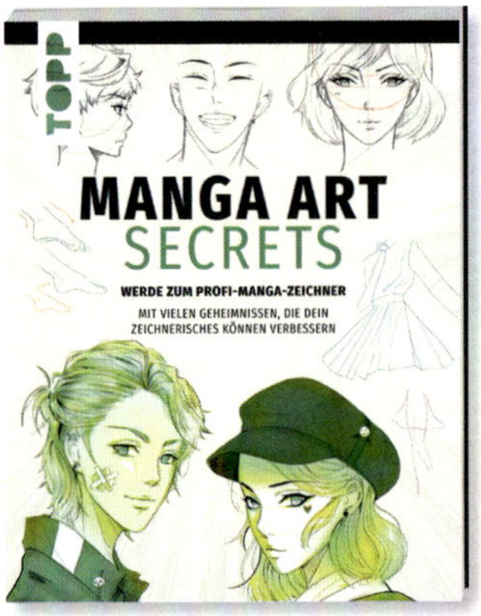

ISBN 978-3-7724-4694-8

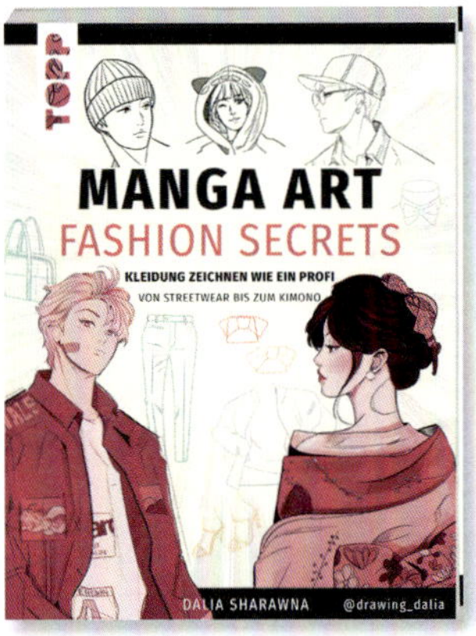

ISBN 978-3-7358-8086-4

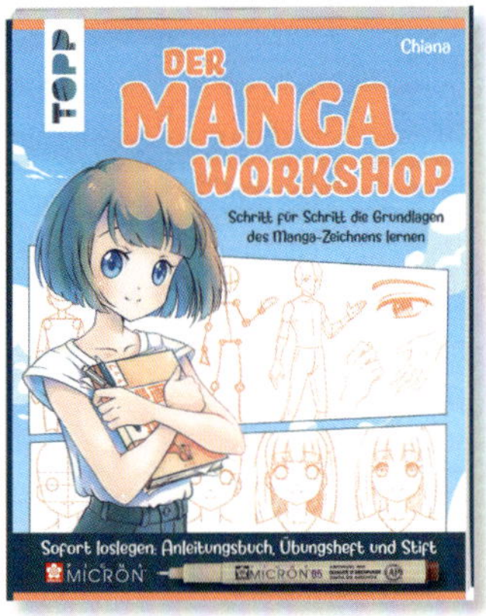

ISBN 978-3-7358-8050-5

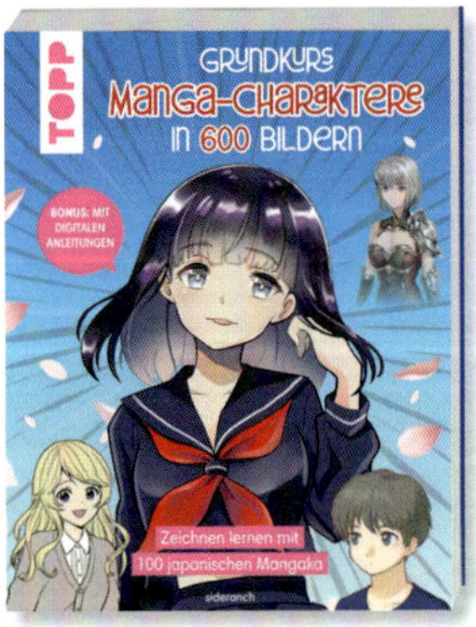

ISBN 978-3-7358-8098-7

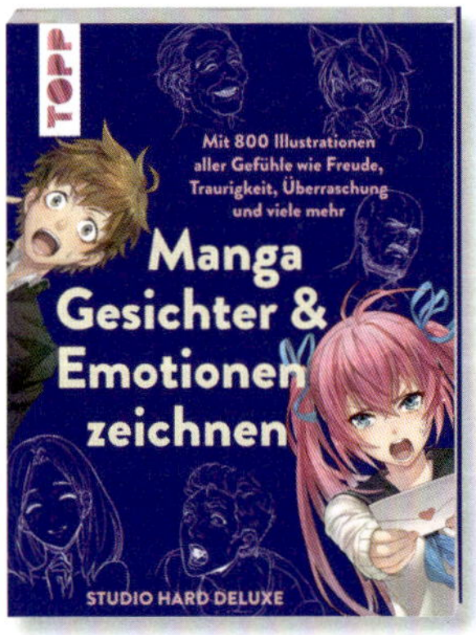

ISBN 978-3-7358-8116-8

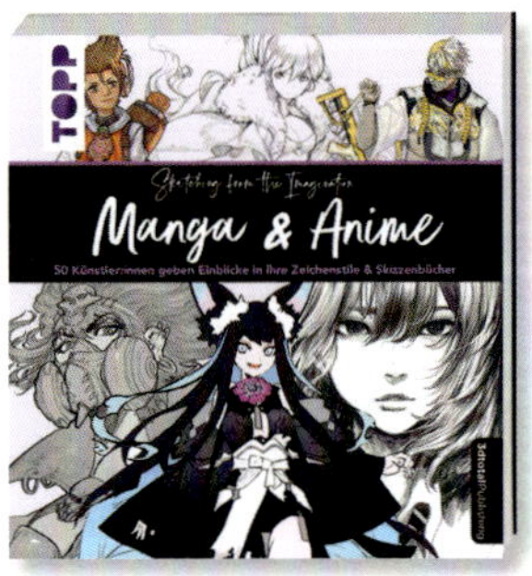

ISBN 978-3-7358-8093-2

Viele weitere Kreativ-Bücher findest du auf www.TOPP-kreativ.de

#TOPPPROJEKT

Die eigene Kreativität zeigen: TOPPprojekt mit anderen Kreativen teilen und Teil der Gemeinschaft werden.

DIY-begeistert und auf Instagram? Dann unbedingt mitmachen! Hier gibt's Tipps und Feedback zu den eigenen Projekten. Außerdem verlosen wir jeden Monat ein Überraschungspaket. Um am Gewinnspiel teilzunehmen, einfach ein Bild vom Kreativ-Projekt aus unseren Büchern mit #TOPPprojekt posten und unserem Account @frechverlag folgen. Mehr Infos auf TOPP-kreativ.de/TOPPprojekt

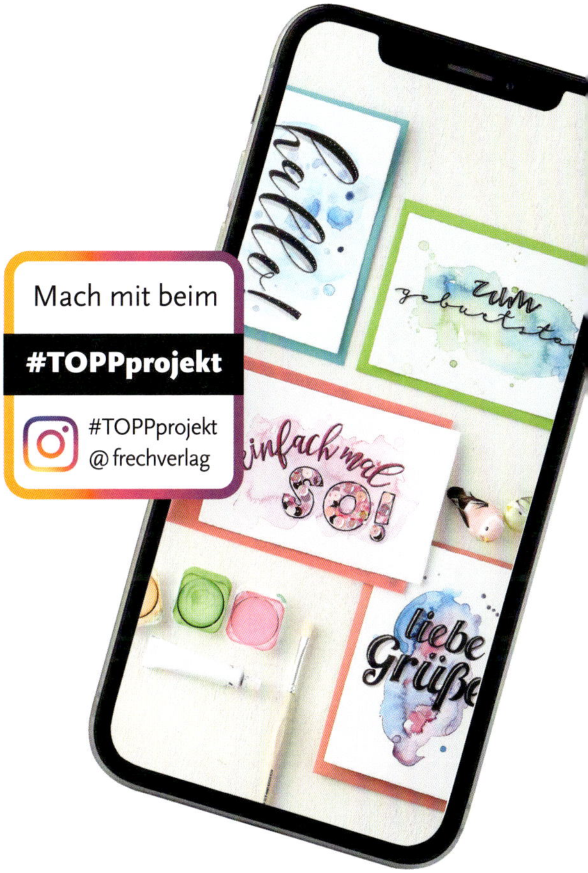

Website
Auf TOPP-kreativ.de kannst du ein riesiges Angebot von über 1.000 Kreativbüchern, Sets & mehr entdecken.

Newsletter
Gleich anmelden unter: TOPP-kreativ.de/newsletter und immer als Erstes von unseren Neuheiten und Sonderaktionen erfahren.

Instagram
@frechverlag

Pinterest
pinterest.com/frechverlag

Facebook
facebook.com/frechverlag

DigiBib
Hier findest du zusätzlich zu vielen unserer Bücher digitale Extras, wie Video-Tutorials, Plotter-Dateien, Vorlagen, Übungsblätter & vieles mehr. Einfach im Impressum deines TOPP-Buchs den Freischalte-Code nachschlagen und exklusive Inhalte freischalten. TOPP-kreativ.de/digibib

Youtube
youtube.com/frechverlag

IMPRESSUM

PRODUKTMANAGEMENT & LEKTORAT: Iris Stegmanns

COVER: Petra Schmidt

SATZ: tebitron gmbh, Gerlingen

HERSTELLUNG: Heike Köhl

DRUCK: Neografia, Slowakei

1. Auflage 2024

ISBN 978-3-7358-8115-1
Best.-Nr. 28115

MIX
Papier | Fördert gute Waldnutzung
FSC® C020353
FSC www.fsc.org

Penguin Random House
Verlagsgruppe FSC® N001967